《汉书》单音节形容词同义关系研究

◆ 李艳红 著

中国社会科学出版社

图书在版编目（CIP）数据

《汉书》单音节形容词同义关系研究/李艳红著. —北京：中国
社会科学出版社，2010.3
ISBN 978-7-5004-8478-3

Ⅰ.①汉… Ⅱ.①李… Ⅲ.①汉书－单音节语－形容词－研究
Ⅳ.①H141

中国版本图书馆 CIP 数据核字（2010）第 006246 号

责任编辑　雁　声
特邀编辑　立　早
责任校对　郭　娟
封面设计　大鹏工作室
技术编辑　戴　宽

出版发行　中国社会科学出版社
社　　址　北京鼓楼西大街甲 158 号　　邮　编　100720
电　　话　010－84029450（邮购）
网　　址　http://www.csspw.cn
经　　销　新华书店
印　　刷　君升印刷厂　　　　　　　装　订　广增装订厂
版　　次　2010 年 3 月第 1 版　　　印　次　2010 年 3 月第 1 次印刷
开　　本　880×1230　1/32
印　　张　13.875　　　　　　　　　插　页　2
字　　数　360 千字
定　　价　38.00 元

本书得到中国青年政治学院
学术著作出版基金资助

描，这种历时扫描包括追溯这些词在先秦经典、诸子文献中的使用，比较它们在二十四史中的变化，联系它们在现代汉语中的实际情况等，这一切工作都是为了佐证这种共时研究，最终目的是对这些词的发展轨迹有一个全面而纵深的把握，为汉语的实际应用特别是汉语词汇史同义词的研究提供一些可靠的基本资料和研究结论。词汇研究是目前汉语史研究的重点，专书词汇研究又是汉语词汇研究的热点与难点，而以《汉书》这样大型而难读的文献为语料作全面而系统的词汇词义研究更是一项有意义的工作。

词汇的同义关系是词汇中特殊而重要的一种类聚关系，同义词的构组就是把有共同义位的词横向聚合起来。本课题与汉语词汇学、词义学、词典学有着密切的关系。它不仅涉及汉语同义词的研究、反义词的研究、词义训释的研究，还涉及词的聚合关系、组合关系、词汇系统和词义系统的研究等诸多方面的问题。论文在对《汉书》单音节形容词具有同义关系的词进行类聚、归纳时，首先对古汉语同义词进行了界定，并对所采用的同义词的确定方法和辨析方法做了阐述。

本论文所考察的"同义词"必须满足三个条件：

（1）至少有一个义位相同；

（2）语音不相同或不相近；

（3）词性相同。

确定同义词的方法以"比较互证法"为主，同时补充以"双重印证法"。所谓比较互证法，"是指从具体的研究目标出发，设定研究对象的范围，对一篇文章、一本书或几部书中的语言文字材料进行全面的有系统的研究，较同辨异，彼此证发，以便清理与把握这些材料的内部条理。可见，比较互证的实质是对语言文字材料进行系统贯通"。所谓双重印证法即经典文献原文与训诂材料双重印证的方法，具体做法是：（一）在经典文献原文中确

《汉书》单音节形容词同义关系研究
（简　介）

　　《汉书》，"经始于班叔皮，孟坚承业，蕙班补遗，集一门父子兄妹三人之力"，"阅三四十年始成完书"。其为书简奥，义蕴宏深。作者班固一代通儒，又善辞赋，书中多用古字古训，列传中还引用了大量的诗赋、典故。自流传以来，一直以古奥难读著称。杨树达在《汉书窥管·自序》中谈到，"其书乍出，马季长一代大儒，伏阁从蕙班受读，为书简奥，略可测知"。历代注《汉书》者多家。刘知几在《史通·古今正史》中说道："始自汉末，迄乎陈世，为其注解者凡二十五家。至于专门受业，遂与五经相亚。"《汉书》学几与五经相埒，可见其在正史中的地位。由此而使其书原貌保存完好，对于传统训诂学有着不可替代的佐证价值。

　　《汉书》语料充沛，词义丰赡，是汉代大型的代表性文献，历代研究成果丰硕而且保存完整，是研究上古汉语末期语言的首选文献。本课题《〈汉书〉单音节形容词同义关系研究》，以《汉书》作为研究平台，通过对其古奥而又典范的书面语全面而精细的研读与测查，选取了其中有代表性的单音节形容词作为重点研究对象，系联并考释其具有同义关系的词群，采用共时与历时结合的研究方法，即以《汉书》所展示的汉代语言面貌作断代的共时平面描写，同时对每一组同义词中的每一个词进行历时扫定词的词义，清理出有共同义位的词。(二)利用训诂材料(包括注疏材料、小学专书)和词在文献中依存的文本格式对从经典文献原文中考察出的同义词进行验证。

辨析同义词时，只辨析同义词在相同或相近的那个或那些义位上，它们的义值有哪些差异。从古汉语同义词的实际情况出发，我们主要采用陆宗达、王宁先生所提出的"系联"法(即密切联系词的本义的特点，在词的引申义列中考察几个词的词义特点的差异)和"对举"法(即从反义词的不同看词义的差异)，同时兼顾同义词在《汉书》中表现出的结合能力的不同辨析同义词在共同义位范围内存在的差异。

本论文采用上述理论与方法，以《汉书》原文中词与词的词义关系为依据，参照唐初颜师古的注以及清人王先谦《汉书补注》中所收纳的各家注疏(当时被征引的专著和参订者多至67家)，借鉴前辈学者和时贤的研究方法和研究成果，对《汉书》一书的单音节形容词同义词进行全面而系统的清理与研究。论文共归纳出141组单音节形容词性质的同义词，选取了其中较有特点的20组同义词进行共同义位的确定以及同中之异的辨析研究。这20组同义词都是汉语中的基本词汇，属于常用词，其中大部分还活跃在现代汉语中。这些词既能代表《汉书》同义词的特色，又与现代汉语接轨。论文通过对这20组同义词的透视，归纳了《汉书》中有同义关系的单音节形容词在原文中存在的8种常见格式；总结了《汉书》中单音节形容词同义词的特点，探讨了这些特点对汉语发展的影响，例如这表现于汉语词汇的复音化趋势以及双音合成词的成因等。

全文分为7个部分：

1. 引言
2.《汉书》及《汉书》语言研究

3. 古汉语同义词研究的几个基本问题

4.《汉书》单音节形容词同义词共同义位的确定

5. 同义词辨析

6.《汉书》显示单音节形容词同义关系的常见格式

7.《汉书》单音节形容词同义词的特点及其对后世汉语的影响

断代的、专书、专类词的词义描写的一个重要价值是为字典词典等工具书的编纂提供经过系统梳理的切实的词义分布和使用情况的材料。当把这些词在一个时代的文献中的词义分布和使用情况汇聚拢来，再推广到考察所有时代的文献中的词义分布和使用情况时，无论对词典词义的描写还是对汉语词汇史的描写都是最为基础而又十分重要的工作。本论文所作的《汉书》单音节形容词同义关系研究，对《汉书》单音节形容词中具有同义关系的词所做的穷尽性的测查与清理，是为了给词汇学提供经过系统梳理的切实的词义分布和使用情况的材料，为汉语词汇史同义词的研究提供一些可靠的材料和研究结论。

论文并在对《汉书》中有代表性的 20 组单音节形容词同义词作充分研究的基础上，把《汉书》中单音节形容词同义词的特点概括为两个方面：

1. 与先秦专书相比，《汉书》中具有同义关系的词组数多了，而且每一组同义词的成员也多了，即同义词变得更丰富了。

2. 这些同义词很少单个出现在语境中，而是往往与其同义词或反义词并列使用。

《汉书》中单音节形容词同义词的这种特点标志着汉语词汇的日趋成熟，同义词与其反义词连用或出现于对当、对应的位置上，对后世汉语语词形成固定的搭配有一定影响，"同义连言"成为后来汉语双音合成词形成的基础。

　　总之,《汉书》的词汇状况反映了上古汉语末期的语言面貌,同义词的丰富标志着汉语词汇在不断的运动过程中日益成熟。这一切都显示出复音化已成为汉语发展的必然趋势。

Research on the Synonym System of the Monosyllabic Adjectives in *Hanshu*

Speciality: The language and Philology of the Han National-
ity   Ph. D. Candidate: Li Yang-hong   Supervisor: Song Yong-
pei

The subject, called *Research on the Synonym System of the
Monosyllabic Adjectives in Hanshu*, studied by the large cultur-
al heritage *Hanshu*, is according to its abstruse and the written
form language of the model completely but finely study, select
by examinations among them have the representative adjectives
of monosyllabic conduct and actions point research object, using
the research methods of connecting transverse and lengthways
which means *Hanshu*, a Han Dynasty for displaying language
feature make to break the on behalf the hour flat surface to de-
scribe totally, at the same time to an each a phrase for the famil-
iar-meaning phrases inside again proceed to last to scan, then
trace back to these phrases previously Qino's classic, the cultural
heritage of *Zhuzi* and 24 usage in the history circumstance,
merge the department at modern Chinese inside of actual with

substantial evidence this kind of totally hour study. The purpose is to confidence these phrases of development the track completely and deeply, for Chinese of actual application especially remit the history of the familiar-meaning phrases in Chinese of some dependable and basic data in offering and the research conclusion.

This paper consists of 7 parts:

1. introductory;

2. *Hanshu* and the research on the language in *Hanshu*;

3. an overview of the synonym of the ancient Chinese;

4. the definition of the common sememes of monosyllabic adjectives in *Hanshu*;

5. the analysis of the synonym among monosyllabic adjectives;

6. the pattern aquired in showing synonym system on monosyllabic adjectives in *Hanshu*;

7. the characteristics on monosyllabic adjectives in *Hanshu* and the influences to the evolution of Chinese.

Altogether 141 homonym patterns are defined with the guidance of the contexts of *Hanshu* and the commentaries and the research papers available. Based on a thorough investigation of contexts of all the twenty of the 141 synonym patterns recognized, the author managed to confirm each of the sememes and make a comparison between the sememes in order to recognize the difference of the meanings between the synonym even though certain common sememes are confirmed, resulting the recognition of eight models by which the synonym co-exist, tallied up

the characteristics of the monosyllabic adjectives. We come to re-
alize that these characteristics have important influences to the e-
volution of Chinese.

Key words: *Hanshu*   monosyllabic   adjectives   synonym
search for common points and distinguish differences   pattern
characteristics   influence

序　汉语同义词研究大有作为

在语言学界，同义词的研究是个非常重要而又十分复杂的课题。说它重要，因为它是语言表达中以情设词、同义替换的有效修辞手段；也是注释家解读文本、编辑字典辞书时同义相训的基本方式；更是类聚词语、描写词语系统的客观依据。说它复杂，首先因为"同义"的概念不专指"词"而言，也可以指同义字（例如某字跟某字的构意相同《说文》叫"同意"）、同义语（例如成语和谚语之间可以同义）、甚至同义修辞（例如不同的表达方式可以同义），这些关系如何处理比较麻烦；其次，即使就"词"而言，有的"同义"是指词的义素而言，有的"同义"是指词的义位而言，有的指一个义素或义位而言，有的指多个义素或义位而言，有的指贮存状态下的固定意义而言，有的指使用状态中的临时意义而言，有的指复合词的参构语素义而言，有的指整个复合词的合成词义而言，这些不同的"同义"常被混为一谈；再次，所谓"同义"并不真正相同，总是有"异"存在的，甚至研究同义词的重点并不在"同"而是在"异"，那么如何辨别各种不同的"异"也不是件容易的事；最后还有个词音和词性的问题，由此又引出跟同源词的关系问题。凡此，够复杂的吧！

　　唯其重要，才值得研究；唯其复杂，才需要探讨。中国古代已经不乏对同义词的研究成果，例如《尔雅》的前三篇基本上就是以同训为基础而进行的同义词汇编，只是其中的"同义"标准并不统一。古人的"对文""散文"及"浑言""析言"学说也已注意到同义词的辨析问题，只是所用的"别异"手段过于简单。到了现代，同义词的研究成为热点。从20世纪50年代起，学者们围绕同义词所进行的探讨涉及同义词的界定、同义词的系联、同义词的辨析、同义词的运用等各方面问题。其中有三点理论上的开拓值得我们重视：一是运用"场"理论聚合"同义词群"，并描写出同义词群的组织结构；二是运用"义素"理论辨析同义词的异同，从形式上展现同义词之间的内部意义关系；三是结合语法修辞研究同义词，认识到同义词的相对性和灵活性。这三点大大推进了现代汉语同义词研究的深度。

　　对古代汉语而言，值得称道的则是专书同义词的研究。《尚书》、《孟子》、《荀子》、《韩非子》、《晏子春秋》、《国语》、《战国策》、《论衡》、《盐铁论》、《史记》、《三国志》、《魏书》等先秦两汉经典文献中的同义词，以及《尔雅》、《说文》等收集文献词语的工具书中的同义词，都有人进行研究。故友宋永培君精通古代词汇义系统，对专书同义词尤其重视，在生命的最后几年，曾指导多名博士生做这方面的学位论文，李艳红的《〈汉书〉单音节形容词同义关系研究》就是其中的一种。后来李艳红对博士论文做了进一步修改，现在拿出来出版，使同义词研究领域又多了一份成果。

　　《汉书》由于篇幅宏大、语言古奥，通读一遍已属不易，理解考证更需费时，所以极少有人对它进行专书性质的语言研究。李艳红敢啃硬骨头，选择《汉书》来做同义词研究，具有垦荒的开拓意义。为了在有限的时间内完成，她选取《汉书》中有代表性的单音节形容词作为重点研究对象，参照历代各家注释，证之以小学专书，认真研读原文，在解读文意的基础上概括词义，再根据自己确立的标准和词与词的意义关系判定同义词，共提取出141组单音节形容词同义词，并把它们全部列举出来。这是首次对《汉书》的单音节形容词同义词作出全面而系统的清理，为汉语词汇史同义词的研究提供了一份有价值的资料。提取材料以后，文章对《汉书》单音节形容词的同义关系作了分类描写，并对其中的20组进行重点分析，包括共同义位的确定以及差异的辨别等。这20组同义词都是汉语中的基本词汇，既能代表《汉书》同义词的特色，又与现代汉语接轨。论文通过对这20组同义词的透视，归纳了《汉书》同义词使用特点和规律，并探讨了这些特点对汉语发展的影响等。所以就文章整体来说，目标明确，点面结合，思路清晰，方法得当。

具体来看，该论文值得肯定的地方很多，主要有：（1）注意同义词判定的可操作性。文章对同义词做出了明确的界定，实际判断的时候又提出具体的"比较互证法"和"双重印证法"，使得操作符合规程。例如所谓"双重印证法"即经典文献原文与训诂材料双重印证的方法，具体做法是：先根据经典文献原文确定词的意义，清理出有共同义位的词；再利用文献注疏、小学专书等训诂材料和词在文献中依存的文本格式对从经典文献原文中考察出的同义词进行验证。（2）注意吸取相关研究的最新成果。例如前面提到的现代研究同义词比较先进的的三个理论方法在本文中都有不同程度的反映；又如在确定词义的时候，有时根据今人甲金文的研究新说，或用其他的出土材料加以证明，从而纠正《说文》或《汉书》注释中的某些不足。（3）注意在语言的流变中来把握同义词的发展轨迹。文章采用共时与历时相结合的研究方法，即以《汉书》所展示的汉代语言面貌作断代的共时平面描写，同时对每组同义词中的每个词进行历时扫描，包括追溯这些词在先秦文献中的使用，比较它们在二十四史中的变化，并联系它们在现代汉语中的实际应用等，从而对这些词的演变情况有一个全面而纵深的把握。（四）注意同义词现象对语言发展及语言应用的影响。论文通过考察单音节形容词同义词在《汉书》中的存在格式，归纳了《汉书》中单音节形容词同义词的两个特点，依此概括了它们对后世汉语的影响。如同义连言是后世并列式双音合成词形成的基础；同义词与其反义词连用或出现于对当、对应的位置上，有些导致后世汉语语词形成固定的搭配。这对揭示汉语发展的复音化规律有一定意义。（五）注意从多角度对同义词进行辨析，细致周密。如对"少""小"和"美""甘""旨"等组词的辨析，既从词的本义出发根据词的引申义列考察各词的词义特点差异，又联系反义词进行对照以比较其聚合差异，同时还考虑到词在运用中结合能力方面的组合差异。

李艳红对《汉书》同义词的研究开了个头，但还有很多工作可以继续做。同义词不限于单音词，更不限于形容词。要全面研究《汉书》同义词并且使这种研究具有断代词汇史意义的话，还得扩展材料范围，最好对语言材料的实际来源和时间层次也应该有所甄别和说明。同时，对同义词的判定和辨析，要更加注意义位的科学归纳和字词关系的妥善处理；对同义词发展演变的比较，最好要有明确的比较对象和有效的比较数据。

总之，汉语词汇的同义关系是一种重要而复杂的关系，对它进行研究，不仅涉及同义词群的类聚和同中之异的辨析，也跟词汇发展演变的研究、反义词的研究、近义词的研究、同源词的研究、词义训释的研究、同义修辞的研究、词义搭配组合的研究等密切相关，因而对词汇学、词义学、词典学、修辞学和语法学都有裨益，是一个大有作为的研究课题，值得我们在既有成果的基础上去做进一步的努力。

李运富

目　　录

第一章 引 言

1.1 本课题的研究现状

本课题属于汉语史的专书词汇研究。

词汇是汉语的重要组成部分，在汉语中是最活跃的要素，总在不断地新陈代谢。一个重要的原因就是词汇与社会生活的关系非常密切，社会生活中新事物总在不断地产生，人们要顺利完成交际，就要给这些新事物以名称，这样新词就产生了，而反映旧事物的词语也会随着旧事物的消亡或消亡或仅保存于古籍中；而那些古今传承下来的词有些已在表达的内涵或外延方面发生了细微的变化。所以词汇的研究相对来说要困难得多，但也因此而更有现实意义。

汉语词汇发展到今天已经非常成熟，相应的研究也很深入。但有些基本问题仍然解决不好，一个根本的原因就是汉语的源头问题没有解决好（王宁先生语）。没有无源之水，而且源不深则流不长。汉语词汇的"源"即是上古汉语词汇，它们都保存在先秦的文献典籍及小学专书中，对这些文献材料作穷尽性的深入细致研究，是了解上古汉语词汇所必须的工作。只有这样一部一部专书研究下去，对汉语词汇的每一个阶段作全面的描述和总结，我们的汉语词汇研究才是扎实的，在这一基础上的汉语词汇史才是可信的。"只有一个时代一个时代、一本书一本书地从多方向描写整个词汇的面貌，才能摸索出汉语词汇发展的特点和脉络。"①

1980 年，何九盈先生与蒋绍愚先生在他们合著的《古汉语词汇讲话》的《前言》中就指出："对古汉语词汇的研究，迄今为止还做得很不够。严格说来，这还是一块需要我们用辛勤的劳动进一步开垦的荒地。"在古汉语词汇研究这块"荒地"上，"要做的工作，的确还非常之多；而且跟语音、语法相比，古汉语词汇的研究算是最落后的了"，而且，"汉语词汇发展的整个历史和断代词汇历史的研究，专书词汇的研究以及词汇和语音、语法之间关系的研究等，基本上没有开展起来"。② 可见当时古汉语词汇研究的状况是让人担忧的。

汉语词汇研究又经历了十年的沉寂。到了 1989 年，第一部专书词汇研究的著作出版面世，这就是北京大学张双棣的《吕氏春秋词汇研究》；1999 年，西南师范大学毛远明的《左传词汇研究》出版。虽然这两部专书词汇研究著作今天看来还不太成熟，但它们可以说是开了专书词汇研究的先河。这之后，学界专家更加重视这方面的研究，2002 年，池昌海的《〈史记〉同义词研究》由上海古籍出版社出版；同年，黄金贵的《古汉语同义词辨释论》也由上海古籍出版社出版。黄先生在其著作中谈到，真正的古汉语同义词研究从 20 世纪 70 年代末才开始，而截至世纪末，二十多年中的古汉语同义词辨析实践基础上的理论，"充其量是现代汉语同义词及其辨析理论的

① 程湘清：《汉语史断代专书研究方法论》，《汉字文化》1991 年第 2 期。
② 何九盈、蒋绍愚：《古汉语词汇讲话》前言，北京出版社 1980 年版。

换例套用"。①

四川大学汉语言文字学专业的博士生，几年来注重专书词汇词义的研究，其中有作专书词汇同义关系研究的，如：沈林的博士论文《〈左传〉单音节实词同义词词群研究》（四川大学 2001 年）；周文德的博士论文《〈孟子〉单音节实词同义关系研究》（四川大学 2002 年）；黄晓冬的博士论文《〈荀子〉单音节形容词同义关系研究》（四川大学 2002 年）；徐正考的博士后出站报告《〈论衡〉同义词研究》（四川大学 2003 年）；雷莉的博士论文《〈国语〉单音节实词同义关系研究》（四川大学 2003 年）；赵学清的博士后出站报告《〈韩非子〉同义词研究》（四川大学 2003 年）。有作专书词汇反义关系研究的，如：廖扬敏的博士论文《〈老子〉单音节实词反义关系研究》（四川大学 2003 年）。有作专书词汇同源关系研究的，如：胡继明的博士论文《〈广雅疏证〉同源词研究》（四川大学 2002 年）。

导师宋永培先生以其深厚的文献功底，严格要求并悉心指导学生对文献原文潜心地精读，以达到从上下文到篇章全文的系统贯通。在师生的反复讨论、切磋中，已经形成了先生门下这一特有的理论研究与操作方法。关于同义词的研究，确定古汉语语词同义关系的最直接、最可靠的依据只能是保持了该时代语言面貌的文献原文，因为上古经典文献"一般来说篇章短小，但内涵丰赡，仪象纷纭"，在对上古经典文献的原文"熟读与深研"后，就会发现"同一篇中，乃至全书各篇之中的字词，在意义与用法上是彼此牵连与证明的，就是说，经典文献的原文，已经通过字词的相互关系对每个字词的意义与用法作

---

① 黄金贵：《古汉语同义词辨释论》，上海古籍出版社 2002 年版，第 6 页。

了准确而显白的注释"。①由此而有"比较互证"的研究方法。所谓比较互证法，"是指从具体的研究目标出发，设定研究对象的范围，对一篇文章、一本书或几部书中的语言文字材料进行全面的有系统的研究，较同辨异，彼此证发，以便清理与把握这些材料的内部条理。可见，比较互证的实质是对语言文字材料进行系统贯通"。②运用这一研究方法，通过对上古专书原文的精心考察，可揭示出原文中语词与语词之间存在的关系，归纳出具有同义关系的语词。接下来，也可用古代的训诂材料去验证这些语词是否有同义关系。宋先生的学生周文德称这种方法为"经典文献原文与训诂材料双重印证法"，简称"双重印证法"，即：（一）在经典文献原文中确定词的词义，清理出有共同义位的词。（二）利用训诂材料（包括注疏材料、小学专书）和词在文献中依存的文本格式对从经典文献原文中考察出的同义词进行验证。③这一确定同义词的方法是适应于古汉语专书词汇同义词研究的实践的。

本论文《〈汉书〉单音节形容词同义关系研究》也是在上述理论和方法指导下的一种实践。论文以大型文献《汉书》作为研究平台，通过对其古奥而又典范的书面语的全面而精细的研读与测查，选取其中有代表性的单音节形容词作重点研究对象，系联并考释其中具有同义关系的词群，以期为汉语词汇史同义词的研究提供一些可靠的资料和研究结论。词汇研究是目前汉语史研究的重点，专书词汇研究又是汉语词汇研究的热点与难点，而以

---

① 宋永培：《〈说文〉与上古汉语词义研究》，巴蜀书社 2001 年版，第 505 页。

② 宋永培：《当代中国训诂学》，广东教育出版社 2000 年版，第 291 页。

③ 周文德：《〈孟子〉单音节实词同义关系研究》，《四川大学博士论文》2002 年。

《汉书》这样大型而难读的文献为语料作全面而系统的词汇词义研究更是一项有意义的工作。

1.2　本课题研究的目的与任务

《〈汉书〉单音节形容词同义关系研究》是上古汉语词汇、词义研究的一个重要课题，它与汉语词汇学、词义学、词典学有着密切的关系。该课题的研究对象是《汉书》一书的单音节形容词同义词系统。本文以《汉书》原文中词与词的词义关系为依据，参照唐初颜师古的注以及清人王先谦的《汉书补注》中汇集的各家注疏（当时被征引的专著和参订者多至 67 家），借鉴杨树达的《汉书窥管》等，对《汉书》一书的单音节形容词同义词作全面而系统的清理与研究。论文共归纳出 141 组单音节形容词同义词，试图对其中 20 组同义词进行共同义位的确定以及同中之异的辨析；描写有同义关系的词在原文中的存在格式；归纳《汉书》单音节形容词同义词的特点，并探讨这些特点对汉语发展的影响，比如对汉语词汇复音化趋势的影响以及双音合成词的成因等。

本论文要完成的任务有四个方面：

1. 依据《汉书》原文归纳出有同义关系的单音节形容词，选取其中 20 组同义词确定其共同义位；

2. 对同义词进行共同义位范围内的词义辨析；

3. 描写有同义关系的词在《汉书》中的存在格式；

4. 归纳《汉书》中单音节形容词同义词的特点，并探讨这些特点对汉语发展的影响。

1.3 本课题采用的理论与方法

词汇的同义关系是词汇中特殊而重要的一种类聚关系。本课题与汉语词汇学、词义学、词典学有着密切的关系。它不仅涉及汉语同义词的研究、反义词的研究、词义训释的研究，还涉及词的聚合关系、组合关系、词汇系统和词义系统的研究等诸多问题。

王宁先生说过："字、词、义一经类聚，就显现出内部的系统性，为词义的比较创造了很好的环境。梁启超所说的清代学者'最喜罗列事项之同类者，为比较之研究，而求得其公则'的研究方法，正是通过类聚，将某一方面相同而具有可比性的词或词义集中起来，以便比较其相异之处，求得其特点。实际上，这一工作就是在一定的语义场里观察词汇的系统。"[①] 本论文采用王宁先生的理论与方法，把有同义关系的词类聚起来，以观察词义的相同和相异，并在可能的范围内追溯其在先秦经典中的使用情况，作一历时的比较参照，即在上古汉语的共时层面上作共时与历时相结合的系统研究，以探讨这些词的特点。

宋永培先生认为，古汉语词义系统"由成百上千、成千累万个相互联系、相互作用的单个词的词义系统交织而成"。[②] 这个词义大系统有两种基本样式："第一种基本样式是单个词的词义系统，第二种基本样式是众多的单个词的词义交织而成的词义系

---

① 王宁：《训诂学原理》，中国国际广播出版社 1996 年版，第 70 页。

② 宋永培：《古汉语词义系统研究》，内蒙古教育出版社 2000 年版，第 23 页。

统。第二种样式的词义系统包容第一种样式的词义系统。"① "汉语中单个的常用词，有许多在先秦时期已由本义发展出成系列的引申义。我们看到，一大批单个词的词义系统是以本义为起点、为核心的多层多向的引申义列。"② 我们从《汉书》中构组的141组单音节形容词同义词中选取20组，把每组中的每个词在《汉书》中的全部用例找出来，确定这些用例中该词的词义，汇聚和归纳这些用例中该词的词义。通过比较每个词的各个义位，可确定每一组同义词的共同义位有哪些。

陆宗达、王宁先生指出："词与词之间意义的关系不可随意判定，必须从它的运动全貌来看，也就是要在整个的引申义列中观察比较它们的异同。"③ "如果不从整个词义的引申系列来比较，是很难知道它们关系的密切程度的。而且，仅仅是义点重合的同义词，相同是偶然的。它们在词义的特点上所存在的差异是必须经过辨析的。"④ 宋永培先生说："在单个词的词义系统中，本义既是它发展出来的其他词义的起点，又是围绕在它周围的其他词义的核心。"⑤ 抓住词的本义，就能抓住贯穿于整个引申义列的词义特点。本论文辨析同义词时，只辨析同义词在相同或相近的那个或那些义位上，它们的义值有哪些差异。我们注意采用陆、王先生所提出的"系联"法，即密切联系词的本义的特点，在词的引申义列中考察几个词的词义特点的差异，还有"对举"法，即从反义词的不同看词义的差异，同时从同义词在《汉书》中表现出的结合能力的不同，辨析同义词在共同义位范围内存在

---

① 宋永培：《古汉语词义系统研究》，内蒙古教育出版社2000年版，第24页。
② 同上书，第33页。
③ 陆宗达、王宁：《训诂方法论》，中国社会科学出版社1983年版，第162页。
④ 同上书，第168页。
⑤ 宋永培：《古汉语词义系统研究》，内蒙古教育出版社2000年版，第32页。

的差异。

1.4　语料的取舍与择定

　　本论文的语料取自《汉书》一书。以中华书局 1962 年版的颜师古注《汉书》作底本，参考王先谦的《汉书补注》、王念孙《读书杂志》中的《汉书杂志》、段玉裁《说文解字注》所引《汉书》材料、唐慧琳《一切经音义》所引《汉书》材料、近人杨树达的《汉书窥管》，陈直的《汉书新证》等，通过考察《汉书》中词与词的相互关系，构组出 141 组单音节形容词同义词，选取其中的 20 组来确定每组的共同义位。《汉书》中常有对《易》、《书》、《诗》、《礼》、《春秋》、《论语》诸书以及谚语的引用，这些引用材料不进入本论文研究的范围。

第二章 《汉书》及《汉书》的语言研究

2.1 班固

班固（32—92），字孟坚，后汉扶风安陵（故城在今陕西咸阳市东）人，出身于世代显贵的家庭。父亲班彪，字叔皮，是当时著名的儒学大师，擅长于史籍。曾博采遗事异闻，续补《史记》，作成《后传》65 篇。建武三十年，即公元 54 年，班彪去世。班固决定完成父业，就着手这部大著作的撰写，当时他年仅23 岁。后来因人上书明帝，告他私改国史，被捕下狱，而且所有的书稿也都被抄走。他弟弟班超替他上书辩白，明帝看过这些书稿后，很赏识他的才能。永平五年，即公元 62 年，明帝召他到京师洛阳做兰台令史。兰台是汉朝皇家藏书的地方，这里共有六名令史，班固是其中之一。后来他升迁为郎官，典校秘书，而且明帝命他继续完成那部尚未写完的书。之后 20 年他一直潜心于这部书，直到章帝建初中叶。

和帝永元初，窦宪出击匈奴，以班固为中护军，参与谋议。此后几年，班固都在窦宪幕中，曾为窦宪在燕然山刻石勒功。窦宪因为出击匈奴立功封侯，原本又是外戚，所以显赫一时。班固家人也因此仗势欺人，他的家奴曾经侮辱过洛阳令。后窦宪失势自杀，洛阳令趁机逮捕了班固。永元四年，即公元 92 年，班固死在狱中，时年 61 岁。

班固一生为后人留下了不朽之作《汉书》。《后汉书·班彪传》对班固有详细的记载。

2.2 《汉书》的成书

《汉书》亦称《前汉书》，是我国第一部纪传体的断代史。它缘起于班固的父亲班彪续补《史记》所作的《后传》65 篇，主要部分是由班固自己完成的。但班固死时，《汉书》还有 8 表和《天文志》没有作成，和帝命班固的妹妹班昭参考东观藏书替他补作，又命他的同郡人马续帮助班昭作成《天文志》。杨树达指出：《汉书》一书，"经始于班叔皮，孟坚承业，蕙班补遗，集一门父子兄妹三人之力以成一书"。①历经三四十年始成完书。

《汉书》所纪上起汉高祖元年（前 206），下止王莽地皇四年（23）计 230 年的历史。书的体裁承袭《史记》而略作变更，改"书"为"志"，去掉"世家"而并入"列传"，从而进一步整齐了纪传体的体裁为纪、表、志、传四个部分。全书由 12 纪、8 表、10 志、70 列传组成，共 100 卷。班固在《叙传》中说"为春秋考纪、表、志、传，凡百篇"，《汉书》的自定本是 100 卷。而《隋书·经籍志》和《旧唐书·经籍志》著录都作 150 卷，《唐志》又记载《颜师古注汉书》120 卷。《四库书目提要》仅云"皆以卷帙太重，故析为子卷"，却没有说明那第一次被析出的 15 卷和第二次被析出的 5 卷到底是哪几卷。现在我们查出第 57、

① 杨树达：《汉书窥管·自序》，上海古籍出版社 1984 年版。

64、80、96 和 100 卷的篇题底下都有颜师古说明析卷的注文
（武英殿本第 100 卷的篇题底下脱漏了那条注），从此可知颜师古
作注时析出的就是这 5 卷。今本卷 1、15、19、21、24、25、
28、94、97 都有 1 个分卷，卷 27 有 4 个分卷，卷 99 有 2 个分
卷，一共多出 15 卷来，那第一次析出的大概就是这一部分。《汉
书》经过了一分再分，本纪就有 13 卷，表有 10 卷，志有 18 卷，
列传有 79 卷，这才是我们现在这部 120 卷本《汉书》的全貌。

2.3　《汉书》注

《汉书》自流传以来就被认为是很难读的书。杨树达在《汉
书窥管·自序》中谈到，"其书乍出，马季长一代大儒，伏阁从
蕙班受读，为书简奥，略可测知"。① 《后汉书·班昭传》记载：
"时《汉书》始出，多未能通者。同郡马融伏于阁下，从昭受
读。"② 《汉书》义蕴宏深，其中多古字古训。虽然它成书晚于
《史记》，"古字古训，反多于《史记》。其原因《史记》在东汉末
期，尚称为谤书，学者传习不多。迨普遍写布时，去西汉已远，
所有古字，皆用隶书写定。而《汉书》一出之后，马融为当世通
儒，且加肄习，络绎流传，故原书面目，变化不大。音义之外，
而研究者尤多，如边韶、武荣、司马防、荀悦等人尤著"。③
历代注《汉书》者多家。刘知几在《史通·古今正史》中说
道："始自汉末，迄乎陈世，为其注解者凡二十五家。至于专门

---

① 杨树达：《汉书窥管·自序》，上海古籍出版社 1984 年版。
② 范晔：《后汉书》，中华书局 1964 年版，第 2785 页。
③ 陈直：《汉书新证·自序》，天津人民出版社 1979 年版。

受业，遂与五经相亚。""据《叙例》颜监以前注本有五种：服虔、应劭、晋灼、臣瓒、蔡谟也。大抵晋灼于服、应外增伏俨、刘德、郑氏、李斐、李奇、邓展、文颖、张揖、苏林、张晏、如淳、孟康、项昭、韦昭十四家；臣瓒于晋所采外增刘宝一家；颜监于五种注本外增荀悦《汉纪》、崔浩《汉纪音义》、郭璞注司马相如传三家。"① 到唐初颜师古作注，所征引的注本已有 23 家。颜师古承其诸父颜游秦之业，裒集旧训为之注，一时号为班氏功臣，其注本为唐代以来长期流行的最完备的注本。宋明两朝治《汉书》侧重校订。清代朴学云兴，鸿生巨儒多肆力此书，且校订释义并重。光绪二十六年，王先谦的《汉书补注》刊行，被征引的专著和参订者多至 67 家，在当时可以说是集大成了，"自是读《汉书》者人手一编"。②

2.4　《汉书》语言研究状况

自清代以来，《汉书》的研究成果就很丰富，既有专著又有不少单篇论文。

清儒治《汉书》者，当推高邮王念孙，其《读书杂志·汉书》③ 最为精当。另外，清人研究《汉书》的著作还有：

方世举：《汉书辩注》，原刊巾箱本。

沈钦韩：《汉书疏证》，光绪二十六年浙江官书局刊本。

钱大昭：《汉书辨疑》，商务丛书集成初稿，1937 年。

---

① 王先谦：《汉书补注·序例》，中华书局 1983 年版。
② 杨树达：《汉书窥管》，上海古籍出版社 1984 年版。
③ 王念孙：《读书杂志》，江苏古籍出版社 1985 年版。

刘台拱：《汉书拾遗》，刘瑞林先生遗书。

周寿昌：《汉书注校补》，周陈二氏《汉书》补证合刊，鼎文，1977 年。

王肇钊、徐鸿筠、朱锦绶：《读汉书日记》，学古堂日记，清光绪二十二年刊本。

今人对于《汉书》的研究专著主要有：

杨树达：《汉书窥管》，上海古籍出版社 1984 年版。

陈直：《汉书新证》，天津人民出版社 1979 年版。

吴恂：《汉书注商》，上海古籍出版社 1983 年版。

王锦贵：《中国纪传体文献研究》，北京大学出版社 1996 年版。

朴宰雨：《〈史记〉〈汉书〉比较研究》，中国文学出版社 1994 年版。

仓修良：《汉书辞典》，山东教育出版社 1996 年版。

单篇论文多集中在史料的考证、对各家注的校释、史学价值的探讨等方面，从词汇学的角度研究《汉书》，所见到的主要是一些个别词语的考释。如：

杨树达 《读〈汉书·儒林传〉》，国学丛编 第 1（2）期 1931 年 7 月；

杨树达 《读王氏〈汉书杂志〉献疑》，北平图书馆馆刊 第 6（3）期 1932 年 6 月；

吴世昌 《〈汉书·外戚传〉"对食"解》，中央日报 1947 年 5 月 19 日；

郭在贻 《〈汉书〉字义札记》，杭州大学学报 第 1、2 期 1979 年。

近年来这方面的研究在逐渐走向深入和全面。有从修辞角度谈《汉书》造词的，如：张延成《〈汉书〉中的修辞造词》（《语文学刊》，2000 年第 4 期）；有作专类词研究的，如：牛岛德次著周生亚译《〈史记〉、〈汉书〉中的数词》（《语言教学与研究》，1995 年第 2 期）；张延成《〈汉书〉复音词研究》（南京大学，2000 年硕士学位论文）。

　　我们确定"《汉书》单音节形容词同义关系研究"这一课题，属于专类词的同义关系研究，是想对《汉书》中单音节形容词具有同义关系的词做穷尽性的测查，在确定这些词共同义位的基础上，辨析其义值的差异，并在一定程度上归纳《汉书》单音节形容词同义词的特点，以期在占有充分文献语料的基础上对汉语词汇的发展轨迹有较明确的把握，并在一定程度上为汉语双音合成词的形成找到根据。

第三章 古汉语同义词研究的几个基本问题

3.1 关于同义词的界定

研究同义词，首先遇到的一个问题就是如何界定同义词。关于同义词的界说，即什么是同义词，学术界讨论了将近半个世纪，至今还没有一个大家都接受的说法。在古汉语界，关于同义词的界说有影响的可归纳为如下三说①。

3.1.1 "一义相同"说

王力是此说的代表。20 世纪 80 年代初，他在《同源字典》的《前言》中对同义词作了明确的表述："所谓同义，是说这个词的某一意义和那个词的某一意义相同，不是说这个词的所有意义和那个词的所有意义相同。"黄金贵先生称之为"一义相同"说。王力先生的表述对当时和以后的研究者的影响都很大，并由此产生了一脉相承的一些说法。或用"同一概念"，如曹先擢认为"同义词是指那些表示同一概念而相互间在语义上或感情色彩

---

① 黄金贵：《古汉语同义词辨释论》，上海古籍出版社 2002 年版，第 3—26 页。

上有细微差别的词"。① 或仍用"一个意义",赵克勤指出:"我们从古汉语的实际情况出发,可以给古汉语同义词下这样一个定义:两个或两个以上的词,它们所包含的一个意义相同,而在其他意义、风格特征、感情色彩或用法上存在着细微差别,就叫同义词。"② 或用"一个义位",周庆光强调"同义词的同,是以义位为单位观察的几个多义词,只要它们的某一个义位所反映的是同一类事物,这几个多义词就在某个义位上构成同义关系,就是一组同义词"。③ 黄金贵则定义为:"同义词,是具有不同'义象'(理性意义或附加意义的同中之异)、共同表示一个义位系统的词群。"④ 这些说法都是本王说而作的不同表述或具体阐发。

3.1.2 "多义相同"说

持此说的学者认为同义词是"一个或几个意义相同的词",如张永言先生说:"同义词就是语音不同但是有一个或几个意义相同或很相近的词。"⑤ 段德森:"(同义词)是指语音不同,但有一个或几个意义相同或相近、词性相同的词。"⑥ 严廷德:"同义词是语音不同,但有一个或几个意义相同相近的词。"⑦ 这三种说法还兼有"或相近"的表述,杂糅了另一说。

3.1.3 "近义"说

这种观点认为同义词是"意义相同或相近的词"。由于持此

---

① 曹先擢:《谈古汉语同义词辨析》,《文科月刊》1988年第1期。

② 赵克勤:《古代汉语词汇学》,商务印书馆1994年版,第121页。

③ 周庆光:《古汉语词汇学简论》,华中师范大学出版社1989年版,第200页。

④ 黄金贵:《古代文化词义集类辨考》,上海教育出版社1995,见于自序。

⑤ 张永言:《词汇学简论》,华中工学院出版社1982年版,第105页。

⑥ 段德森:《简明古汉语同义词词典·凡例》,山西教育出版社1992年版。

⑦ 严廷德:《古汉语词汇学》,四川大学出版社1992年版,第165页。

说者都将"意义相同的词"作为没有辨析价值、数量很少的等义
词，将同义词作为"相近"类的词，所以我们按其特点称它为
"近义"说。如洪成玉说："同义词实际上是词义有同有异……的
近义词。""确定同义词的依据是部分意义相同或在一定语言环境
中意义相同。"① 刘乾先说："古代汉语绝大多数的同义词都是词
义相近或词义有部分交搭的近义词。"② 王政白说："古汉语中，
存在着两个或多个词之间意义相同或相近的现象……这种意义相
同或相近的词就是同义词。"③ 万艺玲等给古汉语同义词定义为：
"在一定条件下意义相同或相近，而语音不相关的词，互为同
义词。"④

多年来，古汉语界对于古汉语同义词的看法都没有超出上述
三种观点，而且表述常常不是泾渭分明。如蒋绍愚："一个词包
含若干个义位，所谓'同义'，是一个或几个义位相同，而不可
能是各个义位都相同。"⑤ 其中既指一义又包含多义。总之，如
何界定同义词，即同义词界定的标准，直接关系到对同义词的构
组，特别是辨异，而这一问题才是同义词研究的关键。

本论文把同义词界定为"读音不同而有共同义位的词"。这
样，本论文所考察的"同义词"必须满足三个条件：

1. 至少有一个义位相同；
2. 语音不相同或不相近；
3. 词性相同。

---

① 洪成玉：《古汉语同义词及其辨析方法》，《中国语文》1983 年第 6 期。
② 刘乾先：《怎样探索古汉语同义词之间的差别》，《东北师范大学学报》1985
年第 4 期。
③ 王政白：《古汉语同义词辨析·前言》，黄山书社 1992 年版。
④ 万艺玲等：《词汇应用通则》，春风文艺出版社 1999 年版，第 131 页。
⑤ 蒋绍愚：《古汉语词汇纲要》，北京大学出版社 1989 年版，第 94 页。

需要说明的是，本论文所清理出的《汉书》单音节形容词性质的同义词中，个别同义词组中存在某些元素在语音上有相同或相近的情况，即一组同义词中含有同源关系的词（但不是一组词全部有同源关系），对于这样的同义词组，我们纳入本论文的研究范围，但不对它们在语音、词义上的历史关系作考求。同义词的研究，在性质上更多地属于共时范畴。

3.2　同义词的确定方法

研究同义词，首先要面对的一个问题是如何界定同义词，即什么是同义词，这是研究同义词的关键。这个问题解决了，接下来一个重要的问题就是：确定哪些是同义词，也就是说，采用什么方法来确定同义词。这也是研究同义词的基础工作，如果确定同义词的方法不得当，那么所确定的同义词就可能与实际状况不一致，在此基础上所做的研究就不可靠，其结论也就没有多少价值。学术界对这个问题作了积极的探索，总结了不同的确定方法。概括起来，主要有三种，这三种方法主要是针对现代汉语同义词研究提出来的。我们依照同门师兄的说法介绍如下：

3.2.1　替换法

"替换"法是指在某个给定的语言单位（常常是词组或句子）中，如果其中一个词可以被另外一个词或若干个词替换而不改变该语言单位的基本意义或所"指称的对象"，那么，这个词与用来替换的词便构成同义关系。该方法可用来检测词语是否具有同义关系，但这种检验是有条件的，即词语在替换前后，其所在的语言单位（词组或句子）的基本意义或所指称对象须保持一致

（指"等义词"）或基本一致（指"近义词"）。有学者认为这种方法是要为同义词"寻找一个形式上的标志来检验这种共同性"。[①]该方法可形式化如下：设给定语言单位为"甲＋丙"，其意义为"丁"；如果"乙＋丙"的意义也等于或基本等于"丁"（即甲＋丙＝乙＋丙＝丁），那么，"甲"与"乙"为同义词。

从 20 世纪 50 年代起，就有学者提出以替换这种方法看词与词的意义是否同一。高名凯先生在其著作《普通语言学》中指出：有些词"在任何的地方都可以互相替代，而保持其统一的意义"，这就是同义词。[②] 随后采用这一方法的学者有孙常叙、周祖谟、王理嘉、侯学超、蒋绍愚、王宁等。他们的观点如下：

孙常叙：同义词是一些能够在同一个原句或意义相近的上下文里，可以彼此替代，表达同一对象，而感觉不到有什么意义上的差别的一组词。[③]

周祖谟：同义词在同一文句里或意义相近的文句里固然有时可以互相代用而感觉不出显著的差别来，但是一般说来这种可能性往往受到一定的限制。[④]

王理嘉、侯学超：词可以在一定的上下文中互换代用，这是构成同义性的一个必要条件。"可替换"的特征无疑具有重要的、决定的意义，它是同义词和非同义词之间的一个标志。[⑤]

蒋绍愚：判定两个义位同义，最简单的办法是替换，如果两

---

① 王理嘉、侯学超：《怎样确定同义词》，《语言学论丛》（第 5 辑），商务印书馆 1963 年版，第 239 页。

② 高名凯：《普通语言学：下册》，东方书店 1955 年版。

③ 孙常叙：《汉语词汇》，吉林人民出版社 1956 年版，第 220 页。

④ 周祖谟：《汉语词汇讲话》，人民教育出版社 1959 年版，第 45 页。

⑤ 王理嘉、侯学超：《怎样确定同义词》，《语言学论丛》（第 5 辑），商务印书馆 1963 年版，第 242—249 页。

个或两个以上的词在多数上下文中都能互换，就说明它们某一义位的中心变体相同，就是同义词。①

王宁先生认为，"置换"不仅能证同，也可以辨异。她说："同义词在使用相近义位时可以互相置换，凡不能置换的就是它们不同的义位。"②

国外学者也有类似的看法，如莱昂斯在《理论语言学导论》中认为：同义现象可以这样来下定义：如果一个句子中某个词拿另一个词替换而意思不变，这两个词就是同义词。③

"替换法"是学者们使用得最普遍的方法，但"这种办法还存在一些问题"④，它的"科学性和在语言实际中的可行性，是大有疑问的"。⑤ 首先，并不是所有的同义词之间都可以互相替换，可替换性是有一定的条件和范围的。正如张永言先生所说，"同义词在一定范围内是可以互相代替的"，⑥ 超出这"一定的范围"就不能互相替换，比如同义词在补充意义、风格特征和感情色彩上的区别就使得同义词之间常常不能互相替换。刘叔新对"替换法"持完全否定的态度，他认为："对于同中有异的同义词来说，大多数的情形下是不能互相替换的。"因此，"用'替换'来检验同义或作同义的决定性标准，完全不符合实际，绝对行不通。"⑦ 其次，这种方法不能完全避免主观性。在实际运用中凭语感而进行的替换具有一定的主观性，往往是研究者"感觉不出

① 蒋绍愚：《古汉语词汇纲要》，北京大学出版社 1989 年版，第 96—101 页。

② 王宁：《训诂学原理》，中国国际广播出版社 1996 年版，第 84 页。

③ 转引自蒋绍愚：《古汉语词汇纲要》，北京大学出版社 1989 年版，第 96 页。

④ 蒋绍愚：《古汉语词汇纲要》，北京大学出版社 1989 年版，第 96—101 页。

⑤ 刘叔新、周荐：《同义词语和反义词语》，商务印书馆 1992 年版，第 33 页。

⑥ 张永言：《词汇学简论》，华中工学院出版社 1982 年版，第 105 页。

⑦ 刘叔新：《同义词和近义词的划分》，《语言研究论丛》，天津人民出版社 1980 年版，第 72 页。

显著的差别"① 时就认为可以互相替换，而这"显著的差别"却没有一个恰当的度和客观的标准可资依凭。第三，这种方法运用于古汉语专书同义词研究，在实践上缺乏可操作性。在古汉语中，更多的情况是，在同一个上下文中找不到可以互相替换而基本意义不变的言语单位，这时候，如果我们像研究现代汉语同义词那样凭研究者的语感自己进行替换而做出判断，那么"显著的差别"如何去"感觉"以及"感觉"的"差别"尺度如何去掌握就成了大问题。由此看来，这一方法运用于古代汉语同义词研究，缺乏可操作性。

3.2.2 义素分析法

"义素分析"法又叫"语义成分"（semantic component）分析法。义素分析法从哥本哈根学派的叶姆斯列夫（L. Hjelmslev）最先提出至今才半个多世纪。自 20 世纪 80 年代以来，这一方法被一部分学者运用于汉语同义词的分析并作为确定同义词的有效方法。刘叔新和周荐是这一方法的主要倡导者和使用者。应当承认，"义素分析法对某些种类的义位所作的分析令人相当满意，譬如对亲属词、军衔词、表坐具的词（椅子、凳子等）的分析就是这样"。② 不过，经过二十来年的实践，这种方法受到了越来越多的学者的批评。首先，这种方法在运用时主观性太强，没有简便可靠的验证方法。曾是主要倡导者的刘叔新就对这一方法提出了中肯的批评：义素分析法"只能展现意义的构成，可以一般地从意义本身来提示意义相同或相近的情形，却不能直接地、往往不能确切地表明事物反映在意义中的外延。更为不足的是，义

---

① 周祖谟：《汉语词汇讲话》，人民教育出版社 1959 年版，第 45 页。
② 贾彦德：《汉语语义学》，北京大学出版社 1999 年版，第 55 页。

素分析法完全建立在个人对词义的了解和剖析的基础上，有一定的主观性，并不是验证式的，因此它不可能给检验提供客观的、形式的标志"。① 这种方法"没有形式上的标志可资依凭，主观性的弊病依然难免"。② 其次，这种方法仅属举例性，缺乏普遍适用性。"义素分析法并不适用于所有的词，只适用于一些普通名词、一些形容词和一些动词"。③ 而且这一方法在实际运用中完全局限于举例分析，所举的例子基本局限于少数一些容易操作的同义词组，不能展开来讨论，没有普遍适用性。第三，不适用于古汉语专书同义词研究。这种方法运用于古汉语同义词研究，缺乏可操作性。因为"义素分析所需要的恰当的上下文，从道理上讲当然可以在现成的言语作品里去找，但实际上往往一时很难找到合适的，因此可行的办法是研究者自拟"。④ 如果"义素分析所需要的恰当的上下文"需要"研究者自拟"，这就等于宣布了该法在古汉语同义词研究中不可行，因为研究古汉语同义词，特别是专书同义词，是不能自拟上下文的。所以这种方法不适用于古汉语同义词研究。

3.2.3 同形结合法

该方法是刘叔新（1980）提出来并运用于操作实践的。其理论基础是，"语言中两个指同样对象的词，各与同一个指另一种事物对象的词相联结，结成的两个组合体必然也指同一种事物"。"同形结合"法是指：设有待检验词语甲与乙，若想知道它们的

① 刘叔新：《同义词和近义词的划分》，《语言研究论丛》，天津人民出版社1984年版，第25页。
② 周荐：《同义词语的研究》，天津人民出版社1991年版，第61页。
③ 张志毅、张庆云：《词汇语义学》，商务印书馆2001年版，第39页。
④ 贾彦德：《汉语语义学》，北京大学出版社1999年版，第71页。

"对象是否同一"，选能与给定两词语"联结"的词"丙"，如果
"甲＋丙"与"乙＋丙"指同样的事物，那么"甲"与"乙"同
义。如刘叔新所说："如果甲＋丙和乙＋丙指同样的事物，那么
就可断定甲和乙有同样的对象，是同义词。"例如："迎接客人"
与"迎接来宾"指同一事物，其中的"客人"与"来宾"指同一
种对象，是同义词。① 如果将"同形结合法"与"替换法"比较
一下，发现二者只是换了一个角度，本质上没有区别。仍以刘叔
新的例子看，可以认为"迎接"是不变的，"客人"、"来宾"仍
是互相替换。所以有学者指出这种方法与"替换法"在"实质上
是相同的"。② 池昌海对此经过详细的分析后得出结论"同形结合
法"与"替换法"有"异曲同工之妙"，二者之间"是貌合神离
的关系"。③ 更重要的是，这种方法不能用来确定古汉语的同义
词。古汉语的语料是一个封闭的系统，研究者不能凭语言经验举
出自己需要的例子。如果所研究的文献中找不到研究者需要的
"组合体"，这种方法就无法操作。所以这种方法难以用于古汉语
同义词研究。

　　综上所述，替换法、义素分析法、同形结合法基本上是针对
现代汉语提出来的，在实际操作中，各有一定的局限性。最突出
的特点是都局限于举例分析，不同学者对同义词的确定"往往带
着极大的主观性、随意性"，所确定的同义词自然是"大家并不
都赞同，有些甚至连持同样观点的人也未必首肯"。④ 上述方法

---

　　① 　刘叔新：《同义词和近义词的划分》，《语言研究论丛》，天津人民出版社
1984 年版，第 80 页。
　　② 　詹人凤：《现代汉语语义学》，商务印书馆 1997 年版，第 98 页。
　　③ 　池昌海：《对汉语同义词研究重要分歧的再认识》，《浙江大学学报》1999 年
第 1 期。
　　④ 　刘叔新、周荐：《同义词语和反义词语》，商务印书馆 1992 年版，第 21 页。

不完全适用于古代汉语同义词的研究，不能作为确定古代汉语同义词的依据。

古汉语同义词有自己的独特性，其研究方法和研究手段与现代汉语不完全相同，不能照搬现代汉语的研究方法。对于古汉语同义词的确定方法，研究者主要是根据同义词组的成员在经典文献中经常的依存方式提出的，我们把这些方法称之为"文本格式法"。

古汉语同义词在经典文献中经常的依存方式，洪成玉曾归纳为五种情况，他认为："一般说，属下列情况之一的，都可以认为是古汉语中的同义词：（一）互训，（二）同训，（三）同义递训，（四）互文，（五）异文。"① 根据我们的考察，上述五种情况里的任何一种情况里都有同义词。这五种情况，可以为我们确定词的同义关系提供很好的线索。不过，属上述五种"情况之一"的，并不"都可以认为是古汉语中的同义词"。在具体操作的时候，不能一概而论。比如，同训的被训释词之间有的具有同义关系，有的不具有同义关系，小学专书中的同训词之间的关系是很复杂的，《尔雅》中的同训词很多就不是同义词。互文也不一定都是同义词，洪成玉在《古汉语词义分析》中就指出过"不能正确利用互文或滥用互文"而把非同义词当成同义词的明显错误。② 同义递训的若干个词之间也不一定都是同义词，甲，乙也；乙，丙也；丙，丁也……壬，癸也。在这个链条上的两个训释词和被训释词，在某一义位上有同义关系，而"甲"与"癸"则可能相去甚远而没有相同的义位。互训，只能确定一对同义词，而同义词往往不止两个。异文是指同一内容而且结构相同的

---

① 洪成玉：《古汉语同义词及其辨析方法》，《中国语文》1983 年第 6 期。

② 洪成玉：《古汉语词义分析》，天津人民出版社 1985 年版，第 197—198 页。

句子，在不同的书中，相应的词互异，除去其中的同音假借字，可以认为是同义词。不过，这"不同的书"如果不是处在同一个时代层面而是相距的时代较远，那么，这样的异文在某一个特定时代就可能不是同义词。

王宁先生在《训诂学原理》中列举了可以证明词的同义关系的四种材料：

（一）义训：直训的训释词与被训释词如果不属文意训释，则必定同义，互训更易判定为同义词。同训词如果其中没有文意训释，也可判定在这一义项上同义。作同一被训词的训释词的两词，也可判定在某一义项上同义。

（二）互言：同义词在使用它们相同的义项时可以互相置换，也就是说，在相同的语言环境里，它们因意义相同，可以同用。韵文中常有互言的现象，可以看出词的同义。

（三）对言：同义词用在相对应的位置上，可以见其同。

（四）连言：在古汉语里，同义词可以连用而义不变，这正是后来发展为双音合成词的基础。①

王宁先生列举的这四种材料为我们确定古汉语词的同义关系提供了可靠的线索。徐正考认为：研究古汉语单音同义词的基本方法应是"系联法"：根据文义，将对文同义者或同一上下文中同义异辞者系联为一个同义词组；在此基础上兼用"参照法"：参照古训及有关研究成果，进一步确认系联到一起的词的同义关系，并进一步扩大同义词组的范围。②

至此，随着研究范围的扩大和专题研究的深入，学者们对同

---

① 王宁：《训诂学原理》，中国国际广播出版社 1996 年版，第 83—84 页。

② 徐正考：《〈论衡〉"征兆"类同义词研究》，《古籍整理研究学刊》2001 年第 4 期。

义词的认定方法和确定依据有了比较清晰的认识。首先，确定词的同义关系的依据只能是词在语言运用中的实际情况，正如刘叔新、周荐所说："判定语言词汇中的一个单位和另外的单位有同义关系"，"必须按语言运用中的实际情况来加以确定"。① 这里所说的"语言运用中的实际情况"对古汉语而言，指的就是经典文献的原文。

　　确定古汉语语词的同义关系的最直接、最可靠的依据只能是保持了该时代语言面貌的文献原文，因为上古经典文献"一般来说篇章短小，但内涵丰赡，仪象纷纭"，所以，我们对上古经典文献的原文"熟读与深研"后，就会发现"同一篇中，乃至全书各篇之中的字词，在意义与用法上是彼此牵连与证明的，就是说，经典文献的原文，已经通过字词的相互关系对每个字词的意义与用法作了准确而显白的注释"。② 通过对上古专书原文的精心考察，可揭示出原文中语词与语词之间存在的关系，包括语词之间的同义关系。接下来，也可用古代的训诂材料去验证这些语词是否有同义关系。所谓"训诂材料"是指对古代文献进行"注释、纂集与考证的成果"。包括两个方面的材料，"一是附在文献正文后的注释，前人所称的'传'、'说'、'解'、'诠'、'疏'、'证'、'微'、'诂'、'注'、'义证'、'正义'……；二是根据一定的原则纂集编排的训诂资料集或训诂专书"。③ 周文德把这种方法称作"经典文献原文与训诂材料双重印证法"，简称"双重印证法"。具体做法是：（一）在经典文献原文中确定词的词义，清理出有共同义位的词。（二）利用训诂材料和词在文献中依存

---

① 刘叔新、周荐：《同义词语和反义词语》，商务印书馆 1992 年版，第 21 页。
② 宋永培：《〈说文〉与上古汉语词义研究》，巴蜀书社 2001 年版，第 505 页。
③ 王宁：《训诂学原理》，中国国际广播出版社 1996 年版，第 32—33 页。

的文本格式对从经典文献原文中考察出的同义词进行验证。

3.3　同义词的辨析方法

　　关于同义词的辨析，早在先秦就开始了，只是当时这种辨析还仅是一种质朴的具体而零星的实践。到了清代，这种辨析已经有一些理论的色彩了。当时成就最大的是段玉裁的《说文解字注》。段注不仅有大量的辨析同义词的实践成果，还提出了如"浑言则同，析言则别"等有关同义词辨析的术语。

　　近五十年来，学者很重视同义词辨析方法的研究。现在公认的同义词辨析方法，一般是从词汇属性、风格色彩（有的把词的风格色彩方面的差异归为词的词汇属性差异的一个方面，如洪成玉）、语法属性这三个大的方面来进行的。如：

　　洪成玉认为，辨析古汉语同义词之间的差异，"一般可从词的词汇属性和语法属性两方面来考虑。词的词汇属性，是指从属于语义系统的属性。词的意义不是孤立的，它必然要受语义系统的制约。词除了表示一定的概念以外，还表示一定的色彩，还有意义的引申，还有与之相对应的词义，同时还有地区或时间的特色。同义词的差异往往在这些方面表现出来。一对或一组同义词，往往兼有多方面的差异"。① 洪成玉认为，从词的词汇属性方面看，同义词之间有概念的差别、色彩的差别、引申义的差别、反义词的差别、地区性的差别、时间性的差别。从词的语法属性方面看，洪成玉详细介绍了词的句法功能差别和词的结合能

---

　　① 　洪成玉：《古汉语词义分析》，天津人民出版社 1985 年版，第 153 页。

力差别。①

　　韩陈其认为，同义词可以从词义、语法、修辞三大层次辨析。从词义方面着眼辨析，包括程度的差别、速度的差别、位置的差别、范围的差别、制料的差别、形状的差别、情态的差别、方式的差别、对象的差别和时间的差别；从语法方面着眼辨析，包括词序的差别、搭配关系的差别和句法功能的差别；从修辞方面着眼辨析，包括感情色彩的差别和等级方面的差别。②

　　胡裕树认为，同义词可以从词的性质和范围上来辨析，包括感情色彩的不同、语意轻重的不同、范围大小的不同、具体和概括的不同、适应对象的不同；可以从词的用法上来辨析，包括词的配合关系的不同、词性和句法功能的不同；可以从语体风格上来辨析，包括口语和书面语的不同、普通用语和特殊用语的不同、专业语词和一般语词的不同、普通话语词和方言语词的不同等。③

　　应该说这些辨析方法对古汉语同义词辨析是有作用的，但我们在古汉语同义词辨析时更注重辨析同义词在相同或相近的那个或那些义位上，它们的义值有哪些差异。王宁先生认为，辨析同义词的相异之处，训诂上常用以下三种方法来完成任务：（一）置换：同义词在使用相近义项时可以互相置换，凡不能置换的就是它们不同的义项。（二）对举：不同的反义词可以用来辨析同义词的差异。当用置换的办法把相异的义项排除以后，反义词可以有助于辨析相近义项的义值差。（三）系联：词的意义特点，应当在它整个的引申义列中来认识，从本义、源词和同源词中，

---

　　① 洪成玉：《古汉语词义分析》，天津人民出版社 1985 年版，第 173—177 页。

　　② 韩陈其：《论古汉语同义词及其辨析方法》，《中国语文》1983 年第 6 期。

　　③ 胡裕树：《现代汉语》，上海教育出版社 1987 年版，第 230—235 页。

都可以看出词义特点，从整个引申义列来比较可以清楚地看出同义词的意义差别。并说："辨析词义往往将这三种方法合起来使用，便可以准确一些。"①

　　王先生所提出的三种方法中，第一条实际是用来确定同义词具体在那个（或那些）义位上相近，第二条和第三条则是用来辨析在某一个义位上相近的同义词的义值的差异（即揭示共同义位范围之内的词义的差异）。"系联"的实质是在词的引申义列中把握词的词义特点，而词的引申义是由本义的词义特点决定的，"汉语词的贮存义特别是贮存义中的本义总是深刻灌注于词的引申义中。因此要正确地理解与把握汉语词义，其中很重要的步骤，或者说能发挥提纲挈领作用的步骤，就是要用汉语词的贮存义特别是其中的本义来统率，来检测，来权衡词的使用义"。②所以，要弄清在某一个义位范围内词义的特点及词义间的差异，就必须从词的本义出发，清理出词的本义包含的词义特点及由本义包含的词义特点所决定的引申义的特点。

　　另一方面，"在先秦汉语里，对大量的单音词来说，词汇意义对词的语法功能和句子结构模式的制约是更为直接而强烈的"。③"词的语法功能和所能存在的结构模式，是受它的词汇意义控制的，很多语法上的差异，常常能从词义特点的不同找到最根本原因。"④把词的意义与词的结合能力的描写结合起来，可使同义词词义的差异在语言结构上得到直观的、不同的显现。"莱昂斯说：'词的意义和它们的分布之间存在一种内在联系。'我们认为，词义一方面是对客观事物现象的概括反映，另一方面

---

①　王宁：《训诂学原理》，中国国际广播出版社 1996 年版，第 84—85 页。

②　宋永培：《古汉语词义系统研究》，内蒙古教育出版社 2000 年版，第 251 页。

③　陆宗达、王宁：《训诂方法论》，中国社会科学出版社 1983 年版，第 233 页。

④　同上书，第 236 页。

又是在应用中形成和发展的，因此词义同词经常结合的词语就有密切的联系。其中有规律性的表现，又显出众多的歧异和独特性。"①

本论文主要采用王宁先生提出的"系联"法（即在词的引申义列中看词的词义特点的差异）和"对举"法（即从反义词的不同看词义的差异），同时兼顾同义词在《汉书》中表现出的结合能力的不同来辨析同义词在共同义位范围内的词义差异。

3.4　同义词的归纳和类聚

3.4.1　关于词的义位的归纳问题

判定两个或多个词构成同义关系的内在的、根本的依据应当是词义本身有相同或相近的义位。如何界定"义位"以及归纳词的义位遵循什么样的原则，这是我们首先要涉及的问题。

义位（semene）是语义层级体系中的一个单位，略相当于一个词的一个义项，是语义系统中能够独立自由地运用的最小单位，是义素的综合体，是词义的基本单位。②

词的义位的分合、义位的归纳，是一个十分复杂的问题，到目前为止学界仍没有定论。这里，我们不打算对这一问题作详细讨论，只是想借鉴词典编纂的一些有效经验和现代汉语词义描写方面的研究成果，对我们在确定单音节形容词同义词中每个词的义位时所遵循的原则作一些交代。依据黄晓冬在其博士论文中所

---

① 符淮青：《词义的分析和描写》，语文出版社 1996 年版，第 303 页。
② 张志毅、张庆云：《词汇语义学》，商务印书馆 2001 年版。

作的总结，这些原则主要有：①

1. 概括性原则。首先，词义的概括性是词义的本质特征之一，词的每一个义位都必须经过概括。其次，断代词汇的词义研究、专书词义研究是要整理词的共时词义。专书词义实际是词的使用义，因为具体语境的不同，词的使用义的面貌可能有各种表现，因此必须经过概括才能确定一个义位。

2. 符合共时语言实际的原则。我们所考察的词出自东汉时期的文献，其词义系统有其自身的特点，因此，分析每个词在《汉书》中的义位时，我们主要依据该词在实际用例中的情况来决定它是否是一个独立的义位。

3. 重分与概括相结合的原则。具体分析时，一些主训词相同而色彩意义明显不同或语法意义明显不同的，分属不同的义位。比如：词义的感情色彩明显不同的（即褒义和贬义），分属不同的义位；由形容词的意动或使动用法而产生的意义，列为独立义位；所修饰的对象不同因而意义特点不同的，分属不同的义位。

3.4.2　同义词的归纳和类聚

确定了每个词的义位，就可将有共同义位的词归为一组同义词。同义词的构组就是把有共同义位的词横向聚合起来。

这一节，我们运用前面综述的理论与方法，对《汉书》单音节形容词中具有同义关系的词做穷尽性的测查与清理，确定词在每一个用例中的义位，归纳其共同义位，类聚有共同义位的词。经过筛选，归纳出 141 组单音节形容词同义词。

---

① 黄晓冬：《〈荀子〉单音节形容词同义关系研究》，四川大学 2002 年版，第 39 页。

需要说明的是，对于相同的字形记录不同的词的情况，我们用数字在字形右上角作标记以示分别；对于本字之外的其他字形（包括异写、异构字和借字），则把它们放在本字后面，用括号括起来；若本字在文本中没有出现，我们就只列出它的借字。

这里把从《汉书》中构组出的141组单音节形容词同义词列举如下：

1. 寿、考、老、耆、耇、耄（眊）、长^2、高

2. 幼、小、少^2、微、稚、孺、冲

3. 小、细、幼、幺、少^1、纤、微、薄

4. 少^1、寡、薄、鲜^2、稀（希）、罕、微

5. 侵、短

6. 醜、恶^1

7. 恶^1、磽、薄

8. 肥、沃、饶、膏、腴、良、美、善

9. 美、甘、旨

10. 美、休、吉、嘉、善、臧^1、令、淑、懿、俊、灵、修、好^2、谠

11. 美、都^1、令、好^2、佳、丽、妍（忓）、媚、妙、姣、冶、妖

12. 富、赡、厚、实、给、足、饶、羡、殷

13. 富、庶、厚、众、多、夥、群、丛、盛^2、豊、猥、穰、缛、蕃

14. 奢、侈、泰、靡^1

15. 羸、瘦、瘠、臞

16. 怯、懦（愞）、弱、软（耎）、枲（佳）、胣

17. 卑、微、细、贱、下

18. 遥（遙）、远、辽、旷、遐、邈、迥（逈）、卓、长^1、

悠、疏[1]

19. 久、长[1]、永、远、邈、遐、尚、逖

20. 近、迩（尔）

21. 茂、盛、懋、畅（鬯）、籁、萋、丰、夭、條、猥

22. 烦、苛、细、娆

23. 鄙、樸、敦、质、醇（淳）

24. 稠、密、概

25. 周、密、详、细、悉、审

26. 清、晏、明

27. 偏、颇

28. 疏、恶、粗、苦、窳

29. 老、宿、旧、故

30. 大、巨（钜）、伟、皇、蓤、博、普、溥、庞、宽、广、硕、洪、宏、鸿、闳、弘、介、盛、阜

31. 俭、节、约、啬

32. 信、诚、亮、款

33. 健、强、壮、雄、伉、悍

34. 强、劲、雄

35. 精、工、良、巧

36. 谨、慎、悫、愿

37. 罷（疲）、倦、劳、苦、勤

38. 伟、高、危

39. 昌、盛、兴、隆、猥、蕃

40. 愚、戆（憨）、驽、骏、钝、蒙

41. 顽、顿、嚚

42. 修、长

43. 晚、莫、晏

44. 迟、缓、舒、徐、淹

45. 宽、恕、裕、厚

46. 高、厚、深

47. 高、大、峻、峭、崇

48. 夸、诈、伪、诞、妄

49. 诡、异、奇、特、介

50. 伟、魁、壮

51. 勇、武、骁、枭、矫、厉、骏、威、猛

52. 凶、狠、很、恶、桀、戾

53. 酷、烈、暴、残、虐、惨（憯）

54. 刻、苛、恶、毒

55. 邪、枉、曲、辟（僻）、旁、左

56. 乖、戾、刺

57. 便、巧、嬖、佞

58. 狡、猾、黠

59. 衰、微、坏

60. 凶、险、夭（妖、祅）

61. 错、谬、误、过、悖

62. 昏、乱、悖、诙（駮）、惑、眊（耗）

63. 坚、强、刚、毅

64. 坚、犀、硬

65. 坚、固、牢

66. 偏、裨、副

67. 秘、密

68. 庸、俗、平、凡、常

69. 俚、俗、鄙

70. 通、常、恒、定

71. 完、备、全、周

72. 周、圆、圜

73. 同、等、齐、钧（均）、平

74. 殊、异

75. 解、弛

76. 驯、顺

77. 木、讷（呐）

78. 腐、朽、枯、烂

79. 愚、陋、鄙、固、劣、偏（褊）

80. 险、阻

81. 仄、陋、简、辟

82. 疾、急、迅、捷、亟

83. 轻、薄、浮、浅

84. 赤、朱、红、彤、赫、赭

85. 玄、黑、皁、黔、骊、墨、卢

86. 白、皓、玉、皙、素

87. 玄、默、深、奥

88. 极、尽、罷（疲）、屈、竭、匮、殚

89. 困、穷、厄、绝、迫（柏）、窘、乏、顿

90. 易、轻、简、慢（嫚）

91. 谦、逊

92. 湛、靖、恬、安、闲、幽

93. 洁（絜）、清、靓（静）、纯

94. 温、柔、婉、顺

95. 说、快、喜、乐、融、豫、恺、畅

96. 和、洽、谐、穆、睦、雍、辑

97. 孽、庶

98. 淡（澹）、泊

99. 纯、贞、淑、良

100. 深、厚、笃、敦、渥、惇

101. 危、殆

102. 正、直、方、平、切、端、亢、贞

103. 通、达、畅（㫤）、豁

104. 纯、专、一、笃

105. 严、肃、庄

106. 实、满、盈

107. 厌、足

108. 锋、利、铦、锐

109. 骄、倨、骜（傲）、慢、矜

110. 幽、暗（闇）、昧、晦、冥、昏

111. 贪、冒

112. 温、煗（煖）

113. 热、暑、燠（郁）

114. 芬、芳、香

115. 浊、溷（混）、污、秽

116. 闲、暇（遐）、皇（遑）

117. 干、旱、枯、燥

118. 空、虚、款

119. 修、正、平、准

120. 光、明、阳、高、敞、亮

121. 睿、哲、聪（恩）、圣、知、敏、明、慧

123. 慈、爱、惠、仁、贤

124. 昭、著、显、明、赫

125. 贵、重、尊、显

126. 平、定、和、安、宁、康

127. 秀、茂

128. 明、察

129. 疏、略、阔

130. 狂、狷

131. 横、虐、肆、恣

132. 怠、惰、慢（嫚）

133. 靡、丽、曼、华

134. 廉、洁

135. 卓、伟、绝

136. 苍、青

137. 阙（缺）、亏

138. 迂、阔、腐

139. 赢、馀

140. 亲、近、昵、密

141. 敬、恭、恪

第四章 《汉书》单音节形容词同义词共同义位的确定

限于篇幅，本论文仅选取《汉书》141 组单音节形容词同义词中的 20 组进行共同义位的描写。这 20 组同义词都是汉语中的基本词汇，属于常用词，其中大部分已传承到现代汉语中。这些词既能代表《汉书》同义词的特色，又与现代汉语接轨，很有研究价值。需要说明的是，我们在归纳每一组同义词的共同义位时，只选取这些词在形容词意义上的相同或相近义位。

4.1 寿、考、老、耆、耇、耄(眊)、长²、高

4.1.1 寿

"寿"这个词在《汉书》中出现 305 次，其中有 2 次是对于他书的引用，它们分别见于《尚书》（1 次）、《诗经》（1 次）；1 次是对于周公言论的引用。"寿"还用作人名或与别的字组合为双音节的专名，指水名、宫殿名、年号等。除去上述用例，《汉书》中，"寿"这个词主要有 3 个义位，它们是：（1）长寿；（2）寿命；（3）向人献酒或用礼物赠人以祝寿。"长寿"义是这组词的共同义位，今将《汉书》中体现"寿"的这一义位的用例举例

如下：

（1）传曰："先王之作乐，所以节百事也。"乐而有节，则和平寿考。（《艺文志》，1779①）

（2）性命之情，或夭或寿，或仁或鄙，习闻其号，未烛厥理。（《董仲舒传》，2496）

（3）故后妃有贞淑之行，则胤嗣有贤圣之君；制度有威仪之节，则人君有寿考之福。（《杜周传》，2668）

（4）唯高皇帝、孝文皇帝、孝武皇帝省察，右飨皇帝之孝，开赐皇帝眉寿亡疆，令所疾日瘳，平复反常，永保宗庙，天下幸甚！（《韦贤传》，3122）

师古曰："眉寿言寿考而眉秀也。""眉秀"是"老寿"的一个特征，《诗·豳风·七月》："为此春酒，以介眉寿。"毛传："眉寿，豪眉也。"孔颖达疏："人年老者，必有豪毛秀出者，故知眉谓豪眉也。"②"眉寿"都指年老、长寿。

以上 4 个例句中，"寿"的词义都是指长寿。

4.1.2 考

"考"这个词在《汉书》中出现 181 次，其中有 7 次是对于他书的引用，它们分别见于《诗经》（2 次）、京房《易传》（1 次）、《易》（1 次）、《尚书》（3 次）。除去上述用例，《汉书》中"考"主要有 3 个义位，它们是：（1）用来称呼已死的父亲；（2）考察、考核；（3）老、寿。"老、寿"义是这组词的共同义位，今将《汉书》中体现"考"的这一义位的用例举例如下：

---

① 本论文所引例句后的括号中，书名号内表示该例句所在的篇目，后面的数字表示该例句在班固撰颜师古注《汉书》（中华书局 1962 年版）中的页码。

② 李学勤主编：《十三经注疏·毛诗正义》，北京大学出版社 1999 年版，第 503—504 页。

（1）是以圣王不遍窥望而视已明，不单顷耳而听已聪；
恩从祥风翔，德与和气游，太平之责塞，优游之望得；遵游
自然之势，恬淡无为之场，休征自至，寿考无疆，雍容垂
拱，永永万年，何必偃卬诎信若彭祖，呴嘘呼吸如侨、松，
眇然绝俗离世哉！（《严朱吾丘主父徐严终王贾传下》，2828）

（2）王者躬行道德，承顺天地，博爱仁恕，恩及行苇，
籍税取民不过常法，宫室车服不逾制度，事节财足，黎庶和
睦，则卦气理效，五徵时序，百姓寿考，庶虫蕃滋，符瑞并
降，以昭保右。（《谷永杜邺传》，3467）

以上 2 个例句中，"考"的词义都是指老、寿。

4.1.3　老

"老"这个词在《汉书》中出现 331 次，其中有 5 次是对于
他书或他说的引用，它们分别见于《老子》（2 次）、《诗经》（2
次）、谚语（1 次），还有与"子"组合成专名"老子"。除去上
述用例，《汉书》中"老"主要有 7 个义位，它们是：（1）年老；
（2）年长德高的人；（3）老练；（4）对公卿大夫的总称；（5）昏
乱；（6）衰弱、衰落；（7）年老退休。"年老"义是这组词的共
同义位，今将《汉书》中体现"老"的这一义位的用例举例
如下：

（1）年老癃病，勿遣。（《高帝纪下》，71）

（2）又曰："老者非帛不煖，非肉不饱。今岁首，不时
使人存问长老，又无布帛酒肉之赐，将何以佐天下子孙孝养
其亲？今闻吏禀当受鬻者，或以陈粟，岂称养老之意哉！具
为令。"（《文帝纪》，113）

（3）王生曰："吾老且贱，自度终亡益于张廷尉。廷尉
方天下名臣，吾故聊使结袜，欲以重之。"（《张冯汲郑传》，

2312)

（4）臣闻山东吏布诏令，民虽老羸癃疾，扶杖而往听之，愿少须臾毋死，思见德化之成也。（《贾邹枚路传》，2336）

（5）宣上书言："三公鼎足承君，一足不任，则覆乱美实。臣资性浅薄，年齿老眊，数伏疾病，昏乱遗忘，愿上大司空、长平侯印绶，乞骸骨归乡里，竢填沟壑。"（《隽疏于薛平彭传》，3052）

（6）朕怜丰之耆老，不忍加刑，其免为庶人。（《盖诸葛刘郑孙毋将何传》，3251）

以上 6 个例句中，"老"的词义都是指年老。

4.1.4 耆

"耆"这个词在《汉书》中出现 83 次，其中 1 次是对于《尚书》的引用，还有与别的词组合指称匈奴的"焉耆山"和右贤王"屠耆堂"。除去上述用例，"耆"主要有 3 个义位，它们是：（1）年老；（2）年长德高的人或师长；（3）通"嗜"，指特殊的爱好。"年老"义是这组词的共同义位，今将《汉书》中体现"耆"的这一义位的用例举例如下：

（1）诏曰："朕惟耆老之人，发齿堕落，血气衰微，亦亡暴虐之心，今或罹文法，拘执囹圄，不终天命，朕甚怜之。"（《宣帝纪》，258）

（2）朕怜丰之耆老，不忍加刑，其免为庶人。（《盖诸葛刘郑孙毋将何传》，3251）

（3）今年耆有疾，俊艾大臣，惟国之重，其犹不可以阙焉。（《匡张孔马传》，3363）

（4）及莽篡位，谈说之士用符命称功德获封爵者甚众，

雄复不侯，以耆老久次转为大夫，恬于势利乃如是。(《扬雄
传下》，3583)

以上 4 个例句中，"耆"的词义都是指年老。

4.1.5 耇

"耇"这个词在《汉书》中有 6 个用例，计有 3 个义位，它
们是：(1) 寿斑；(2) 年老、高寿；(3) 年高德贤的师长。"年
老"义是这组词的共同义位，今将《汉书》中体现"耇"的这一
义位的用例举例如下：

> (1) 微微小子，既耇且陋，岂不牵位，秽我王朝。(《韦
> 贤传》，3105)

> (2) 我虽鄙耇，心其好而，我徒侃尔，乐亦在而。(《韦
> 贤传》，3106)

> (3) 既耇致位，惟懿惟兔，厥赐祁祁，百金洎馆。(《韦
> 贤传》，3111)

以上 3 个例句都出现在《韦贤传》中，"既耇且陋"，师古
曰："自言年老，材质鄙陋也。"例（2）中"鄙耇"同于例
（1）中的"耇陋"，"耇"的词义都是指年老。并且这一意义与
同《传》上下文的"黄发"（师古曰："老寿之人也，谓发落更
生黄者也。"）、"悬车"（应劭曰："古者七十悬车致仕。"即告
老退休。）、"老夫"及例（3）的"既耇致位"（师古曰："言以
年致仕也。""年"指"年老"，"致位"即"致仕"）意义相
呼应。

以上 3 个例句中，"耇"的词义都是指年老。

4.1.6 耄（眊）

"耄"这个词在《汉书》中有 2 个用例，一是对于谚语的引

用；一是表述"昏乱"义。表述"年老"义，《汉书》中用"耄"的同音借字"眊"。今将《汉书》中"眊"在这一义位上的用例举例如下：

（1）朕嘉孝弟力田，哀夫老眊孤寡鳏独，或匮于衣食，甚怜悯焉。其遣谒者巡行天下，存问致赐。（《武帝纪》，174）

师古曰："眊，古耄字。八十曰耄。耄，老称也。一曰眊，不明之貌。"

（2）及眊悼之人刑罚所不加，圣王之所制也。（《平帝纪》，356）

师古曰："八十曰眊，七年曰悼。眊者老称，言其昏暗也。悼者，未成为人，于其死亡，可哀悼也。眊音莫报反。"

（3）三赦：一曰幼弱，二曰老眊，三曰蠢愚。（《刑法志》，1106）

师古曰："幼弱，谓七岁以下。老眊，谓八十以上。眊读与耄同。"

（4）至成帝鸿嘉元年，定令："年未满七岁，贼斗杀人及犯殊死者，上请廷尉以闻，得减死。"合于三赦幼弱老眊之人。（《刑法志》第1106）

（5）臣资性浅薄，年齿老眊，数伏疾病，昏乱遗忘，愿上大司空、长平侯印绶，乞骸骨归乡里，埃真沟壑。（《隽疏于薛平彭传》，3052）

师古曰："眊与耄同。"

（6）惟君视事日寡，功德未效，迫于老眊昏乱，非所以辅国家，绥海内也。（《隽疏于薛平彭传》，3052）

以上例句中"眊"用为"耄"的借字，颜师古注中指出如"眊，古耄字"、"眊读与耄同"、"眊与耄同"，即二字是通过同音假借的。"眊"的词义都是指年老，在这一义位上，"耄（眊）"与"寿"、"考"、"老"、"耆"、"耇"、"长²"、"高"具有相同或相近的义位，即构成同义关系。

4.1.7　长²

"长"在《汉书》中出现 1436 次，记录了 2 个词：一个是"长，与短相对"义及其引申义，我们标记为"长¹"；一个是"成长、增长"义及其引申义，我们标记为"长²"。本论文只考察"长²"。

《汉书》中，"长²"主要有 5 个义位，它们是：（1）年长、年老；（2）排行第一；（3）首领；（4）增长；（5）老年人或德高望重的人。"年长、年老"义是这组词的共同义位，今将《汉书》中体现"长²"的这一义位的用例举例如下：

（1）太后春秋长，诸吕弱，太后欲立吕产为吕王，王代。（《荆燕吴传》，1901）

师古曰："言年老。"

（2）今诸大臣狐疑未有所定，而泽于刘氏最为长年，大臣固待泽决计。（《高五王传》，1994）

（3）尝欲有所司察，择长年廉吏遣行，属令周密。（《循吏传》，3630）

（4）及解年长，更折节为俭，以德报怨，厚施而薄望。（《游侠传》，3701）

（5）吕后年长，常留守，希见，益疏。（《外戚传上》，3937）

以上 5 个例句中，"长²"的词义都是指年长、年老。

4.1.8　高

"高"这个词在《汉书》中出现 1079 次，除了用作汉高祖的庙号及人名外，主要有 5 个义位，它们是：（1）高，与"低"相对；（2）等级或程度高；（3）年龄大；（4）高超、高尚；（5）尊敬、崇尚。"年龄大"义是这组词的共同义位，今将《汉书》中体现"高"的这一义位的用例举例如下：

（1）古之立教，乡里以齿，朝廷以爵，扶世导民，莫善于德。然则于乡里先耆艾，奉高年，古之道也。（《武帝纪》，156）

（2）赦所过从，赐孤独高年米，人四石。（《武帝纪》，193）

（3）又曰："鳏寡孤独高年贫困之民，朕所怜也。前下诏假公田，贷种、食。其加赐鳏寡孤独高年帛。二千石严教吏谨视遇，毋令失职。"（《宣帝纪》，248）

（4）高年老长，人所尊敬也；鳏寡不属逮者，人所哀怜也。（《刑法志》，1107）

（5）惠帝崩，高后用事，春秋高，听诸吕擅废帝更立，又杀三赵王，灭梁、赵、燕，以王诸吕，分齐国为四。忠臣进谏，上或乱不听。今高后崩，皇帝春秋富，未能治天下，固待大臣诸侯。（《高五王传》，1994）

（6）故后妃有贞淑之行，则胤嗣有贤圣之君；制度有威仪之节，则人君有寿考之福。废而不由，则女德不厌；女德不厌，则寿命不究于高年。（《杜周传》，2668）

（7）惟元始二年六月庚寅，光禄大夫、太中大夫耆艾二人以老病罢。太皇太后使谒者仆射策诏之曰：盖闻古者有司年至则致仕，所以恭让而不尽其力也。今大夫年至矣，朕愍以官职之事烦大夫，其上子若孙若同产、同产子一人。大夫其修身守道，以终高年。（《王贡两龚鲍传》，3083）

以上 7 个例句中，"高年"指高龄或高龄的人，"高"的词义都是指年龄大。

综上所述，"寿"、"考"、"老"、"耆"、"耇"、"耄（眊）"、"长²"、"高"这8个词有1个共同义位：年老。

4.2 幼、小、少²、微、稚、孺、冲

4.2.1 幼

"幼"这个词在《汉书》中出现103次，有与别的字组合作古人名与字的"字"，如陈万年字"幼公"；"幼眇"之"幼"用作"要妙"之"要"的同音假借字。除去上述用例，"幼"主要有4个义位，它们是：（1）小；（2）年幼；（3）家庭成员同辈排行最末的；（4）小孩。《汉书》中，与"小"、"少²"、"微"、"稚"、"孺"、"冲"词义相同或相近（即构成同义关系）的"幼"的义位只有1个，即"年幼"。今将《汉书》中体现"幼"的这一义位的用例举例如下：

（1）惠帝崩，太子立为皇帝，年幼，太后临朝称制，大赦天下。（《高后纪》，95）

（2）人性有男女之情，妒忌之别，为制婚姻之礼；有交接长幼之序，为制乡饮之礼；有哀死思远之情，为制丧祭之礼；有尊尊敬上之心，为制朝觐之礼。（《礼乐志》，1027—1028）

（3）成公五年"秋，大水"。董仲舒、刘向以为时成幼弱，政在大夫，前此一年再用师，明年复城郓以强私家，仲孙蔑、叔孙侨和颛会宋、晋，阴胜阳。（《五行志上》，1345）

（4）濒洙泗之水，其民涉度，幼者扶老而代其任。俗既益薄，长老不自安，与幼少相让。（《地理志下》，1662）

（5）孝成皇帝自知继嗣不以时立，念虽末有皇子，万岁之后未能持国，权柄之重，制于女主，女主骄盛则耆欲无极，少主幼弱则大臣不使，世无周公抱负之辅，恐危社稷，倾乱天下。（《外戚传》，3997）

（6）泉陵侯刘庆上书言："周成王幼少，称孺子，周公居摄。今帝富于春秋，宜令安汉公行天子事，如周公。"郡臣皆曰："宜如庆言。"（《王莽传上》，4078）

（7）盖闻天生众民，不能相治，为之立君以统理之。君年幼稚，必有寄托而居摄焉，然后能奉天施而成地化，群生茂育。《书》不云乎？"天工，人其代之。"朕以孝平皇帝幼年，且统国政，几加元服，委政而属之。今短命而崩，呜呼哀哉！（《王莽传上》，4079）

以上 7 个例句中，"幼"的词义都是指年少、年幼。

4.2.2 小

"小"这个词在《汉书》中出现 565 次，其中有 7 次是对于他书或他说的引用，它们分别见于《论语》（2 次）、《诗经》（2次）、《易》（1 次）、《易传》（1 次）、《兵法》（1 次），还与别的字组合作专名如"小数"、"小说家"、"小雅"等。除去上述用例，"小"主要有 8 个义位，它们是：（1）细、微，与"大"相对；（2）年龄小即年幼；（3）年幼的人；（4）轻视；（5）低微；（6）地位低微或品质不好的人；（7）家庭成员同辈排行最末的；（8）谦词，称自己或与己有关的人或事物。《汉书》中，与"幼"、"少²"、"微"、"稚"、"孺"、"冲"词义相同或相近（即构成同义关系）的"小"的有关义位有 2 个，它们是：（1）年龄小；（2）家庭成员同辈排行最末的。今将《汉书》中体现"小"的这 2 个义位的用例举例如下：

1. "小"的词义是指年龄小

（1）何曰："王素嫚无礼，今拜大将如召小儿，此乃信所以去也。（王）必欲拜之，择日斋戒，设坛场具礼，乃可。"王许之。（《韩彭英卢吴传》，1863）

（2）莽兄永为诸曹，蚤死，有子光，莽使学博士门下。莽休沐出，振车骑，奉羊酒，劳遗其师，恩施下竟同学。诸生纵观，长老叹息。光年小于莽子宇，莽使同日内妇，宾客满堂。（《王莽传上》，4040）

2. "小"的词义是指家庭成员同辈排行最末的

（1）建异母弟定国为淮阳侯，易王最小子也，其母幸立之，具知建事，行钱使男子茶恬上书告建淫乱，不当为后。（《景十三王传》，2414）

（2）宣帝始立，立微时许妃为皇后。显爱小女成君，欲贵之，私使乳医淳于衍行毒药杀许后，因劝光内成君，代立为后，语在《外戚传》。（《霍光金日磾传》，2952）

4.2.3 少²

"少"这个字在《汉书》中出现 728 次，其中有与别的字组合作人名或字的如"少昊"、"少翁"，或组合作专名的如"少室"、"少学"。《汉书》中，"少"这个字记录了 2 个词：一个是"数量小"义及其引申义的"少"，我们标记为"少¹"；一个是"年纪小"义及其引申义的"少"，我们标记为"少²"。这里我们只考察"少²"。

《汉书》中，"少²"这个词的词义主要有 6 个义位，它们是：（1）年纪小；（2）年幼或年轻的人；（3）次序、排行在后的；（4）年轻时期；（6）副职；辅佐。《汉书》中，与"幼"、"小"、"微"、"稚"、"孺"、"冲"词义相同或相近（即构成同义关系）

的"少²"的有关义位有 2 个，它们是：（1）年纪小；（2）家庭成员同辈排行在后的。今将《汉书》中体现"少²"的这 2 个义位的用例举例如下：

1. "少²"的词义是指年纪小

（1）太尉勃与丞相平谋，以曲周侯郦商子寄与禄善，使人劫商令寄绐说禄曰："高帝与吕后共定天下，刘氏所立九王，吕氏所立三王，皆大臣之议。事已布告诸侯王，诸侯王以为宜。今太后崩，帝少，足下不急之国守藩，乃为上将将兵留此，为大臣诸侯所疑。何不速归将军印，以兵属太尉，请梁王亦归相国印，与大臣盟而之国？齐兵必罢，大臣得安，足下高枕而王千里，此万世之利也。"禄然其计，使人报产及诸吕老人。（《高后纪》，101）

（2）于是武帝拜偃为齐相，且正其事。偃至齐，急治王后宫宦者为王通于姊翁主所者，辞及王。王年少，惧以罪为吏所执诛，乃饮药自杀。（《高五王传》，2000）

（3）窃伏听于众庶，察其所言，诸侯宗室在位列者，未有所闻于民间也。而遗诏所养武帝曾孙名病已在掖庭外家者，吉前使居郡邸时见其幼少，至今十八九矣，通经术，有美材，行安而节和。愿将军详大议，参以蓍龟，岂宜褒显，先使入侍，令天下昭然知之，然后决定大策，天下幸甚！（《魏相丙吉传》，3143）

（4）宇立二十年，元帝崩。宇谓中谒者信等曰："汉大臣议天子少弱，未能治天下，以为我知文法，建欲使我辅佐天子。我见尚书晨夜极苦，使我为之，不能也。今暑热，县官年少，持服恐无处所，我危得之！"（《宣元六王传》，3323）

（5）愿寝兵休士养马，除前事，复故约，以安边民，以

应古始，使少者得成其长，老者得安其处，世世平乐。(《匈奴传上》，3757)

(6) 孝成皇帝自知继嗣不以时立，念虽未有皇子，万岁之后未能持国，权柄之重，制于女主，女主骄盛则耆欲无极，少主幼弱则大臣不使，世无周公抱负之辅，恐危社稷，倾乱天下。(《外戚传下》，3997)

(7) 平帝崩，无子，莽征宣帝玄孙选最少者广戚侯子刘婴，年二岁，托以卜相为最吉。乃风公卿奏请立婴为孺子，令宰衡安汉公莽践祚居摄，如周公傅成王故事。太后不以为可，力不能禁，于是莽遂为摄皇帝，改元称制焉。(《元后传》，4031)

(8) 泉陵侯刘庆上书言："周成王幼少，称孺子，周公居摄。今帝富于春秋，宜令安汉公行天子事，如周公。"群臣皆曰："宜如庆言。"(《王莽传上》，4078)

2. "少²"的词义是指家庭成员同辈排行在后的

(1) 即位十三年齐太仓令淳于公有罪当刑，诏狱逮系长安。淳于公无男，有五女，当行会逮，骂其女曰："生子不生男，缓急非有益!"其少女缇萦，自伤悲泣，乃随其父至长安，上书曰："妾父为吏，齐中皆称其廉平，今坐法当刑。妾伤夫死者不可复生，刑者不可复属，虽后欲改过自新，其道亡繇也。妾愿没入为官婢，以赎父刑罪，使得自新。"书奏天子，天子怜悲其意。(《刑法志》，1097—1098)

(2) 殷道既衰，周大王亶父兴岐梁之地，长子大伯，次曰仲雍，少曰公季。(《地理志下》，1667)

(3) 吾闻二世，少子，不当立，当立者乃公子扶苏。扶苏以数谏故不得立，上使外将兵。今或闻无罪，二世杀之。百姓多闻其贤，未知其死。(《陈胜项籍传》，1786)

（4）向三子皆好学：长子伋，以《易》教授，官至郡守；中子赐，九卿丞，蚤卒；少子歆，最知名。（《楚元王传》，1966）

4.2.4 微

"微"这个词在《汉书》中出现 281 次，除了用作人名或与别的字组合用作古人名与字的"字"外，《汉书》中，"微"这个词主要有 9 个义位，它们是：（1）秘密地；（2）贫贱、卑下；（3）少；（4）衰微、衰落；（5）精妙、深奥；（6）细小；（7）日月亏缺；（8）年幼；（9）非。《汉书》中，与"幼"、"小"、"少²"、"稚"、"孺"、"沖"的词义相同或相近（即构成同义关系）的"微"的义位只有 1 个，即"年幼"义。今将《汉书》中体现"微"的这一义位的用例举例如下：

知陛下有贤圣通明之德，仁孝子爱之恩，怀独见之明，内断于身，故废后宫就馆之渐，绝微嗣祸乱之根，乃欲致位陛下以安宗庙。（《外戚传下》，3997）

师古曰："微嗣者，谓幼主也。"

4.2.5 稚

"稚"这个词在《汉书》中出现 26 次，除了用作人名或与别的字组合用作古人名与字的"字"外，《汉书》中，"稚"这个词只有 1 个义位，即"年幼"义，在这一义位上，"稚"与"幼"、"小"、"少²"、"微"、"孺"、"沖"具有相同或相近的义位，即构成同义关系。今将《汉书》中体现"稚"的这一义位的用例举例如下：

（1）新都侯摄天子位，号令天下，故择宗室幼稚者以为孺子，依托周公辅成王之义，且以观望，必代汉家，其渐可

见。(《翟方进传》,3426)

(2)夫赋敛行赂不足以当三军之费,城郭之固无以异于贞士之约,而使边城守境之民父兄缓带,稚子咽哺,胡马不窥于长城,而羽檄不行于中国,不亦便于天下乎!(《匈奴传下》,3831)

(3)后卫太子败,而燕王旦、广陵王胥多过失,宠姬王夫人男齐怀王、李夫人男昌邑哀王皆蚤薨,钩弋子年五六岁,壮大多知,上常言"类我",又感其生与众异,甚奇爱之,心欲立焉,以其年稚母少,恐女主颛恣乱国家,犹与久之。(《外戚传上》,3956)

(4)妾夸布服粝粮,加以幼稚愚惑,不明义理,幸得免离茅屋之下,备后宫扫除。蒙过误之宠,居非命所当托,污秽不修,旷职尸官,数逆至法,逾越制度,当伏放流之诛,不足以塞责。(《外戚传下》,3974—3975)

(5)盖闻天生众民,不能相治,为之立君以统理之。君年幼稚,必有寄托而居摄焉,然后能奉天施而成地化,群生茂育。(《王莽传》,4079)

以上5个例句中,"稚"的词义都是指年幼。

4.2.6　孺

"孺"这个词在《汉书》中出现69次,其中除与别的字组合作古人的"名"或"字"外,还有与"子"结合为"孺子"指称天子、诸侯、世卿的继承人或贵妾。除去上述用例,《汉书》中,"孺"这个词只有1个义位,即"年幼"义。在这一义位上,"孺"与"幼"、"小"、"少²"、"微"、"稚"、"冲"具有相同或相近的义位,即构成同义关系。今将《汉书》中体现"孺"的这一义位的用例举例如下:

（1）良尝闲从容步游下邳圯上，有一老父，衣褐，至良所，直堕其履圯下，顾谓良曰："孺子下取履！"良愕然，欲欧之。为其老，乃强忍，下取履，因跪进。父以足受之，笑去。良殊大惊。父去里所，复还，曰："孺子可教矣。后五日平明，与我期此。"良因怪（之），跪曰："诺。"（《张陈王周传》，2024）

师古曰："孺，幼也。"

（2）太皇太后遭家不造，国统三绝，绝轨复续，恩莫厚焉，信莫立焉。孝平皇帝短命蚤崩，幼嗣孺冲，诏予居摄。予承明诏，奉社稷之任，持大宗之重，养六尺之托，受天下之寄，战战兢兢，不敢安息。（《翟方进传》，3435—3436）

以上 2 个例句中，"孺"的词义都是指年幼。

4.2.7　冲

"冲"这个词在《汉书》中出现 5 次，仅有 1 个义位，即"年幼"义。在这一义位上，"冲"与"幼"、"小"、"少^2"、"微"、"稚"、"孺"具有相同或相近的义位，即构成同义关系。今将《汉书》中体现"冲"的这一义位的用例举例如下：

（1）洪惟我幼冲孺子，当承继嗣无疆大历服事，予未遭其明哲能道民于安，况其能往知天命！熙！我念孺子，若涉渊水，予惟往求朕所济度，奔走以傅近奉承高皇帝所受命，予岂敢自比于前人乎！天降威明，用宁帝室，遗我居摄宝龟。（《翟方进传》，3428）

师古曰："洪，大也。惟，思也。冲，稚也。大思幼稚孺子，当承继汉家无竟之历，服行政事。"

（2）孝昭幼冲，霍光秉政，承奢侈师旅之后，海内虚耗，光因循守职，无所改作。至于始元、元凤之间，匈奴乡

化，百姓益富，举贤良文学，问民所疾苦，于是罢酒榷而议盐铁矣。（《循吏传》，3624）

以上 2 个例句中，"冲"的词义都是指年幼。

<u>综上所述，《汉书》中，"幼"、"小"、"少²"、"微"、"稚"、"孺"、"冲"这 7 个词有 1 个共同义位，即"年幼"义；另外，"小"、"少²"还有 1 个共同义位，即"指家庭成员同辈排行最末的"义。</u>

4.3 小、细、幼、幺、少¹、纤、微、薄

4.3.1 小

"小"在《汉书》中的使用情况及词义分布情况，详见"4.2.2 小"。《汉书》中，与"细"、"幼"、"幺"、"少¹"、"纤"、"微"、"薄"的词义相同或相近（即构成同义关系）的"小"的义位只有 1 个，即"细小"义。今将《汉书》中体现"小"的这一义位的用例举例如下：

（1）令士厉精乡进，不以小疵妨大材。（《平帝纪》，348）

（2）然诸侯原本以大，末流滥以致溢，小者淫荒越法，大者睽孤横逆，以害身丧国。（《诸侯王表》，395）

（3）事小敌脆，则媚可用也；事钜敌坚，则焕然离矣。是亡国之兵也。（《刑法志》，1086）

（4）大布、次布、弟布、壮布、中布、差布、厚布、幼布、幺布、小布。小布长寸五分，重十五铢，文曰"小布一百"。自小布以上，各相长一分，相重一铢，文各为其布名，直各加一百。上至大布，长二寸四分，重一两，而直千钱

矣。是为布货十品。(《食货志下》,1178)

(5) 今此鼎细小,又有款识,不宜荐见于宗庙。(《郊祀志下》,1251)

(6) 且天下非小弱也;雍州之地,殽、函之固,自若也。(《陈胜项籍传》,1825)

(7) 欲天下之治安,莫若众建诸侯而少其力。力少则易使以义,国小则亡邪心。(《贾谊传》,2237)

(8) 黯时与汤论议,汤辩常在文深小苛,黯愤发,骂曰:"天下谓刀笔吏不可为公卿,果然。必汤也,令天下重足而立,仄目而视矣!"(《张冯汲郑传》,2318)

(9) 论大功者不录小过,举大美者不疵细瑕。(《傅常郑甘陈段传》,3017)

(10) 时成都侯商为大司马卫将军,罢朝,欲候护,其主簿谏:"将军至尊,不宜入闾巷。"商不听,遂往至护家。家狭小,官属立车下,久住移时,天欲雨,主簿谓西曹诸掾曰:"不肯强谏,反雨立闾巷!"商还,或白主簿语,商恨,以他职事去主簿,终身废锢。(《游侠传》,3707)

(11) 遵少孤,与张竦伯松俱为京兆史。竦博学通达,以廉俭自守,而遵放纵不拘,操行虽异,然相亲友,哀帝之末俱著名字,为后进冠。并入公府,公府掾史率皆羸车小马,不上鲜明,而遵独极舆马衣服之好,门外车骑交错。(《游侠传》,3709)

(12) 尊曰:"国虚民贫,咎在奢泰。"乃身短衣小袖,乘牝马柴车,藉槁,瓦器,又以历遗公卿。(《王莽传下》,4164)

以上12个例句中,"小"的词义都是指细小,与"大"相对。

4.3.2　细

"细"这个词在《汉书》中出现62次，其中有与别的字组合用作专名的，如"细柳"用作地名；"细君"用为妻的通称。除去上述用例，《汉书》中，"细"这个词主要有8个义位，它们是：（1）贫贱、卑下；（2）微小，与"大"相对；（3）轻微；（4）烦琐、琐碎；（5）分量轻；（6）精致、细密；（7）见识短浅；（8）称行为不高尚或地位低下的人。《汉书》中，与"小"、"幼"、"幺"、"少[1]"、"纤"、"微"、"薄"的词义相同或相近（即构成同义关系）的"细"的义位只有1个，即"微小"义。今将《汉书》中体现"细"的这一义位的用例举例如下：

（1）夫度田非益寡，而计民未加益，以口量地，其于古犹有余，而食之甚不足者，其咎安在？无乃百姓之从事于末以害农者蕃，为酒醪以靡谷者多，六畜之食焉者众与？细大之义，吾未能得其中。（《文帝纪》，128）

（2）有司无仲山父将明之材，不能因时广宣主恩，建立明制。为一代之法，而徒钩摭微细，毛举数事，以塞诏而已。是以大议不立，遂以至今。（《刑法志》，1103）

（3）今此鼎细小，又有款识，不宜荐见于宗庙。（《郊祀志下》，1251）

（4）项羽遂烧夷齐城郭，所过尽屠破。齐人相聚畔之。荣弟横收齐散兵，得数万人，反击项羽于城阳。而汉王帅诸侯败楚，入彭城。项羽闻之，乃释齐而归击汉于彭城，因连与汉战，相距荥阳。以故横复收齐城邑，立荣子广为王，而横相之，政事无巨细皆断于横。（《魏豹田儋韩王信传》，1849）

（5）参见人之有细过，掩匿覆盖之，府中无事。（《萧

何曹参传》，2020）

（6）臣窃有所忧，言之则拂心逆指，不言则渐日长，为祸不细，然小臣不敢废道而求从，违忠而耦意。（《杜周传》，2674）

（7）论大功者不录小过，举大美者不疵细瑕。（《傅常郑甘陈段传》，3017）

（8）祸起细微，奸生所易。愿陛下正君臣之义，无复与群小媟黩燕饮；中黄门后庭素骄慢不谨尝以醉酒失臣礼者，悉出勿留。（《谷永杜邺传》，3470）

（9）假令京师先行让畔异路，道不拾遗，其实亡益廉贪贞淫之行，而以伪先天下，固未可也；即诸侯先行之，伪声轶于京师，非细事也。汉家承敝通变，造起律令，所以劝善禁奸，条贯详备，不可复加。宜令贵臣明饬长吏守丞，归告二千石，举三老孝弟力田孝廉廉吏务得其人，郡事皆以义法令捡式，毋得擅为条教；敢挟诈伪以奸名誉者，必先受戮，以正明好恶。（《循吏传》，3633）

（10）今天下大安，万民熙熙，独朕与单于为之父母。朕追念前事，薄物细故，谋臣计失，皆不足以离昆弟之欢。朕闻天不颇覆，地不偏载。朕与单于皆捐细故，俱蹈大道，堕坏前恶，以图长久，使两国之民若一家子。（《匈奴传上》，3763）

师古曰："细故，小事也。"

（11）四民食力，罔有兼业，大不淫侈，细不匮乏，盖均无贫，遵王之法。（《叙传下》，4266）

以上11个例句中，"细"的词义都是指微小。

4.3.3　幼

"幼"这个词在《汉书》中的使用情况及词义分布情况,详见"4.2.1 幼"。《汉书》中,与"小"、"细"、"幺"、"少[1]"、"纤"、"微"、"薄"的词义相同或相近(即构成同义关系)的"幼"的义位只有 1 个,即"细小"义。今将《汉书》中体现"幼"的这一义位的用例举例如下:

> 大布、次布、弟布、壮布、中布、差布、厚布、幼布、幺布、小布。小布长寸五分,重十五铢,文曰"小布一百"。自小布以上,各相长一分,相重一铢,文各为其布名,直各加一百。上至大布,长二寸四分,重一两,而直千钱矣。是为布货十品。(《食货志下》,1178)

"幼"的词义是指小。

4.3.4　幺

"幺"这个词在《汉书》中出现 5 次,词义都是指细、小,在这一义位上,"幺"与"小"、"细"、"幼"、"少[1]"、"纤"、"微"、"薄"具有相同或相近的义位,即构成同义关系。今将《汉书》中"幺"在这一义位上的用例举例如下:

> 小钱径六分,重一铢,文曰"小钱直一"。次七分,三铢,曰"幺钱一十"。次八分,五铢,曰"幼钱二十"。(《食货志下》,1177)

师古曰:"幺,小也,音一尧反。"

4.3.5　少[1]

《汉书》中,"少"这个字记录了 2 个词:一个是"数量小"义及其引申义的"少",我们标记为"少[1]";一个是"年纪小"

义及其引申义的"少",我们标记为"少²"。本文只考察"少¹"。

《汉书》中,"少¹"这个词的词义主要有 4 个义位,它们是:
(1)不多;(2)缺少;(3)轻视;(4)小。《汉书》中,与
"小"、"细"、"幼"、"幺"、"纤"、"微"、"薄"的词义相同或相
近(即构成同义关系)的"少¹"的义位只有 1 个,即"细小"
义。今将《汉书》中体现"少¹"的这一义位的用例举例如下:

(1)惠帝五年夏,大旱,江河水少,溪谷绝。先是发民
男女十四万六千人城长安,是岁城乃成。(《五行志中之
上》,1391)

(2)虽性愚鄙,至诚自知,德薄位尊,力少任大,夙夜
悼栗,常恐污辱圣朝。今天下治平,风俗齐同,百蛮率服,
毕陛下圣德所自躬亲,太师光、太保舜等辅政佐治,群卿大
夫莫不忠良,故能以五年之间至致此焉。(《王莽传上》,
4071)

以上 2 个例句中,"少¹"的词义都是指细小。

4.3.6 纤

"纤"这个词在《汉书》中出现 21 次,主要有 4 个义位,它
们是:(1)细纹织物;(2)细小;(3)黑经白纬,指祭服的颜
色;(4)纤细,指女子身材苗条。《汉书》中,与"小"、"细"、
"幼"、"幺"、"少¹"、"微"、"薄"的词义相同或相近(即构成同
义关系)的"纤"的义位只有 1 个,即"细小"义。今将《汉
书》中体现"纤"的这一义位的用例举例如下:

(1)安世尊为公侯,食邑万户,然身衣弋绨,夫人自纺
绩,家童七百人,皆有手技作事,内治产业,累积纤微,是
以能殖其货,富于大将军光。天子甚尊惮大将军,然内亲安
世,心密于光焉。(《张汤传》,2652)

（2）昔白起为秦将，南拔鄢都，北阬赵括，以纤介之过，赐死杜邮，秦民怜之，莫不陨涕。（《傅常郑甘陈段传》，3021）

（3）今郡国守相多不实选，风俗尤薄，水旱不时。案今年计，子弟杀父兄、妻杀夫者，凡二百二十二人，臣愚以为此非小变也。今左右不忧此，乃欲发兵报纤介之怨于远夷，殆孔子所谓"吾恐季孙之忧不在颛臾而在萧墙之内"也。（《魏相丙吉传》，3136）

（4）今子幸得遭明盛之世，处不讳之朝，与群贤同行，历金门上玉堂有日矣，曾不能画一奇，出一策，上说人主，下谈公卿。目如耀星，舌如电光，一从一衡，论者莫当，顾而作《太玄》五千文，支叶扶疏，独说十余万言，深者入黄泉，高者出苍天，大者含元气，纤者入无伦，然而位不过侍郎，擢才给事黄门。意者玄得毋尚白乎？何为官之拓落也？"（《扬雄传下》，3566）

以上 4 个例句中，"纤"的词义都是指细小。

4.3.7　微

"微"这个词在《汉书》中的使用情况及词义分布情况，详见"4.2.4 微"。《汉书》中，与"小"、"细"、"幼"、"幺"、"少[1]"、"纤"、"薄"的词义相同或相近（即构成同义关系）的"微"的义位只有 1 个，即"细小"义。今将《汉书》中体现"微"的这一义位的用例举例如下：

（1）臣窃伏思其一端，殆吏多苛政，政教烦碎，大率咎在部刺史，或不循守条职，举错各以其意，多与郡县事，至开私门，听谗佞，以求吏民过失，谴呵及细微，责义不量力。郡县相迫促，亦内相刻，流至众庶。（《薛宣朱博传》，

3386)

（2）其后稍稍变易，公卿以下传相促急，又数改更政事，司隶、部刺史察过悉劾，发扬阴私，吏或居官数月而退，送故迎新，交错道路。中材苟容求全，下材怀危内顾，一切营私者多。二千石益轻贱，吏民慢易之。或持其微过，增加成罪，言于刺史、司隶，或至上书章下；众庶知其易危，小失意则有离畔之心。（《何武王嘉师丹传》，3490）

（3）妾伏自念，入椒房以来，遗赐外家未尝逾故事，每辄决上，可覆问也。今诚时世异制，长短相补，不出汉制而已，纤微之间，未必可同。（《外戚传》，3975）

以上 3 个例句中，"微"的词义都是指细小。

4.3.8 薄

"薄"这个词在《汉书》中出现 221 次，其中有用作"姓名"之"姓"的，如薄姬；还有与别的字组合作专名表示地名的，如薄姑。除去上述用例，《汉书》中，"薄"这个词的词义主要有 8 个义位，它们是：（1）物体厚度小，与"厚"相对；（2）数量少；（3）轻微；（4）不厚道；（5）紧迫；（6）迫近；（7）土地贫瘠；（8）轻视。《汉书》中，与"小"、"细"、"幼"、"幺"、"少[1]"、"纤"、"微"的词义相同或相近（即构成同义关系）的"薄"的义位只有 1 个，即"轻微"义。今将《汉书》中体现"薄"的这一义位的用例举例如下：

（1）故圣人因天秩而制五礼，因天讨而作五刑。大刑用甲兵，其次用斧钺；中刑用刀锯，其次用钻凿；薄刑用鞭扑。大者陈诸原野，小者致之市朝，其所繇来者上矣。（《刑法志》，1079—1080）

（2）天戒若曰，德薄国小，勿持炕阳，欲长诸侯，与强大争，必受其害。襄公不寤，明年齐威死，伐齐丧，执滕子，围曹，为盂之会，与楚争盟，卒为所执。后得反国，不悔过自责，复会诸侯伐郑，与楚战于泓，军败身伤，为诸侯笑。（《五行志下之下》，1519）

（3）孝景时，为太子舍人。每五日洗沐，常置驿马长安诸郊，请谢宾客，夜以继日，至明旦，常恐不徧。当时好黄老言，其慕长者，如恐不称。自见年少官薄，然其知友皆大父行，天下有名之士也。（《张冯汲郑传》，2323）

（4）又惲兄子安平侯谭为典属国，谓惲曰："西河太守建平杜侯前以罪过出，今征为御史大夫。侯罪薄，又有功，且复用。"惲曰："有功何益？县官不足为尽力。"（《公孙刘田王杨蔡陈郑传》，2897）

（5）后岁余，丞相王嘉上书荐故廷尉梁相等，尚书劾奏嘉"言事恣意，迷国罔上，不道。"下将军中朝者议，左将军公孙禄、司隶鲍宣、光禄大夫孔光等十四人皆以为嘉应迷国不道法。胜独书议曰："嘉资性邪僻，所举多贪残吏。位列三公，阴阳不和，诸事并废，咎皆繇嘉，迷国不疑，今举相等，过微薄。"（《王贡两龚鲍传》，3081）

（6）今天下大安，万民熙熙，独朕与单于为之父母。朕追念前事，薄物细故，谋臣计失，皆不足以离昆弟之欢。朕闻天不颇覆，地不偏载。朕与单于皆捐细故，俱蹈大道，堕坏前恶，以图长久，使两国之民若一家子。（《匈奴传上》，3763）

（7）虽性愚鄙，至诚自知，德薄位尊，力少任大，夙夜悼栗，常恐污辱圣朝。今天下治平，风俗齐同，百蛮率服，皆陛下圣德所自躬亲，太师光、太保舜等辅政佐治，群卿大夫莫不忠良，故能以五年之间至致此焉。（《王莽传上》，

4071)

以上 7 个例句中,"薄"的词义都是指轻微。

综上所述,《汉书》中,"小"、"细"、"幼"、"幺"、"少¹"、"纤"、"微"、"薄"这 8 个词有 1 个共同义位,即"细小"义。

4.4 少¹、寡、薄、鲜²、稀(希)、罕、微

4.4.1 少¹

"少¹"在《汉书》中的使用情况及其词义分布情况,详见"4.3.5 少¹"。《汉书》中,与"寡"、"薄"、"鲜²"、"稀(希)"、"罕"、"微"的词义相同或相近(即构成同义关系)的"少¹"的义位只有 1 个,即"不多"义。今将《汉书》中体现"少¹"的这一义位的用例举例如下:

(1)间者,民弥惰怠,乡本者少,趋末者众,将何以矫之?方东作时,其令二千石勉劝农桑,出入阡陌,致劳来之。(《成帝纪》,314)

(2)汉兴之初,海内新定,同姓寡少,惩戒亡秦孤立之败,于是剖裂疆土,立二等之爵。功臣侯者百有余邑,尊王子弟,大启九国。(《诸侯王表》,393)

(3)生之者甚少而靡之者甚多,天下财产何得不蹶!(《食货志上》,1128)

(4)自孝文更造四铢钱,至是岁四十余年,从建元以来,用少,县官往往即多铜山而铸钱,民亦盗铸,不可胜数。钱益多而轻,物益少而贵。(《食货志下》,1163)

(5)古之学者耕且养,三年而通一艺,存其大体,玩经文而已,是故用日少而畜德多,三十而五经立也。后世经传

既已乖离，博学者又不思多闻阙疑之义，而务碎义逃难，便辞巧说，破坏形体；说五字之文，至于二三万言。后进弥以驰逐，故幼童而守一艺，白首而后能言；安其所习，毁所不见，终以自蔽。此学者之大患也。（《艺文志》，1723）

（6）夫贤者，国家之器用也。所任贤，则趋舍省而功施普；器用利，则用力少而就效众。（《严朱吾丘主父徐严终王贾传下》，2823）

以上 6 个例句中，"少"的词义都是指不多。

4.4.2　寡

"寡"这个词在《汉书》中出现 163 次，其中有 2 次是对于他书的引用，它们分别见于《论语》（1 次）、《易经》（1 次）；还有与别的字组合用作专名的，如"毋寡"用作匈奴单于的名字，"寡人"、"寡妻"分别用于国君对自我和对自己妻子的谦称。除去上述用例，《汉书》中，"寡"这个词的词义主要有 5 个义位，它们是：（1）少；（2）老而无夫的人；（3）缺少；（4）死了丈夫；（5）孤独、孤单。《汉书》中，与"少[1]"、"薄"、"鲜[2]"、"稀（希）"、"罕"、"微"的词义相同或相近（即构成同义关系）的"寡"的义位只有 1 个，即"少"义。今将《汉书》中体现"寡"的这一义位的用例举例如下：

（1）雕文刻镂，伤农事者也；锦绣纂组，害女红者也。农事伤则饥之本也，女红害则寒之原也。夫饥寒并至，而能亡为非者寡矣。朕亲耕，后亲桑，以奉宗庙粢盛、祭服，为天下先；不受献，减太官，省繇赋，欲天下务农蚕，素有畜积，以备灾害。强毋攘弱，众毋暴寡；老者以寿终，幼孤得遂长。今岁或不登，民食颇寡，其咎安在？（《景帝纪》，151）

（2）农，天下之本也。黄金珠玉，饥不可食，寒不可衣，以为币用，不识其终始。间岁或不登，意为末者众，农民寡也。其令郡国务劝农桑，益种树，可得衣食物。（《景帝纪》，152—153）

（3）汉兴之初，海内新定，同姓寡少，惩戒亡秦孤立之败，于是剖裂疆土，立二等之爵。（《诸侯王表》，393）

（4）平狱缓刑，天下莫不说喜。是以元年膏雨降，五谷登，此天之所以相陛下也。刑轻于它时而犯法者寡，衣食多于前年而盗贼少，此天下之所以顺陛下也。（《贾邹枚路传》，2335—2336）

（5）禁民不得挟弓弩，则盗贼执短兵，短兵接则众者胜。以众吏捕寡贼，其势必得。（《严朱吾丘主父徐严终王贾传上》，2795）

（6）故其父兄之教不肃而成，子弟之学不劳而能，各安其居而乐其业，甘其食而美其服，虽见奇丽纷华，非其所习，辟犹戎翟之与于越，不相入矣。是以欲寡而事节，财足而不争。（《货殖传》，3680）

（7）承灵训其虚徐兮，竚盘桓而且俟，惟天地之无穷兮，鲜生民之晦生。纷屯亶与蹇连兮，何艰多而智寡！上圣寤而后拔兮，岂群黎之所御！（《叙传上》，4216）

以上7个例句中，"寡"的词义都是指少。

4.4.3 薄

"薄"这个词在《汉书》中的使用情况及其词义分布情况，详见"4.3.8 薄"。《汉书》中，与"少[1]"、"寡"、"鲜[2]"、"稀（希）"、"罕"、"微"的词义相同或相近（即构成同义关系）的"薄"的义位只有1个，即"少、微薄"义。今将《汉书》中体现"薄"的这一义位的用例举例如下：

（1）秋八月，诏曰："吏不廉平则治道衰。今小吏皆勤事，而奉禄薄，欲其毋侵渔百姓，难矣。其益吏百石以下奉十五。"（《宣帝纪》，263）

（2）上深愍焉，乃下诏曰："间者吏用法，巧文浸深，是朕之不德也。夫决狱不当，使有罪兴邪，不辜蒙戮，父子悲恨，朕甚伤之。今遣廷史与郡鞠狱，任轻禄薄，其为置廷平，秩六百石，员四人。其务平之，以称朕意。"（《刑法志》，1102）

（3）后成都侯王商为大司马卫将军辅政，杜邺说商曰："东邻杀牛，不如西邻之瀹祭"，言奉天之道，贵以诚质大得民心也。行秽祀丰，犹不蒙祐；德修荐薄，吉必大来。（《郊祀志下》，1262）

（4）故仲尼孝子，而延陵慈父，舜禹忠臣，周公弟弟，其葬君亲骨肉，皆微薄矣；非苟为俭，诚便于体也。（《楚元王传》，1953）

（5）其行赏也，非虚取民财妄予人也，以劝天下之忠孝而明其功也。故功多者赏厚，功少者赏薄。（《爰盎晁错传》，2294）

以上5个例句中，"薄"的词义都是指少、微薄。

4.4.4　鲜²

"鲜"这个字在《汉书》中出现72次，其中有1次是对于他书的引用，见于《诗经》；还有与别的字组合作专名的，如"朝鲜"、"鲜水"，分别用作地名和河流名称。除去上述用例，《汉书》中，"鲜"这个字记录了2个词：一个是指"新杀的肉"及其引申义的"鲜"，我们标记为"鲜¹"；一个是"少"义及其引申义的"鲜",我们标记为"鲜²"。本论文只考察"鲜²"。

《汉书》中,"鲜²"这个词的词义主要有3个义位,它们是:(1)少、不多;(2)缺少;(3)少有。《汉书》中,与"少¹"、"寡"、"薄"、"稀(希)"、"罕"、"微"的词义相同或相近(即构成同义关系)的"鲜²"的义位只有1个,即"数量少"义。今将《汉书》中体现"鲜²"的这一义位的用例举例如下:

(1)丰公,盖太上皇父。其迁日浅,坟墓在丰鲜焉。及高祖即位,置祠祀官,则有秦、晋、梁、荆之巫,世祠天地,缀之以祀,岂不信哉!(《高帝纪下》,81)

师古曰:"鲜,少也,音先浅反。"

(2)孝宣之治,信赏必罚,综核名实,政事文学法理之士咸精其能,至于技巧工匠器械,自元、成间鲜能及之,亦足以知吏称其职,民安其业也。(《宣帝纪》,275)

师古曰:"鲜,少也,言少有能及之者。鲜音先践反。"

(3)法既益严,吏多废免。兵革数动,民多买复及五大夫、千夫,征发之士益鲜。于是除千夫、五大夫为吏,不欲者出马;故吏皆適令伐棘上林,作昆明池。(《食货志下》,1165)

师古曰:"鲜,少也,音先浅反。"

(4)子高素有颜冉之资,臧武之智,子贡之辩,卞庄子之勇,兼此四者,世之所鲜。既开端绪,愿卒成之。求朝,义事也,奈何行金钱乎!"博报曰:"已许石君,须以成事。"王以金五百斤予博。(《宣元六王传》,3315)

师古曰:"鲜,少也,音先践反。"

(5)至本始之初,匈奴有桀心,欲掠乌孙,侵公主,乃发五将之师十五万骑猎其南,而长罗侯以乌孙五万骑震其西,皆至质而还。时鲜有所获,徒奋扬威武,明汉兵若雷风

耳。虽空行空反，尚诛两将军。故北狄不服，中国未得高枕安寝也。（《匈奴传下》，3814）

师古曰：“鲜，少也，音先践反。”

以上5个例句中，"鲜^2"的词义都是指少。

4.4.5　稀（希）

"稀"这个词在《汉书》中出现18次，其词义只有1个义位，即"少、不多"义。在这一义位上，"稀"与"少^1"、"寡"、"薄"、"鲜^2"、"罕"、"微"具有相同或相近的义位，即构成同义关系。今将《汉书》中体现"稀"的这一义位的用例举例如下：

（1）当孝惠、高后时，百姓新免毒蠚，人欲长幼养老。萧、曹为相，填以无为，从民之欲，而不扰乱，是以衣食滋殖，刑罚用稀。（《刑法志》，1097）

（2）自武威以西，本匈奴昆邪王、休屠王地，武帝时攘之，初置四郡，以通西域，鬲绝南羌、匈奴。其民或以关东下贫，或以报怨过当，或以譁逆亡道，家属徙焉。习俗颇殊，地广民稀，水草宜畜牧，故凉州之畜为天下饶。（《地理志下》，1644—1645）

（3）三代以来，《春秋》所记，王公国君，与其失世，稀以女宠。（《元后传》，4035）

以上3个例句中，"稀"的词义都是指少。

《汉书》中，表述"少、稀少"义还用"希"，"希"是"稀"的同音借字。如：

（1）上谷至辽东，地广民希，数被胡寇，俗与赵、代相类，有渔盐枣栗之饶。北隙乌丸、夫馀，东贾真番之利。（《地理志下》，1657）

(2) 是故钟期死,伯牙绝弦破琴而不肯与众鼓;獿人亡,则匠石辍斤而不敢妄斫。师旷之调钟,竢知音者之在后也;孔子作《春秋》,几君子之前睹也。老聃有遗言,贵知我者希,此非其操与!"(《扬雄传下》,3578)

(3) 卫律在时,常言和亲之利,匈奴不信,及死后,兵数困,国益贫。单于弟左谷蠡王思卫律言,欲和亲而恐汉不听,故不肯先言,常使左右风汉使者。然其侵盗益希,遇汉使愈厚,欲以渐致和亲,汉亦羁縻之。(《匈奴传上》,3783)

(4) 戚姬常从上之关东,日夜啼泣,欲立其子。吕后年长,常留守,希见,益疏。(《外戚传上》,3937)

(5) 将为皇帝定立妃后,有司上名,公女为首,公深辞让,迫不得已然后受诏。父子之亲天性自然,欲其荣贵甚于为身,皇后之尊侔于天子,当时之会千载希有,然而公惟国家之统,揖大福之恩,事事谦退,动而固辞。《书》曰"舜让于德不嗣",公之谓矣。(《王莽传上》,4057—4058)

以上 5 个例句中,"希"的词义都是指少、稀少。

4.4.6 罕

"罕"这个词在《汉书》中出现 14 次,其中有与别的字组合用作人名如"罕夷"和用作地名如"枹罕"的。除去上述用例,《汉书》中,"罕"这个词计有 2 个义位,它们是:(1) 少、稀少;(2) 旌旗。《汉书》中,与"少[1]"、"寡"、"薄"、"鲜[2]"、"稀(希)"、"微"的词义相同或相近(即构成同义关系)的"罕"的义位只有 1 个,即"少、稀少"义。今将《汉书》中体现"罕"的这一义位的用例举例如下:

(1) 孝惠、高后之时,海内得离战国之苦,君臣俱欲无为,故惠帝拱己,高后女主制政,不出房闼,而天下晏然,

刑罚罕用,民务稼穑,衣食滋殖。(《高后纪》,104)

(2) 自建始以来,二十岁间而八食,率二岁六月而一发,古今罕有。(《楚元王传》,1963)

(3) 今封疆之内,冠带之伦,咸获嘉祉,靡有阙遗矣。而夷狄殊俗之国,辽绝异党之域,舟车不通,人迹罕至,政教未加,流风犹微,内之则犯义侵礼于边境,外之则邪行横作,放杀其上,君臣易位,尊卑失序,父兄不辜,幼孤为奴虏,系累号泣。(《司马相如传下》,2585—2586)

(4) 人能弘道,末如命何。甚哉妃匹之爱,君不能得之臣,父不能得之子,况卑下乎!既欢合矣,或不能成子姓,成子姓矣,而不能要其终,岂非命也哉!孔子罕言命,盖难言之。非通幽明之变,恶能识乎性命!(《外戚传》,3933)

以上 4 个例句中,"罕"的词义都是指少、稀少。

4.4.7　微

"微"这个词在《汉书》中的使用情况及词义分布情况,详见"4.2.4 微"。《汉书》中,与"少[1]"、"寡"、"薄"、"鲜[2]"、"希"、"稀"、"罕"的词义相同或相近(即构成同义关系)的"微"的义位只有 1 个,即"少"义。今将《汉书》中体现"微"的这一义位的用例举例如下:

(1) 黄帝葬于桥山,尧葬济阴,丘垅皆小,葬具甚微。(《楚元王传》,1952)

(2) 故仲尼孝子,而延陵慈父,舜禹忠臣,周公弟弟,其葬君亲骨肉,皆微薄矣;非苟为俭,诚便于体也。(《楚元王传》,1953)

(3) 是故德弥厚者葬弥薄,知愈深者葬愈微。无德寡知,其葬愈厚,丘陇弥高,宫庙甚丽,发掘必速。由是观

之，明暗之效，葬之吉凶，昭然可见矣。（《楚元王传》，1955）

以上 3 个例句中，"微"的词义都是指少。

<u>综上所述，《汉书》中，"少[1]"、"寡"、"薄"、"鲜[2]"、"稀（希）"、"罕"、"微"这 7 个词有 1 个共同义位，即"少"义。</u>

4.5 侵、短

4.5.1 侵

"侵"这个词在《汉书》中出现 165 次，主要有 3 个义位，它们是：（1）进攻；（2）侵暴、侵犯；（3）形貌短小。《汉书》中，与"短"的词义相同或相近（即构成同义关系）的"侵"的义位只有 1 个，即"形貌短小"义。《汉书》中"侵"在这一义位上仅有 1 个用例：

蚡为人貌侵，生贵甚。又以为诸侯王多长，上初即位，富于春秋，蚡以肺附为相，非痛折节以礼屈之，天下不肃。（《窦田灌韩传》，2380）

例句中"侵"的词义指身材短小。

4.5.2 短

"短"这个词在《汉书》中出现 87 次，主要有 4 个义位，它们是：（1）短，与"长"相对；（2）不足、缺陷；（3）说别人的坏话；（4）身材短小。《汉书》中，与"侵"的词义相同或相近（即构成同义关系）的"短"的义位只有 1 个，即"身材短小"义。今将《汉书》中体现"短"的这一义位的用例举例如下：

(1) 义为丞相时年八十余，短小无须眉，貌似老妪，行步偻偻，常两吏扶夹乃能行。(《公孙刘田王杨蔡陈郑传》，2899)

(2) 时遂年七十余，召见，形貌短小，宣帝望见，不副所闻，心内轻焉，谓遂曰："渤海废乱，朕甚忧之。君欲何以息其盗贼，以称朕意？"遂对曰："海濒遐远，不沾圣化，其民困于饥寒而吏不恤，故使陛下赤子盗弄陛下之兵于潢池中耳。今欲使臣胜之邪，将安之也？"(《循吏传》，3639)

(3) 延年为人短小精悍，敏捷于事，虽子贡、冉有通艺于政事，不能绝也。(《酷吏传》，3669)

(4) 解为人短小，恭俭，出未尝有骑，不敢乘车入其县庭。(《游侠传》，3703)

(5) 为人短小精辩，论议常依名节，听之者皆竦。(《游侠传》，3707)

以上5个例句中，"短"的词义都是指身材矮小。

综上所述，《汉书》中，"侵"、"短"这2个词只有1个共同义位，即"身材短小"义。

4.6　醜、恶[1]

4.6.1　醜

"醜"这个词在《汉书》中出现100次。主要有6个义位，它们是：(1) 醜恶、不好；(2) 羞耻；(3) 憎恶；(4) 污秽；(5) 怪异之事；(6) 相貌难看。《汉书》中，与"恶"的词义相同或相近（即构成同义关系）的"醜"的有关义位有2个，即"醜恶、不好"义；"相貌难看"义。今将《汉书》中体现"醜"

的这 2 个义位的用例举例如下：

1. "醜"的词义指醜恶、不好：

（1）庆素质，见诏报反室，自以为得许，欲上印绶。掾史以为见责甚深，而终以反室者，醜恶之辞也。或劝庆宜引决。庆甚惧，不知所出，遂复起视事。（《万石卫直周张传》，2200）

"醜"表示"不好"义，在《汉书》诸多用例中还可以表述"地"，与"善"相对指不好的地方。如：

（2）陈馀使张同、夏说说齐王荣，曰："项王为天下宰不平，今尽王故王于醜地，而王群臣诸将善地，逐其故主赵王，乃北居代，馀以为不可。闻大王起兵，且不听不义，愿大王资馀兵，使击常山，以复赵王，请以国为扞蔽。"齐王许之，因遣兵往。（《陈胜项籍传》，1811）

师古曰："醜，恶也。"

2. "醜"的词义指相貌难看，《汉书》中有 2 个用例：

（1）一曰，民多被刑，或形貌醜恶，亦是也。（《五行志中之上》，1353）

（2）陛下诚深察愚臣之言，致惧天地之异，长思宗庙之计，改往反过，抗湛溺之意，解偏驳之爱，奋乾刚之威，平天覆之施，使列妾得人人更进，犹尚未足也，急复益纳宜子妇人，毋择好醜，毋避尝字，毋论年齿。推法言之，陛下得继嗣于微贱之间，乃反为福。（《谷永杜邺传》，3452—3453）

4.6.2 恶[1]

"恶"这个字在《汉书》中出现 389 次，记录了 3 个词：一个是"罪过"义及其引申义的"恶"（乌各切，入声），我们标记为"恶[1]"；一个是"憎恨、讨厌"义的"恶"（乌路切，去声），我们标记为"恶²";一个是疑问代词"何"义的"恶"（哀都切，平声），我们标记为"恶³"。本论文只考察"恶¹"。

《汉书》中，"恶¹"这个词计有 5 个义位，它们是：（1）罪过；（2）丑恶、不好；（3）特指相貌丑陋；（4）污秽；（5）凶恶。《汉书》中，与"丑"构成同义关系的"恶¹"的有关义位有 2 个，它们是：（1）不好；（2）相貌丑陋。今将《汉书》中体现"恶¹"的这 2 个义位的用例举例如下：

1. "恶¹"的词义指不好：

（1）六月，发三辅及郡国恶少年吏有告劾亡者，屯辽东。（《昭帝纪》，231）

（2）故乃孩提有识，三公、三少固明孝仁礼义以道习之，逐去邪人，不使见恶行。（《贾谊传》，2248）

（3）式曰："非独羊也，治民亦犹是矣。以时起居，恶者辄去，毋令败群。"（《公孙弘卜式兒宽传》，2626）

"恶¹"表示"不好"义在《汉书》诸多用例中还可以修饰、限定"地"，"地"指某个行政区划，"恶¹"同"丑"一样指不好的地方。如：

（4）及齐王田荣叛楚，馀乃使夏说说田荣曰："项羽为天下宰不平，尽王诸将善地，徙故王王恶地，今赵王乃居代！愿王假臣兵，请以南皮为扞蔽。"（《张耳陈馀传》，1838）

2. "恶¹"的词义指相貌丑陋：

（1）一曰，民多被刑，或形貌丑恶，亦是也。（《五行志中之上》，1353）

（2）故女无美恶，入宫见妒；士无贤不肖，入朝见嫉。（《贾邹枚路传》，2346）

综上所述，《汉书》中"丑"、"恶¹"这 2 个词有 2 个共同义位，它们是：（1）丑恶、不好；（2）相貌丑陋。

4.7 恶¹、硗、薄

4.7.1 恶¹

"恶¹"这个词在《汉书》诸多用例中还可以与"田、地、土"结合，表述田地或土质的贫瘠。在这一义位上，"恶¹"与"硗"、"薄"构成同义关系。现将《汉书》中"恶¹"在"土地贫瘠"这一义位上的用例举例如下：

（1）魏氏之行田也以百亩，邺独二百亩，是田恶也。（《沟洫志》，1677）

（2）其后严熊言："临晋民愿穿洛以溉重泉以东万余顷故恶地。诚即得水，可令亩十石。"（《沟洫志》，1681）

（3）河决率常于平原、东郡左右，其地形下而土疏恶。（《沟洫志》，1696）

以上3个例句中，"恶¹"的词义都是指田地或土质贫瘠。

4.7.2 硗

"硗"这个词在《汉书》中出现3次，词义都是指土地贫瘠，与"恶¹"、"薄"具有相同或相近的义位，即构成同义关系。现将《汉书》中体现"硗"的这一义位的用例列举如下：

（1）春正月，诏曰："间者岁比不登，民多乏食，夭绝天年，朕甚痛之。郡国或硗陿，无所农桑系畜；或地饶广，荐草莽，水泉利，而不得徙。其议民欲徙宽大地者，听之。"（《景帝纪》，139）

师古曰："硗谓硗埆，瘠薄也。"

（2）若山林薮泽原陵淳卤之地，各以肥硗多少为差。有
赋有税。（《食货志上》，1120）

师古曰："硗，硗埆也，谓瘠薄之田也，音口交反。"

（3）地之硗者，虽有善种，不能生焉；江皋河濒，虽有
恶种，无不猥大。（《贾邹枚路传》，2329—2330）

师古曰："硗，埆，瘠薄也。硗音口交反。"

以上 3 个例句中，"硗"的词义都是指田地贫瘠。

4.7.3　薄

"薄"这个词在《汉书》中的使用情况及其词义分布情况，
详见"4.3.8 薄"。《汉书》中，与"恶[1]"、"硗"的词义相同或相
近（即构成同义关系）的"薄"的义位只有 1 个，即"土地贫
瘠"义。现将《汉书》中体现"薄"的这一义位的用例举例
如下：

（1）赵、中山地薄人众，犹有沙丘纣淫乱馀民。（《地
理志下》，1655）

（2）沛楚之失，急疾颛己，地薄民贫，而山阳好为奸
盗。（《地理志下》，1664）

（3）雒阳虽有此固，其中小，不过数百里，田地薄，四
面受敌，此非用武之国。（《张陈王周传》，2032）

（4）唯卓氏曰："此地狭薄。吾闻岷山之下沃野，下有
踆鸱，至死不饥。民工作布，易贾。"乃求远迁。（《货殖
传》，3690）

以上 4 个例句中，"薄"的词义都是指土地贫瘠。

综上所述，《汉书》中，"恶[1]"、"硗"、"薄"这 3 个词有 1
个共同义位，即"土地贫瘠"义。

4.8 肥、沃、饶、膏、腴、良、美、善

4.8.1 肥

"肥"这个词在《汉书》中出现 66 次，除去用作人名、地名、水名外，主要有以下 5 个义位：（1）土地肥沃；（2）马牛羊等动物膘壮；（3）指代具有"肥"这种特性的物，如"乘坚策肥"，"肥"指代肥马；（4）指人肥胖；（5）指肥美的食物。《汉书》中，与"沃"、"饶"、"膏"、"腴"、"良"、"美"、"善"的词义相同或相近（即构成同义关系）的"肥"的义位只有 1 个，即"土地肥沃"义。现将《汉书》中体现"肥"的这一义位的用例举例如下：

（1）巴、蜀、广汉本南夷，秦并以为郡，土地肥美，有江水沃野，山林竹木疏食果实之饶。（《地理志下》，1645）

（2）于是韩生说羽曰："关中阻山带河，四塞之地，肥饶，可都以伯。"（《陈胜项籍传》，1808）

（3）秦中新破，少民，地肥饶，可益实。（《郦陆朱刘叔孙传》，2123）

（4）躬又言："秦开郑国渠以富国强兵，今为京师，土地肥饶，可度地势水泉，广溉灌之利。"（《蒯伍江息夫传》，2182）

（5）夫南山，天下之阻也，南有江淮，北有河渭，其地从沂陇以东，商雒以西，厥壤肥饶。（《东方朔传》，2849）

以上 5 个例句中，"肥"的词义都是指土地或土壤肥沃。

4.8.2 沃

"沃"这个词在《汉书》中出现 19 次，大部分用作地名。除此之外，"沃"主要有 3 个义位，它们是：（1）作动词，表示"灌、浇"义；（2）指土地肥美；（3）低。《汉书》中，与"肥"、"饶"、"膏"、"腴"、"良"、"美"、"善"的词义相同或相近（即构成同义关系）的"沃"的义位只有 1 个，即"土地肥美"义。现将《汉书》中体现"沃"的这一义位的用例举例如下：

（1）始皇之初，郑国穿渠，引泾水溉田，沃野千里，民以富饶。（《地理志下》，1642）

（2）秦以为然，卒使就渠。渠成而用（溉）注填阏之水，溉舄卤之地四万余顷，收皆亩一钟。于是关中为沃野，无凶年，秦以富强，卒并诸侯，因名曰郑国渠。（《沟洫志》，1678）

（3）良曰："雒阳虽有此固，其中小，不过数百里，田地薄，四面受敌，此非用武之国。夫关中左殽函，右陇蜀，沃野千里，南有巴蜀之饶，北有胡苑之利，阻三面而固守，独以一面东制诸侯。诸侯安定，河、渭漕輓天下，西给京师；诸侯有变，顺流而下，足以委输。此所谓金城千里，天府之国。刘敬说是也。"于是上即日驾，西都关中。（《张陈王周传》，2032—2033）

（4）唯卓氏曰："此地狭薄。吾闻岷山之下沃野，下有蹲鸱，至死不饥。民工作布，易贾。"乃求远迁。（《货殖传》，3690）

以上 4 个例句中，"沃"的词义都是指土地润泽、肥美。

4.8.3 饶

"饶"这个词在《汉书》中出现 92 次，除去用作人名、古地名外，主要有 6 个义位，它们是：（1）多、丰富；（2）富裕；（3）土地肥沃；（4）安逸；（5）厚赐；（6）余、剩。《汉书》中，与"肥"、"沃"、"膏"、"腴"、"良"、"美"、"善"的词义相同或相近（即构成同义关系）的"饶"的义位只有 1 个，即"土地肥沃"义。现将《汉书》中体现"饶"的这一义位的用例举例如下：

（1）诸侯恐惧，会盟而谋弱秦，不爱珍器重宝肥饶之地，以致天下之士。合从缔交，相与为一。（《陈胜项籍传》，1821）

（2）既臣大夏而君之，地肥饶，少寇，志安乐。又自以远远汉，殊无报胡之心。骞从月氏至大夏，竟不能得月氏要领。（《张骞李广利传》，2688）

（3）跻至滇池，方三百里，旁平地肥饶数千里，以兵威定属楚。（《西南夷两粤朝鲜传》，3838）

（4）都护治乌垒城，去阳关二千七百三十八里，与渠犁田官相近，土地肥饶，于西域为中，故都护治焉。（《西域传上》，3874）

以上 4 个例句中，"饶"的词义都是指土地肥沃。

4.8.4 膏

"膏"这个词在《汉书》中出现 28 次，主要有 5 个义位，它们是：（1）作动词，表示"滋润"义，这一意义读去声；（2）油脂，包括人和动物；（3）土地肥沃；（4）甘美；（5）恩泽。《汉书》中，与"肥"、"沃"、"饶"、"腴"、"良"、"美"、"善"的词义相同或相近（即构成同义关系）的"膏"的义位只有 1 个，即"土地肥沃"义。现将《汉书》中体现"膏"的这一义位的用例举例如下：

（1）孝公既没，惠文、武、昭襄蒙故业，因遗策，南取汉中，西举巴蜀，东割膏腴之地，收要害之郡。（《陈胜项籍传》，1821）

（2）中国之人以亿计，地方万里，居天下之膏腴，人众车舆，万物殷富，政由一家，自天地剖判未始有也。（《郦陆朱刘叔孙传》，2112）

（3）其山出玉石，金、银、铜、铁，豫章、檀、柘，异类之物，不可胜原，此百工所取给，万民所卬足也。又有杭稻梨栗桑麻竹箭之饶，土宜姜芋，水多蛙鱼，贫者得以人给家足，无饥寒之忧。故鄞镐之间号为土膏，其贾亩一金。今规以为苑，绝陂池水泽之利，而取民膏腴之地，上乏国家之用，下夺农桑之业，弃成功，就败事，损耗五谷，是其不可一也。（《东方朔传》，2849）

（4）遣尚书大夫赵并使劳北边，还言五原北假膏壤殖谷，异时常置田官。乃以并为田禾将军，以戍卒屯田北假，以助军粮。（《王莽传中》，4125）

师古曰："膏壤，言其土肥美也。"

以上 4 个例句中，"膏"的词义都是指土地肥沃。

4.8.5 腴

"腴"这个词在《汉书》中出现 13 次，仅有 1 个义位，即"肥美"义。其中 12 个用例都是"膏"、"腴"连用，表述土地肥沃。如：

（1）赞曰：梁孝王虽以爱亲故王膏腴之地，然会汉家隆盛，百姓殷富，故能殖其货财，广其宫室车服。然亦僭矣。怙亲亡厌，牛祸告罚，卒用忧死，悲夫！（《文三王传》，2220）

(2) 由此滋骄,治宅甲诸第,田园极膏腴,市买郡县器物相属于道。前堂罗钟鼓,立曲旃;后房妇女以百数。诸奏珍物狗马玩好,不可胜数。(《窦田灌韩传》,2380)

师古曰:"膏腴,谓肥厚之处。"

4.8.6 良

"良"这个词在《汉书》中出现 343 次,其中有用作人名、地名、星名的,还有对于他书的引用,它们分别见于《尚书》、《诗经》。除去上述用例,"良"这个词的词义主要有 7 个义位,它们是:(1) 善良;(2) 贤明;(3) 美好;(4) 精善;(5) 田地肥美;(6) 优秀;(7) 古时按职业分民为良贱两等。《汉书》中,与"肥"、"沃"、"饶"、"膏"、"腴"、"美"、"善"的词义相同或相近(即构成同义关系)的"良"的义位只有 1 个,即"田地肥美"义。现将《汉书》中体现"良"的这一义位的用例举例如下:

(1) 成帝时歌谣又曰:"邪径败良田,谗口乱善人。桂树华不实,黄爵巢其颠。故为人所羡,今为人所怜。"(《五行志中之上》,1396)

(2) 初陵,京师之地,最为肥美,可立一县。天下民不徙诸陵三十余岁矣,关东富人益众,多规良田,役使贫民,可徙初陵,以强京师,衰弱诸侯,又使中家以下得均贫富。汤愿与妻子家属徙初陵,为天下先。(《傅常郑甘陈段传》,3024)

(3) 初,汝南旧有鸿隙大陂,郡以为饶,成帝时,关东数水,陂溢为害。方进为相,与御史大夫孔光共遣掾行视,以为决去陂水,其地肥美,省堤防费而无水忧,遂奏罢之。及翟氏灭,乡里归恶,言方进请陂下良田不得而奏罢陂云。

（《翟方进传》，3440）

以上3个例句中，"良"的词义都是指田地肥美。

4.8.7 美

"美"这个词在《汉书》中出现228次，主要有10个义位，它们是：（1）美味可口；（2）美丽、漂亮；（3）素质优良；（4）精美、质量高；（5）优美；（6）田地肥沃；（7）林木茂盛；（8）丰收；（9）完美、淳良；（10）形容词表示意动用法：称赞、褒奖。《汉书》中，与"肥"、"沃"、"饶"、"膏"、"腴"、"良"、"善"的词义相同或相近（即构成同义关系）的"美"的义位只有1个，即"田地肥沃"义。现将《汉书》中体现"美"的这一义位的用例举例如下：

（1）禁以为："今河溢之害数倍于前决平原时。今可决平原金堤间，开通大河，令入故笃马河。至海五百余里，水道浚利，又干三郡水地，得美田且二十余万顷，足以偿所开伤民田庐处，又省吏卒治堤救水，岁三万人以上。"（《沟洫志》，1690）

（2）朔方之郡土地广美，民徙者不足以实其地。（《蒯伍江息夫传》，2174）

（3）故地之美者善养禾，君之仁者善养士。（《贾邹枚路传》，2330）

（4）张掖、酒泉本我地，地肥美，可共击居之。（《赵充国辛庆忌传》，2973）

（5）今虏亡其美地荐草，愁于寄托远遁，骨肉心离，人有畔志，而明主般师罢兵，万人留田，顺天时，因地利，以待可胜之虏，虽未即伏辜，兵决可期月而望。（《赵充国辛庆忌传》，2987）

（6）故轮台东捷枝、渠犁皆故国，地广，饶水草，有溉田五千顷以上，处温和，田美，可益通沟渠，种五谷，与中国同时孰。（《西域传下》，3912）

以上 6 个例句中，"美"的词义都是指田地肥沃。

4.8.8 善

"善"这个词在《汉书》中出现 576 次，除用作地名外，"善"这个词的词义主要有 11 个义位，它们是：（1）美好；（2）善良；（3）工巧；（4）做好；（5）友好、亲善；（6）赞许；（7）表示应诺；（9）擅长；（10）喜爱；（11）指田地肥沃。《汉书》中，在表示"田地肥沃"这一语境意义上"善"与"肥"、"沃"、"饶"、"膏"、"腴"、"良"、"美"的词义相同或相近（即构成同义关系）的"善"的义位只有 1 个，即"田地肥沃"义。现将《汉书》中体现"善"的这一义位的用例举例如下：

孝惠时，吕太后用事，欲王诸吕，畏大臣及有口者。贾自度不能争之，乃病免。以好畤田地善，往家焉。（《郦陆朱刘叔孙传》，2114）

例句中"善"的词义指田地肥沃。

综上所述，《汉书》中"，肥"、"沃"、"饶"、"膏"、"腴"、"良"、"美"、"善"这 8 个词有 1 个共同义位，即"田地肥沃"义。

4.9 美、甘、旨

4.9.1 美

"美"这个词在《汉书》中的使用情况及其词义分布情况，详见"4.8.6 美"。《汉书》中，与"甘"、"旨"的词义相同或相近（即构成同义关系）的"美"的义位只有 1 个，即"美味好吃"义。《汉书》中体现"美"的这一义位有 7 个用例，今举例如下：

（1）县六：敦煌，中部都尉治步广候官。杜林以为古瓜州地，生美瓜。莽曰敦德。（《地理志下》，1614）

（2）召平者，故秦东陵侯。秦破，为布衣，贫，种瓜长安城东，瓜美，故世谓"东陵瓜"，从召平始也。（《萧何曹参传》，2010）

（3）悍曰："冒顿单于得汉美食好物，谓之殭恶，单于不来明甚。"（《公孙刘田王杨蔡陈郑传》，2891）

（4）民心动摇，商贾求利，东西南北各用智巧，好衣美食，岁有十二之利，而不出租税。（《王贡两龚鲍传》，3075）

（5）凡著书者，为众人之所好也，美味期乎合口，工声调于比耳。（《扬雄传》，3576）

（6）庶民农工商贾，率亦岁万息二千，百万之家即二十万，而更徭租赋出其中，衣食好美矣。（《货殖传》，3686）

以上 6 个例句中前两个句子出现"美瓜"、"瓜美"，"美"作形容词修饰"瓜"或表示其性质"甘甜好吃"（"美瓜"及文学作品中的"嘉瓜"在古人心目中都是一种祥瑞）；接用"美味"；其余例句中"美食好物"、"好衣美食"、"衣食好美"、"美味"，大同小异，"美"都是指美味可口。

4.9.2　甘

"甘"这个词在《汉书》中出现 228 次，其中大部分与别的字组合为专名，用作地名、帝王的年号如"甘泉"和"甘露"；还用作姓。除去上述用例，《汉书》中，"甘"这个词的词义主要有 5 个义位，它们是：（1）美味可口；（2）美味的食物；（3）情愿、乐意；（4）美言、（言语）动听；（5）甘美、美好。《汉书》中，"甘"这个词在"美味可口"这一义位上与"美"、"旨"具有相同或相近的义位（即构成同义关系）。今将《汉书》中体现"甘"的这一义位的用例举例如下：

（1）于是商贾中家以上大氐破，民嬛甘食好衣，不事畜臧之业，而县官以盐铁缗钱之故，用少饶矣。益广关，置左右辅。（《食货志下》，1170）

（2）口非恶旨甘，耳非憎丝竹也，所以抑心意，绝耆欲者，将以率二君而全宗祀也。（《赵尹韩张两王传》，3220）

以上 2 个例句中，"甘"的词义是指美味好吃。

4.9.3 旨

"旨"这个词在《汉书》中出现 9 次，主要有 3 个义位，它们是：（1）美味、味道；（2）天子的命令、意见；（3）美好，多作赞美之词。其中"旨"在"美味"这一义位上与"美"、"甘"具有相同或相近的义位（即构成同义关系）。现将《汉书》中体现"旨"的这一义位的用例举例如下：

（1）夫寒之于衣，不待轻煗；饥之于食，不待甘旨；饥寒至身，不顾廉耻。（《食货志上》，1131）

师古曰："旨，美也。"

（2）夫《诗》据承平之世，酒酤在官，和旨便人，可以相御也。（《食货志下》，1182）

师古曰："旨，美也。"《汉书·五行志》引《诗经·小雅·桑扈》"兕觥其觩，旨酒思柔，彼交匪敖，万福来求"，"旨酒"即美酒。这可以佐证此例中"旨"的词义。

综上所述，《汉书》中，"美"、"甘"、"旨"这 3 个词有一个共同义位，即"美味可口"义。

4.10 美、休、吉、嘉、善、臧¹、令、 淑、懿、俊、灵、修、好²、谠

4.10.1 美

"美"这个词在《汉书》中的使用情况及其词义分布情况，详见"4.8.6 美"。《汉书》中，与"休、吉、嘉、善、臧¹、令、淑、懿、俊、灵、修、好²、谠"的词义相同或相近（即构成同义关系）的"美"的义位只有1个，即"美、善"义。今将《汉书》中体现"美"的这一义位的用例举例如下：

（1）明年正月，上始幸甘泉，郊见泰畤，数有美祥。修武帝故事，盛车服，敬齐祠之礼，颇作诗歌。（《郊祀志下》，1249）

（2）今陛下贵为天子，富有四海，居得致之位，操可致之势，又有能致之资，行高而恩厚，知明而意美，爱民而好士，可谓谊主矣。然而天地未应而美祥莫至者，何也？凡以教化不立而万民不正也。（《董仲舒传》，2503）

（3）时宣帝养于掖廷，号皇曾孙，与延年中子佗相爱善，延年知曾孙德美，劝光、安世立焉。（《杜周传》，2665）

（4）河西大将军窦融嘉其美德，访问焉。举茂材，为徐令，以病去官。后数应三公之召。（《叙传上》，4213）

以上4个例句中，"美"修饰"祥"或"德"，其词义都是指美、善。

4.10.2 休

"休"这个词在《汉书》中出现170次，其中有与别的字组

合用作专名如人名、地名的。除去上述用例，《汉书》中，"休"这个词主要有 7 个义位，它们是：（1）休息；（2）美、善；（3）辞官；（4）休假；（5）停止；（6）养；（7）懈怠。《汉书》中，与"美、吉、嘉、善、臧[1]、令、淑、懿、俊、灵、修、好[2]、谠"的词义相同或相近（即构成同义关系）的"休"的义位只有 1 个，即"美、善"义。今将《汉书》中体现"休"的这一义位的用例举例如下：

（1）何行而可以章先帝之洪业休德，上参尧舜，下配三王！（《武帝纪》，161）

（2）朕未能章先帝休烈，协宁百姓，承天顺地，调序四时，获蒙嘉瑞，赐兹祉福，夙夜兢兢，靡有骄色，内省匪解，永惟罔极。（《宣帝纪》，253—254）

师古曰："休，美也。烈，业也。"

（3）观其文辞，方外百蛮，亡思不服；休徵嘉应，颂声并作。至乎变异见于上，民怨于下，莽亦不能文也。（《平帝纪》，360—361）

师古曰："休，美也。徵，证也。"

（4）冯冯翼翼，承天之则。吾易久远，烛明四极。慈惠所爱，美若休德。（《礼乐志》，1050）

师古曰："若，顺也。休亦美也。"

（5）佻正嘉吉弘以昌，休嘉砰隐溢四方。专精厉意逝九阂，纷云六幕浮大海。（《礼乐志》，1062）

师古曰："休，美也。嘉，庆也。"

（6）嘉荐芳矣，告灵飨矣。告灵既飨，德音孔臧。惟德之臧，建侯之常。承保天休，令问不忘。（《礼乐志》，1050）

师古曰："臧，善也。""休，美也。令，善也。问，名也。"

（7）其来年冬，郊雍五帝。还，拜祝祠泰一。赞飨曰："德星昭衍，厥维休祥。寿星仍出，渊耀光明。信星昭见，皇帝敬拜泰祝之享。"（《郊祀志上》，1237）

师古曰："昭，明；衍，大；休，美也。"

（8）复遣中大夫至京师上书言："窃见孝武皇帝躬圣道，孝宗庙，慈爱骨肉，和集兆民，德配天地，明并日月，威武洋溢，远方执宝而朝，增郡数十，斥地且倍，封泰山，禅梁父，巡狩天下，远方珍物陈于太庙，德甚休盛，请立庙郡国。"（《武五子传》，2751）

师古曰："休，美也。"

（9）往者大臣以为在昔帝王承祖宗之休典，取象于天地，天序五行，人亲五属，天子奉天，故率其意而尊其制。（《韦贤传》，3122）

（10）将军以亲戚辅政，贵重于天下无二，然众庶论议令问休誉不专在将军者何也？彼诚有所闻也。（《匡张孔马传》，3332）

师古曰："令，善；问，名；休，美也。"

（11）昔者成王之嗣位，思述文武之道以养其心，休烈盛美皆归之二后而不敢专其名，是以上天歆享，鬼神祐焉。（《匡张孔马传》，3338）

（12）今正月初幸路寝，临朝贺，置酒以飨万方，传曰"君子慎始"，愿陛下留神动静之节，使群下得望盛德休光，以立基桢，天下幸甚！（《匡张孔马传》，3344）

以上12个例句中，"休"的词义都是指美、善。

4.10.3 吉

"吉"这个词在《汉书》中出现210次，大部分用作人名。

除去上述用例，《汉书》中，"吉"这个词计有2个义位，它们是：（1）善、好；（2）吉利。《汉书》中，与"美、休、嘉、善、臧[1]、令、淑、懿、俊、灵、修、好[2]、说"的词义相同或相近（即构成同义关系）的"吉"的义位只有1个，即"善、好"义。今将《汉书》中体现"吉"的这一义位的用例举例如下：

（1）百君礼，六龙位，勺椒浆，灵已醉。灵既享，锡吉祥，芒芒极，降嘉筋。（《礼乐志》，1069）

（2）揖五瑞，择吉月日，见四岳诸牧，班瑞。（《郊祀志上》，1191）

（3）每有吉祥嘉应，数褒赏丞相。（《公孙刘田王杨蔡陈郑传》，2886）

（4）谨以令月吉日，亲率群公诸侯卿士，奉上皇太后玺绂，以当顺天心，光于四海焉。（《元后传》，4033）

（5）新室既定，神祇欢喜，申以福应，吉瑞累仍。（《王莽传》，4113）

以上5个例句中，"吉"的词义都是指善、好。

4.10.4 嘉

"嘉"这个词在《汉书》中出现294次，除用作人名、地名、年号外，主要有2个义位：（1）美好、吉祥；（2）嘉美、称赞，这是形容词意动用法凝固形成的词义。《汉书》中，与"美、休、吉、善、臧[1]、令、淑、懿、俊、灵、修、好[2]、说"的词义相同或相近（即构成同义关系）的"嘉"的义位只有1个，即"美好、吉祥"义。今将《汉书》中体现"嘉"的这一义位的用例举例如下：

（1）朕未能章先帝休烈，协宁百姓，承天顺地，调序四时，获蒙嘉瑞，赐兹祉福，凤夜兢兢，靡有骄色，内省匪

解，永惟罔极。（《宣帝纪》，253—254）

（2）朕之不逮，寡于德厚，屡获嘉祥，非朕之任。（《宣帝纪》，259）

（3）其举敦厚有行义能直言者，冀闻切言嘉谋，匡朕之不逮。（《成帝纪》，317）

（4）朕过听贺良等言，冀为海内获福，卒亡嘉应。（《哀帝纪》，340）

（5）孝平之世，政自莽出，褒善显功，以自尊盛。观其文辞，方外百蛮，亡思不服；休征嘉应，颂声并作。至乎变异见于上，民怨于下，莽亦不能文也。（《平帝纪》，360）

（6）孔容之常，承帝之明。下民之乐，子孙保光。承顺温良，受帝之光。嘉荐令芳，寿考不忘。（《礼乐志》，1051）

（7）朕亲饬躬齐戒，亲奉祀，为百姓蒙嘉气，获丰年焉。”（《郊祀志下》，1248）

（8）嘉耦曰妃，怨耦曰仇，古之命也。（《五行志》，1378）

（9）陛下有明德嘉道，愍世俗之靡薄，悼王道之不昭，故举贤良方正之士，论议考问，将欲兴仁谊之休德，明帝王之法制，建太平之道也。（《董仲舒传》，2519）

（10）今封疆之内，冠带之伦，咸获嘉祉，靡有阙遗矣。（《司马相如传》，2585—2586）

（11）君前为御史大夫，辅翼先帝，出入八年，卒无忠言嘉谋；今相朕，出入三年，忧国之风复无闻焉。（《匡张孔马传》，3357—3358）

（12）太皇太后临政，有龟龙麟凤之应，五德嘉符，相因而备。（《翟方进传》，3432）

（13）今幸赖陛下德泽，间者风雨时，甘露降，神芝生，

莫荚、朱草、嘉禾、休征同时并至。(《王莽传》，4050)

以上例句中"嘉"修饰"瑞、祥、应、符"都表示"美好、吉祥的征兆"，与"休征"、"美祥"、"吉祥"同。"嘉"不仅可以修饰抽象意义的词如"嘉道"、"嘉祉"、"嘉谋"，还可以修饰表示具体物的词如"嘉禾"、"嘉觞"、"嘉荐"等，"嘉"的词义都是指美、善。

4.10.5 善

"善"这个词在《汉书》中的使用情况及其词义分布情况，详见"4.8.7善"。《汉书》中，与"美、休、吉、嘉、臧[1]、令、淑、懿、俊、灵、修、好[2]、谠"的词义相同或相近(即构成同义关系)的"善"的义位只有1个，即"善、好"义。今将《汉书》中体现"善"的这一义位的用例举例如下：

(1) 至成帝时，犍为郡于水滨得古磬十六枚，议者以为善祥。(《礼乐志》1033)

(2) 项王为天下宰不平，今尽王故王于醜地，而王群臣诸将善地，逐其故主赵王，乃北居代，馀以为不可。(《陈胜项籍传》，1811)

(3) 项羽为天下宰不平，尽王诸将善地，徙故王王恶地，今赵王乃居代！(《张耳陈馀传》，1838)

(4) 千秋材知未必能过人也，以其销恶运，遏乱原，因衰激极，道迎善气，传得天人之祐助云。(《武五子传》，2771)

(5) 夫福善之门莫美于和睦，患咎之首莫大于内离。(《宣元六王传》，3322)

(6) 今陛下以未有继嗣，引近定陶王，所以承宗庙，重社稷，上顺天心，下安百姓。此正义善事，当有祥瑞，何故

致灾异？灾异之发，为大臣颛政者也。（《元后传》，4020）

以上例句中"善祥"、"善气"、"善事"之"善"都是指"美善"，"善地"相对于"恶地"、"丑地"指富庶、位置好的地方。

4.10.6　臧¹

"臧"这个字在《汉书》中出现 164 次，记录了 3 个词：一个是"善、好"义的"臧"（则郎切，平声），我们标记为"臧¹"；一个是"隐藏"义及其引申义的"臧"（慈郎切，平声），我们标记为"臧²"；一个是"内脏"及"府藏"义的"臧"（才郎切），同于"藏"，我们标记为"臧³"。本论文只讨论"臧¹"。

《汉书》中，"臧¹"这个词的词义有 3 个义位，它们是：（1）善、好；（2）赃物；（3）男奴隶。《汉书》中，与"美、休、吉、嘉、善、令、淑、懿、俊、灵、修、好²、谠"的词义相同或相近（即构成同义关系）的"臧¹"的义位只有 1 个，即"善、好"义。今将《汉书》中体现"臧¹"的这一义位的用例举例如下：

（1）嘉荐芳矣，告灵馔矣。告灵既馔，德音孔臧。惟德之臧，建侯之常。承保天休，令问不忘。（《礼乐志》，1050）

（2）然当时在朝，常趋和承意，不敢甚斥臧否。（《张冯汲郑传》，2324）

（3）悉尔心，允执其中，天禄永终；厥有愆不臧，乃凶于乃国，而害于尔躬。（《武五子传》，2749）

（4）皇后其刻心秉德，毋违先后之制度，力谊勉行，称顺妇道，减省群事，谦约为右，其孝东宫，毋厥朔望，推诚永究，爰何不臧！养名显行，以息众谨，垂则列妾，使有法焉。皇后深惟毋忽！（《外戚传》，3981）

以上 4 个例句中，"臧"的词义都是指善、好。

4.10.7 令

"令"这个词在《汉书》中出现1421次，其中有与别的字组合为专名，用作地名、姓、官职名的。除去上述用例，《汉书》中，"令"这个词有5个义位：(1) 发出命令；(2) 命令、法令；(3) 使、让；(4) 善、美好；(5) 文体名，帝王对臣民发布的诏令或文告。《汉书》中，与"美、休、吉、嘉、善、臧[1]、淑、懿、俊、灵、修、好[2]、谠"的词义相同或相近（即构成同义关系）的"令"的义位只有1个，即"善、美好"义。今将《汉书》中体现"令"的这一义位的用例举例如下：

(1) 孝哀自为藩王及充太子之官，文辞博敏，幼有令闻。（《哀帝纪》，345）

(2) 嘉荐芳矣，告灵飨矣。告灵既飨，德音孔臧。惟德之臧，建侯之常。承保天休，令问不忘。（《礼乐志》，1050）

(3) 孔容之常，承帝之明。下民之乐，子孙保光。承顺温良，受帝之光。嘉荐令芳，寿考不忘。（《礼乐志》，1051）

(4) 谨以令月吉日，亲率群公诸侯卿士，奉上皇太后玺绂，以当顺天心，光于四海焉。"（《元后传》，4033）

(5) 昭章先帝之元功，明著祖宗之令德，推显严父配天之义，修立郊禘宗祀之礼，以光大孝。（《王莽传》，4073）

(6) 以真道侯王涉为卫将军。涉者，曲阳侯根子也。根，成帝世为大司马，荐莽自代，莽恩之，以为曲阳非令称，乃追谥根曰直道让公，涉嗣其爵。（《王莽传》，4153—4154）

以上6例中，"令"都表示"善、美好"义。另有1例，"领"借作"令"，指"善、美好"义：

君子纯终领闻，蠹迪检押，旁开圣则。（《扬雄传下》，

3582)

师古曰："纯,善也。领,令也。闻,名也。""领"是"令"的假借字。"领"借作"令"也有了"善、美好"义。

4.10.8 淑

"淑"这个词在《汉书》中出现 23 次,计有 2 个义位,它们是:(1)善、美;(2)清湛。《汉书》中,与"美、休、吉、嘉、善、臧[1]、令、懿、俊、灵、修、好[2]、说"的词义相同或相近(即构成同义关系)的"淑"的义位只有 1 个,即"善、美"义。今将《汉书》中体现"淑"的这一义位的用例举例如下:

(1)河东太守堪,先帝贤之,命而傅朕。资质淑茂,道术通明,论议正直,秉心有常,发愤悃愊,信有忧国之心。以不能阿尊事贵,孤特寡助,抑厌遂退,卒不克明。(《楚元王传》,1948)

师古曰："淑,善也。茂,美也。"

(2)故后妃有贞淑之行,则胤嗣有贤圣之君;制度有威仪之节,则人君有寿考之福。(《杜周传》,2668)

(3)今太后资质淑美,慈爱宽仁,诸侯莫不闻,而少以田猎纵欲为名,于以上闻,亦未宜也。唯观览于往古,全行乎来今,令后姬得有所法则,下臣有所称诵,臣敞幸甚!(《赵尹韩张两王传》,3220)

(4)宜遂减宫室之度,省靡丽之饰,考制度,修外内,近忠正,远巧佞,放郑卫,进《雅》《颂》,举异材,开直言,任温良之人,退刻薄之吏,显洁白之士,昭无欲之路,览《六艺》之意,察上世之务,明自然之道,博和睦之化,以崇至仁,匡失俗,易民视,令海内昭然咸见本朝之所贵,道德弘于京师,淑问扬乎疆外,然后大化可成,礼让可兴

也。(《匡张孔马传》，3337)

师古曰："淑，善也。问，名也。"

以上 4 个例句中，"淑"的词义都是指善、美。

4.10.9 懿

"懿"这个词在《汉书》中出现 23 次，除用作"谥号"外，计有 3 个义位，它们是：（1）美、善；（2）赞美；（3）深貌。《汉书》中，与"美、休、吉、嘉、善、臧[1]、令、淑、俊、灵、修、好[2]、说"的词义相同或相近（即构成同义关系）的"懿"的义位只有 1 个，即"善、美"义。今将《汉书》中体现"懿"的这一义位的用例举例如下：

（1）既考致位，惟懿惟夹，厥赐祁祁，百金洎馆。（《韦贤传》，3111）

师古曰："懿，美也。夹，盛也。"

（2）是故刘氏承尧之祚，氏族之世，著乎《春秋》。唐据火德，而汉绍之，始起沛泽，则神母夜号，以章赤帝之符。由是言之，帝王之祚，必有明圣显懿之德，丰功厚利积累之业，然后精诚通于神明，流泽加于生民，故能鬼神所福飨，天下所归往，未见运世无本，功德不纪，而得屈起在此位者也。(《叙传上》，4208)

以上 2 个例句中，"懿"的词义都是指善、美。

4.10.10 俊

"俊"这个词在《汉书》中出现 59 次，除用作人名、地名外，计有 3 个义位，它们是：（1）指才智超群的人；（2）出色、卓越不凡；（3）美、善。《汉书》中，与"美、休、吉、嘉、善、臧[1]、令、淑、懿、灵、修、好[2]、说"的词义相同或相近（即构

成同义关系）的"俊"的义位只有1个，即"善、美"义。今将
《汉书》中体现"俊"的这一义位的用例举例如下：

（1）通曰："然则求臣亦犹是也，彼东郭先生、梁石君，
齐之俊士也，隐居不嫁，未尝卑节下意以求仕也。愿足下使
人礼之。"（《蒯伍江息夫传》，2166）

（2）故圣主必待贤臣而弘功业，俊士亦俟明主以显其
德。上下俱欲，骓然交欣，千载一合，论说无疑，翼乎如鸿
毛过顺风，沛乎如巨鱼纵大壑。其得意若此，则胡禁不止，
曷令不行？化溢四表，横被无穷，遐夷贡献，万祥毕凑。
（《严朱吾丘主父徐严终王贾传下》，2827—2828）

（3）明明天子，俊德烈烈，不遂我遗，恤我九列。我既
兹恤，惟夙惟夜，畏忌是申，供事靡惰。天子我监，登我三
事，顾我伤队，爵复我旧。（《韦贤传》，3113）

以上例句中，"俊士"指美士，德行美洁之士；"俊德"指美
德。"俊"的词义都是指美、善。上古汉语（截至汉末）"俊"还
没有表示人的长相漂亮的用例，近代口语及文学作品如杂剧和小
说中，"俊"已由指"俊美之才"转向指人的长相漂亮了。

4.10.11　灵

"灵"这个词在《汉书》中出现59次，除用作地名、谥号
外，其词义计有5个义位，它们是：（1）神灵；（2）福、祐；
（3）灵魂；（4）善、美好；（5）聪明。《汉书》中，与"美、休、
吉、嘉、善、臧[1]、令、淑、懿、俊、修、好[2]、说"的词义相同
或相近（即构成同义关系）的"灵"的义位只有1个，即"善、
美好"义。今将《汉书》中体现"灵"的这一义位的用例举例
如下：

（1）惟汉十世，将郊上玄，定泰畤，雍神休，尊明号，

同符三皇，录功五帝，卹胤锡羡，拓迹开统。于是乃命群僚，历吉日，协灵辰，星陈而天行。（《扬雄传》，3523）

师古曰："历选吉日而合善时也。""灵"与"吉"出现于对当的位置上，都表示"善"义。

（2）承祖考之遗德兮，何性命之淑灵，登薄躯于官阙兮，充下陈于后庭。蒙圣皇之渥惠兮，当日月之盛明，扬光烈之翕赫兮，奉隆宠于增成。（《外戚传》，3985）

（3）若乃灵瑞符应，又可略闻矣。初刘媪任高祖而梦与神遇，震电晦冥，有龙蛇之怪。（《叙传》，4211）

（4）固行行其必凶兮，免盗乱为赖道；形气发于根柢兮，柯叶汇而灵茂。（《叙传》，4216）

师古曰："灵，善也。言草木本根气强，则枝叶盛而善美；人之先祖有大功德，则胤绪亦蕃昌也。"

4.10.12 修

"修"这个词在《汉书》中出现 321 次，除用作人名、地名、尊人所称的字外，计有 7 个义位，它们是：（1）修饰；（2）修理；（3）治理；（4）编纂；（5）（学问、品行方面的）学习与训练；（6）高、长；（7）美、善。《汉书》中，与"美"、"休"、"吉"、"嘉"、"善"、"臧[1]"、"令"、"淑"、"懿"、"俊"、"灵"、"好[2]"、"说"的词义相同或相近（即构成同义关系）的"修"的义位只有 1 个，即"善、美好"义。今将《汉书》中体现"修"的这一义位的用例举例如下：

（1）微感心攸通修名，周流常羊思所并。（《礼乐志》，1063）

师古曰："言精微所应，其心攸远，故得通达成长久之名。"按师古：修，长也；修名，即长久之名。《补注》先谦曰："《管子》'修名而督实',按实而定名,帝欲使精修之名上通冥漠也。攸与悠同。"按先谦:修,美也;修名,即美名。

(2) 行秽祀豐,犹不蒙祐;德修荐薄,吉必大来。(《郊祀志下》,1262)

"德修"对"行秽","修"指德行美善。

(3) 为人性倨,少礼,面折,不能容人之过。合己者善待之,不合者弗能忍见,士亦以此不附焉。然好游侠,任气节,行修洁。(《张冯汲郑传》,2317)

(4) 故广延四方之豪俊,郡国诸侯公选贤良修洁博习之士,欲闻大道之要,至论之极。(《董仲舒传》,2495)

(5) 汤至于大吏,内行修,交通宾客饮食,于故人子弟为吏及贫昆弟,调护之尤厚。其造诸公,不避寒暑。是以汤虽文深意忌不专平,然得此声誉。(《张汤传》,2639)

(6) 光禄庆忌行义修正,柔毅敦厚,谋虑深远。(《赵充国辛庆忌传》,2997)

(7) 左曹陈咸荐骏贤父子,经明行修,宜显以厉俗。光禄勋匡衡亦举骏有专对材。(《王贡两龚鲍传》,3066)

(8) 君以道德修明,位在三公,先帝委政,遂及朕躬。君遵修法度,勤劳公家,朕嘉与君同心合意,庶几有成。(《匡张孔马传》,3345)

以上8个例句中,"修"的词义都是指美、善。

4.10.13　好²

"好"这个字在《汉书》中出现1421次,记录了2个词:一个是"爱好、喜好"义及其引申义的"好"(呼到切),我们标记为"好¹";一个是"美色、貌美"义以及与此相关的"美、善"义的"好"(呼皓切),我们标记为"好²"。本论文只考察"好²"。

《汉书》中，"好²"这个词计有 2 个义位，它们是：（1）貌美；（2）善、美。《汉书》中，与"美"、"休"、"吉"、"嘉"、"善"、"臧¹"、"令"、"淑"、"懿"、"俊"、"灵"、"修"、"谠"的词义相同或相近（即构成同义关系）的"好²"的义位只有 1 个，即"善、美"义。今将《汉书》中体现"好²"的这一义位的用例举例如下：

（1）于是商贾中家以上大氐破，民婾甘食好衣，不事畜臧之业，而县官以盐铁缗钱之故，用少饶矣。（《食货志下》，1170）

（2）初，天子发书《易》，曰"神马当从西北来"。得乌孙马好，名曰："天马"。（《张骞李广利传》，2693）

（3）贤母病，长安厨给祠具，道中过者皆饮食。为贤治器，器成，奏御乃行，或物好，特赐其工，自贡献宗庙三宫，犹不至此。（《何武王嘉师丹传》，3496）

以上 3 个例句中，"好"的词义都是指美好。

4.10.14　谠

"谠"这个词在《汉书》中有 2 个用例：

（1）上曰："苟不若此，此图何戒？"伯曰："'沈湎于酒'，微子所以告去也；'式号式谇'，《大雅》所以流连也。《诗》《书》淫乱之戒，其原皆在于酒。"上乃喟然叹曰："吾久不见班生，今日复闻谠言！"（《叙传上》，4201）

师古曰："谠言，善言也，音黨。"

（2）抑抑仲舒，再相诸侯，身修国治，致仕县车，下帷覃思，论道属书，谠言访对，为世纯儒。（《叙传下》，4255）

师古曰："谠，善言也。访对，谓对所访也。谠音黨。"

以上 2 个例句中，"谠"修饰"言"都表示"善"义，与

"美"、"休"、"吉"、"嘉"、"善"、"臧¹"、"令"、"淑"、"懿"、"俊"、"灵"、"修"、"好²"构成同义关系。

综上所述，《汉书》中，"美、休、吉、嘉、善、臧¹、令、淑、懿、俊、灵、修、好²、说"这14个词有1个共同义位，即"美、善"义。

4.11　美、都¹、令、好²、佳、丽、妩(忧)、媚、妙、姣、冶、妖

4.11.1　美

"美"这个词在《汉书》中的使用情况及其词义分布情况，详见"4.8.6美"。《汉书》中，与"都¹、令、好²、佳、丽、妩(忧)、媚、妙、姣、冶、妖"的词义相同或相近（即构成同义关系）的"美"的义位只有1个，即"美丽、漂亮"义。今将《汉书》中体现"美"的这一义位的用例举例如下：

(1) 朝，廷见，人或毁不疑曰："不疑状貌甚美，然特毋奈其善盗嫂何也！"不疑闻，曰："我乃无兄。"然终不自明也。（《万石卫直周张传》，2202）

(2) 故女无美恶，入官见妒；士无贤不肖，入朝见嫉。（《贾邹枚路传》，2346）

(3) 哀帝立，贤随太子官为郎。二岁余，贤传漏在殿下，为人美丽自喜，哀帝望见，说其仪貌，识而问之，曰："是舍人董贤邪？"因引上与语，拜为黄门郎，由是始幸。（《佞幸传》，3733）

以上3个例句中，"美"的词义都是指美丽、漂亮。

4.11.2 都¹

"都"这个字在《汉书》中出现 883 次，其中有用作人名、地名或职官名的。除去上述用例，《汉书》中，"都"这个字记录了两个词：一是"都城"义及其引申义的"都"，我们标记为"都¹"；一是"全都"义的"都"，我们标记为"都²"。本论文只考察"都¹"。

《汉书》中，"都¹"计有 4 个义位，它们是：（1）建都、定都；（2）都邑（有先君宗庙）；（3）居、处在；（4）美好、闲雅。《汉书》中，与"美、令、好²、佳、丽、妩（忓）、媚、妙、姣、冶、妖"的词义相同或相近（即构成同义关系）的"都¹"的义位只有 1 个，即"美好、闲雅"义。《汉书》中，"都¹"在这一义位上仅有 2 个用例：

（1）是时，卓王孙有女文君新寡，好音，故相如缪与令相重而以琴心挑之。相如时从车骑，雍容闲雅，甚都。及饮卓氏弄琴，文君窃从户窥，心说而好之，恐不得当也。既罢，相如乃令侍人重赐文君侍者通殷勤。文君夜亡奔相如，相如与驰归成都。（《司马相如传》，2530）

张揖曰："甚得都士之节也。"韦昭曰："都邑之容也。"师古曰："都，闲美之称也。张说近之。《诗·郑风·有女同车》之篇曰'洵美且都'，《山有扶苏》之篇又云'不见子都'，则知都者，美也。韦言都邑，失之远矣。"

（2）若夫青琴虙妃之徒，绝殊离俗，妖冶闲都，靓庄刻饰，便嬛绰约，柔桡嬛嬛，妩媚纤弱，曳独茧之褕袘，眇阎易以恤削，便姗嫳屑，与世殊服，芬芳沤郁，酷烈淑郁，皓齿粲烂，宜笑的皪，长眉连娟，微睇绵藐，色授魂予，心愉于侧。（《司马相如传》，2571）

师古曰："妖冶，美好也。闲都，雅丽也。"

以上 2 个例句中，"都"的词义都是指美好、闲雅。

4.11.3　令

"令"这个词在《汉书》中的使用情况及其词义分布情况，详见"4.10.7 令"。《汉书》中，与"美、都[1]、好[2]、佳、丽、妍（忨）、媚、妙、姣、冶、妖"的词义相同或相近（即构成同义关系）的"令"的义位只有 1 个，即"形貌美好"义。《汉书》中，"令"在这一义位上仅有 1 个用例：

> 侍中驸马都尉董贤本无葭莩之亲，但以令色谀言自进，赏赐亡度，竭尽府藏，并合三第尚以为小，复坏暴室。（《王贡两龚鲍传》，3092）

师古曰："令，善也。谀，谄也。""令色"指美好的姿容。

4.11.4　好[2]

"好[2]"这个词在《汉书》中的使用情况及其词义分布情况，详见"4.10.13 好[2]"。《汉书》中，与"美、都[1]、令、佳、丽、妍（忨）、媚、妙、姣、冶、妖"的词义相同或相近（即构成同义关系）的"好[2]"的义位只有 1 个，即"美色、貌美"义。今将《汉书》中体现"好"的这一义位的用例举例如下：

> （1）成帝时童谣曰："燕燕尾涎涎，张公子，时相见。木门仓琅根，燕飞来，啄皇孙，皇孙死，燕啄矢。"其后帝为微行出游，常与富平侯张放俱称富平侯家人，过阳阿主作乐，见舞者赵飞燕而幸之，故曰"燕燕尾涎涎"，美好貌也。（《五行志中之上》，1395）

"燕燕尾涎涎"在《汉书》原文中为"燕燕尾涎涎"。师古注："涎涎，光泽貌也，音徒见反。"《汉书辞典》引师古注，并为"涏涏"注音（tǐng，挺挺）。① 《汉语大字典》引师古注"音徒见反"："涏涏，光泽貌。《骈雅·释诂》：'涏涏，光泽也。'"② 我们以《汉语大字典》为准，"涏涏"是"涎涎"的形误。

（2）午死，主寡居，年五十余矣，近幸董偃。始偃与母以卖珠为事，偃年十三，随母出入主家。左右言其姣好，主召见，曰："吾为母养之。"因留第中，教书计相马御射，颇读传记。（《东方朔传》，2853）

师古曰："姣，美丽也，音狡。"

（3）武帝时又多取好女至数千人，以填后官。（《王贡两龚鲍传》，3070）

（4）陛下诚深察愚臣之言，致惧天地之异，长思宗庙之计，改往反过，抗湛溺之意，解偏驳之爱，奋乾刚之威，平天覆之施，使列妾得人人更进，犹尚未足也，急复益纳宜子妇人，毋择好丑，毋避尝字，毋论年齿。（《谷永杜邺传》，3452）

（5）夫人曰："所以不欲见帝者，乃欲以深托兄弟也。我以容貌之好，得从微贱爱幸于上。夫以色事人者，色衰而爱弛，爱弛则恩绝。上所以挛挛顾念我者，乃以平生容貌也。今见我毁坏，颜色非故，必畏恶吐弃我，意尚肯复追思闵录其兄弟哉！"（《外戚传》，3952）

（6）上思念李夫人不已，方士齐人少翁言能致其神。乃夜张灯烛，设帷帐，陈酒肉，而令上居他帐，遥望见好女如李夫人之貌，还幄坐而步。又不得就视，上愈益相思悲感，

---

① 仓修良：《汉书辞典》，山东教育出版社 1996 年版，第 591 页。

② 《汉语大字典（缩印本）》，四川辞书出版社、湖北辞书出版社 1993 年版，第 676 页。

为作诗曰："是邪，非邪？立而望之，偏何姗姗其来迟！"令乐府诸音家弦歌之。(《外戚传》，3952)

以上 6 个例句中，"好"或与其同义词"美"、"姣"连文，或与其反义词"丑"对举，或修饰其中心词"女"，其词义都是指容貌美丽。

4.11.5　佳

"佳"这个词在《汉书》中出现 4 次，其词义是指美丽（的人）。《汉书》中，"佳"在"美丽"这一义位上与"美、都¹、令、好²、丽、妩（怃）、媚、妙、姣、冶、妖"有相同或相近的义位（即构成同义关系）。今将《汉书》中"佳"在这一义位上的用例列举如下：

（1）夫佳丽珍怪固顺于耳目，故养失而泰，乐失而淫，礼失而采，教失而伪。伪、采、淫、泰，非所以范民之道也。(《严朱吾丘主父徐》，2809)

（2）闺中容竞淖约兮，相态以丽佳，知众嬬之嫉妒兮，何必扬累之蛾眉？(《扬雄传上》，3518)

（3）延年侍上起舞，歌曰："北方有佳人，绝世而独立，一顾倾人城，再顾倾人国。宁不知倾城与倾国，佳人难再得！"上叹息曰："善！世岂有此人乎？"平阳主因言延年有女弟，上乃召见之，实妙丽善舞。(《外戚传》，3951)

（4）佳侠函光，陨朱荣兮，嫉妒阘茸，将安程兮！(《外戚传》，3954)

师古曰："佳侠犹佳丽。"

以上 4 个例句中，"佳丽"、"丽佳"、"佳侠"意义相同，指"美丽的女子"。其中"佳"是形容词用作名词，以其词义特点指代有此特点的人。"佳人"中"佳"用作形容词，修饰"人"，其词义是指美丽。

4.11.6 丽

“丽”这个词在《汉书》中出现59次，其词义主要有3个义位：(1) 华丽；(2) 附着；(3) 指人的形貌美好、美妙。《汉书》中，与“美、都[1]、令、好[2]、佳、妩(怃)、媚、妙、姣、冶、妖”的词义相同或相近(即构成同义关系)的“丽”的义位只有1个，即“美好、美妙”义。今将《汉书》中体现“丽”的这一义位的用例举例如下：

(1) 息夫躬字子微，河内河阳人也。少为博士弟子，受《春秋》，通览记书。容貌壮丽，为众所异。(《蒯伍江息夫传》，2179)

(2) 臣愚以为王少，而父同产长，年齿不伦；梁国之富，足以厚聘美女，招致妖丽；父同产亦有耻辱之心。(《文三王传》，2216)

(3) 时对者百余人，太常奏弘第居下。策奏，天子擢弘对为第一。召入见，容貌甚丽，拜为博士，待诏金马门。(《公孙弘卜式兒宽传》，2617)

(4) 是时，上颇知太子惶恐无他意，乃大感寤，召见千秋。至前，千秋长八尺余，体貌甚丽，武帝见而说之，谓曰：“父子之间，人所难言也，公独明其不然。此高庙神灵使公教我，公当遂为吾辅佐。”立拜千秋为大鸿胪。(《公孙刘田王杨蔡陈》，2883—2884)

(5) 二岁余，贤传漏在殿下，为人美丽自喜，哀帝望见，说其仪貌，识而问之，曰：“是舍人董贤邪？”因引上与语，拜为黄门郎，由是始幸。(《佞幸传》，3733)

(6) 平阳主因言延年有女弟，上乃召见之，实妙丽善舞。

由是得幸，生一男，是为昌邑哀王。(《外戚传》，3951)

(7) 伯少受《诗》于师丹。大将军王凤荐伯宜劝学，召见宴昵殿，容貌甚丽，诵说有法，拜为中常侍。(《叙传》，4198)

以上7个例句中，除了"妖丽"、"妙丽"是描述女子美丽、妖冶、精妙外，其余5例均描述男子壮丽、俊美。"丽"的词义都是指美好、美妙。

4.11.7　妩（怃）

"妩"这个词在《汉书》中仅有1个用例：

(1) 若夫青琴虙妃之徒，绝殊离俗，妖冶闲都，靓庄刻饰，便嬛绰约，柔桡嬛嬛，妩媚纤弱，曳独茧之褕袘，眇阎易以恤削，便姗嫳屑，与世殊服，芬芳沤郁，酷烈淑郁，皓齿粲烂，宜笑的皪，长眉连娟，微睇绵藐，色授魂予，心愉于侧。(《司马相如传》，2571)

例句中"妩"、"媚"同义连用，表示姿态柔媚可爱。

《汉书》中表示女子秀丽可爱，除了用"妩"，还用"怃"。朱骏声《说文通训定声》："怃，假借为妩。"可见"怃"是作为"妩"的借字才表示"媚好"貌。《说文·十下》："怃，爱也。""怃"的本义是爱抚。《说文·十二下》："妩，媚也。"段注下引《张敞传》"长安中传京兆眉怃"，段注："怃即妩字，苏林曰'怃音妩'。"段氏也认为"怃"、"妩"是同音假借关系，而且二者字形又相近。《汉书》中"怃"在表示"媚好貌"这一义位上的用例也只有1例，如下：

(2) 敞为京兆，朝廷每有大议，引古今，处便宜，公卿皆服，天子数从之。然敞无威仪，时罢朝会，过走马章台街，使御吏驱，自以便面拊马。又为妇画眉，长安中传张京兆眉忧。有司以奏敞。上问之，对曰："臣闻闺房之内，夫妇之私，有过于画眉者。"上爱其能，弗备责也。然终不得大位。（《赵尹韩张两王传》，3222—3223）

"忧"借作"妩"，"眉忧"表示眉毛秀丽。

总之，"妩（忧）"在表示"女子秀丽可爱"这一义位上，与"美、都[1]、令、好[2]、佳、丽、媚、妙、姣、冶、妖"11个词有相同或相近的义位（即构成同义关系）。

4.11.8 媚

"媚"这个词在《汉书》中出现24次，其词义主要有3个义位：（1）喜爱；（2）讨好；（3）妩媚、娇艳。《汉书》中，与"美、都[1]、令、好[2]、佳、丽、妩（忧）、妙、姣、冶、妖"11个词的词义相同或相近（即构成同义关系）的"媚"的义位只有1个，即"妩媚、娇艳"义。《汉书》中"媚"在这一义位上仅有1个用例：

若夫青琴虑妃之徒，绝殊离俗，妖冶闲都，靓庄刻饰，便嬛绰约，柔桡嬛嬛，妩媚纤弱，曳独茧之褕袘，眇阎易以恤削，便姗嫳屑，与世殊服，芬芳沤郁，酷烈淑郁，皓齿粲烂，宜笑的皪，长眉连娟，微睇绵藐，色授魂予，心愉于侧。（《司马相如传》，2571）

"妩"、"媚"同义连用，其词义是指姿态柔媚可爱。

4.11.9 妙

"妙"这个词在《汉书》中出现6次，其词义主要有4个义位：（1）奇妙、精妙；（2）精微；（3）美好；（4）通"眇"，指远。《汉书》中，与"美、都[1]、令、好[2]、佳、丽、妩（忧）、媚、姣、冶、妖"11个词的词义相同或相近（即构成同义关系）

的"妙"的义位只有 1 个，即"美好、美妙"义。《汉书》中
"妙"在这一义位上仅有 1 个用例：

> 平阳主因言延年有女弟，上乃召见之，实妙丽善舞。由
> 是得幸，生一男，是为昌邑哀王。（《外戚传》，3951）

例句中"妙丽"把李夫人曼妙、隽永、精美的容姿描写出
来，为写其"舞"得"善"与"妙"作好伏笔。"妙"的词义是
指美好。

4.11.10　姣

"姣"这个词在《汉书》中仅有 1 个用例：

> 初，帝姑馆陶公主号窦太主，堂邑侯陈午尚之。午死，
> 主寡居，年五十余矣，近幸董偃。始偃与母以卖珠为事，偃
> 年十三，随母出入主家。左右言其姣好，主召见，曰："吾
> 为母养之。"因留第中，教书计相马御射，颇读传记。（《东
> 方朔传》，2853）

例句中"姣"与"好"同义连用，其词义是指容貌美好。
"姣"在表示"容貌美好"这一义位上与"美、都[1]、令、好[2]、
佳、丽、妩（忓）、媚、妙、冶、妖"11 个词有相同或相近的义
位（即构成同义关系）。

4.11.11　冶

"冶"这个词在《汉书》中出现 24 次，其词义计有 2 个义
位，它们是：（1）熔炼金属；（2）艳丽、妖媚。《汉书》中，与
"美、都[1]、令、好[2]、佳、丽、妩（忓）、媚、妙、姣、妖"的词
义相同或相近（即构成同义关系）的"冶"的义位只有 1 个，即
"艳丽、妖媚"义。《汉书》中，"冶"在这一义位上仅有 1 个
用例：

若夫青琴虙妃之徒，绝殊离俗，妖冶闲都，靓庄刻饰，便嬛绰约，柔桡嫚嫚，妩媚纤弱，曳独茧之褕袘，眇阎易以恤削，便姗嫳屑，与世殊服，芬芳沤郁，酷烈淑郁，皓齿粲烂，宜笑的皪，长眉连娟，微睇绵藐，色授魂予，心愉于侧。(《司马相如传》，2571)

师古曰："妖冶，美好也。闲都，雅丽也。"

例句中"妖冶闲都"都是描写两位神女的美丽闲雅。"冶"与"妖"同义连用，指女神美丽多姿。

4.11.12 妖

"妖"这个词在《汉书》中出现 84 次，其词义计有 2 个义位，它们是：(1) 指称一切反常怪异的事物或现象；(2) 妖艳迷人。《汉书》中，与"美、都[1]、令、好[2]、佳、丽、妩(忓)、媚、妙、姣、冶"11 个词的词义相同或相近（即构成同义关系）的"妖"的义位只有 1 个，即"妖艳迷人"义。今将《汉书》中体现"妖"的这一义位的用例举例如下：

(1) 臣愚以为王少，而父同产长，年齿不伦；梁国之富，足以厚聘美女，招致妖丽；父同产亦有耻辱之心。(《文三王传》，2216)

(2) 若夫青琴虙妃之徒，绝殊离俗，妖冶闲都，靓庄刻饰，便嬛绰约，柔桡嫚嫚，妩媚纤弱，曳独茧之褕袘，眇阎易以恤削，便姗嫳屑，与世殊服，芬芳沤郁，酷烈淑郁，皓齿粲烂，宜笑的皪，长眉连娟，微睇绵藐，色授魂予，心愉于侧。(《司马相如传》，2571)

师古曰："妖冶，美好也。闲都，雅丽也。"

例 1 中"妖丽"与"美女"处于对当的位置，二者同义。"妖"与"丽"同义连用，形容词用作名词，指代"艳丽迷人"

的女子，即"美女"。例2上文已列举过，这里不再赘述。

综上所述，《汉书》中，"美、都¹、令、好²、佳、丽、妩（怃）、媚、妙、姣、冶、妖"这12个词有1个共同义位，即"美丽、漂亮"义。

4.12　富、赡、厚、实、给、足、饶、羡、殷

4.12.1　富

"富"这个词在《汉书》中出现278次，其中有2次都是对于孔子言论的引用，还有用作人名、地名的，除去上述用例外，主要有4个义位，它们是：（1）盛、多；（2）财物、财富；（3）财物多，即富裕、富足；（4）使……富有。《汉书》中，与"赡"、"厚"、"实"、"给"、"足"、"饶"、"羡"、"殷"的词义相同或相近（即构成同义关系）的"富"的义位只有1个，即"富裕、富足"。现将《汉书》中体现"富"的这一义位上的用例举例如下：

（1）故逮文、景四五世间，流民既归，户口亦息，列侯大者至三四万户，小国自倍，富厚如之。子孙骄逸，忘其先祖之艰难，多陷法禁，陨命亡国，或亡子孙。讫于孝武后元之年，靡有孑遗，耗矣。（《高惠高后文功臣表》，528）

（2）今海内更始，民人归本，户口岁息，平其刑辟，牧以贤良，至于家给，既庶且富，则须庠序礼乐之教化矣。（《礼乐志》，1075）

（3）食足货通，然后国实民富，而教化成。（《食货志上》，1117）

（4）浮食奇民欲擅斡山海之货，以致富羡，役利细民。

（《食货志下》，1165—1166）

（5）始皇之初，郑国穿渠，引泾水溉田，沃野千里，民以富饶。（《地理志下》，1642）

（6）夫吴王赐号为刘氏祭酒，受几杖而不朝，王四郡之众，地方数千里，采山铜以为钱，煮海水以为盐，伐江陵之木以为船，国富民众，行珍宝，赂诸侯，与七国合从，举兵而西，破大梁，败狐父，奔走而还，为越所禽，死于丹徒，头足异处，身灭祀绝，为天下戮。（《蒯伍江息夫传》，2169—2170）

（7）商君遗礼义，弃仁恩，并心于进取，行之二岁，秦俗日败。故秦人家富子壮则出分，家贫子壮则出赘。（《贾谊传》，2244）

（8）汉兴以来，股肱在位，身行俭约，轻财重义，未有若公孙弘者也。位在宰相封侯，而为布被脱粟之饭，奉禄以给故人宾客，无有所余，可谓减于制度，而率下笃俗者也，与内厚富而外为诡服以钓虚誉者殊科。（《公孙弘卜式兒宽传》，2624）

（9）孝景时，吴、楚七国反，景帝往来东宫间，天下寒心数月。吴、楚已破，竟景帝不言兵，天下富实。（《张汤传》，2641—2642）

（10）太子之亡也，东至湖，臧匿泉鸠里。主人家贫，常卖屦以给太子。太子有故人在湖，闻其富赡，使人呼之而发觉。吏围捕太子，太子自度不得脱，即入室距户自经。（《武五子传》，2746）

（11）今欲令民量粟以赎罪，如此则富者得生，贫者独死，是贫富异刑而法不一也。（《萧望之传》，3275）

（12）其十二月羽猎，雄从。以为昔在二帝三王，宫馆

台榭沼池苑囿林麓薮泽财足以奉郊庙，御宾客，充庖厨而
已，不夺百姓膏腴谷土桑柘之地。女有余布，男有余粟，国
家殷富，上下交足，故甘露零其庭，醴泉流其唐，凤皇巢其
树，黄龙游其沼，麒麟臻其囿，神爵栖其林。(《扬雄传
上》，3540)

(13) 古者，设庐井八家，一夫一妇田百亩，什一而税，
则国给民富而颂声作。此唐虞之道，三代所遵行也。(《王
莽传中》，4110)

(14) 倾府库以遣邑，多赍珍宝猛兽，欲视饶富，用怖
山东。邑至雒阳，州郡各选精兵，牧守自将，定会者四十二
万人，余在道不绝，车甲士马之盛，自古出师未尝有也。
(《王莽传下》，4182)

以上 14 个例句中，"富"的词义都是指富裕、富足。

4.12.2 赡

"赡"这个词在《汉书》中出现 39 次，主要有以下 4 个义
位：(1) 供给；(2) 充足、富足；(3) 富有，指才华、诗文、词
藻等；(4) 周济。《汉书》中，与"富"、"厚"、"实"、"给"、
"足"、"饶"、"羡"、"殷"具有相同或相近的义位(即构成同义
关系)的"赡"的义位只有 1 个，即"富足"义。今将《汉书》
中体现"赡"的这一义位的用例举例如下：

(1) 六月，赦天下。诏曰："朕闵百姓未赡，前年减漕
三百万石。颇省乘舆马及苑马，以补边郡三辅传马。其令郡
国毋敛今年马口钱，三辅、太常郡得以叔粟当赋。"(《昭帝
纪》，228)

师古曰："赡，足也。"

(2) 太子之亡也，东至湖，臧匿泉鸠里。主人家贫，常

卖屦以给太子。太子有故人在湖,闻其富赡,使人呼之而发觉。吏围捕太子,太子自度不得脱,即入室距户自经。(《武五子传》,2746)

师古曰:"赡,足也。"

以上 2 个例句中"赡"的词义都是指富足。

4.12.3 厚

"厚"这个词在《汉书》中出现 329 次,主要有以下 6 个义位,它们是:(1)物体上下两面距离大,与"薄"相对;(2)丰裕、富厚;(3)重、多;(4)深;(5)忠厚;(6)味浓。《汉书》中,与"富"、"赡"、"实"、"给"、"足"、"饶"、"羡"、"殷"具有相同或相近的义位(即构成同义关系)的"厚"的义位只有 1 个,即"丰裕、富厚"义。今将《汉书》中体现"厚"的这一义位的用例举例如下:

(1)故逮文、景四五世间,流民既归,户口亦息,列侯大者至三四万户,小国自倍,富厚如之。子孙骄逸,忘其先祖之艰难,多陷法禁,陨命亡国,或亡子孙。(《高惠高后文功臣表》,528)

师古曰:"言其赀财亦稍富厚,各如户口之多也。"

(2)故其男不耕耘,女不蚕织,衣必文采,食必粱肉;亡农夫之苦,有仟伯之得。因其富厚,交通王侯,为过吏势;以利相倾;千里游敖,冠盖相望,乘坚策肥,履丝曳缟。此商人所以兼并农人,农人所以流亡者也。(《食货志上》,1132)

(3)汉兴以来,股肱在位,身行俭约,轻财重义,未有若公孙弘者也。位在宰相封侯,而为布被脱粟之饭,奉禄以给故人宾客,无有所余,可谓减于制度,而率下笃俗者也,

与内厚富而外为诡服以钓虚誉者殊科。(《公孙弘卜式兒宽传》，2624)

（4）是时，上方数巡狩海上，乃悉从外国客，大都多人则过之，散财帛赏赐，厚具饶给之，以览视汉富厚焉。(《张骞李广利传》，2697)

（5）昆莫年老国分，不能专制，乃发使送骞，因献马数十匹报谢。其使见汉人众富厚，归其国，其国后乃益重汉。(《西域传》，3902)

以上5个例句中，"厚"的词义都是指丰裕、富厚。

4.12.4　实

"实"这个词在《汉书》中出现 246 次，主要有 8 个义位，它们是：（1）富裕；（2）充实；（3）结果实；（4）实际内容，与"名"相对；（5）满；（6）事实；（7）财富；（8）诚实。《汉书》中，与"富"、"赡"、"厚"、"给"、"足"、"饶"、"羡"、"殷"具有相同或相近的义位（即构成同义关系）的"实"的义位只有 1 个，即"富裕"义。今将《汉书》中体现"实"的这一义位的用例举例如下：

（1）食足货通，然后国实民富，而教化成。(《食货志上》，1117)

（2）以临万货，以调盈虚，以收奇羡，则官富实而末民困，六矣。(《食货志下》，1156)

（3）孝景时，吴、楚七国反，景帝往来东官间，天下寒心数月。吴、楚已破，竟景帝不言兵，天下富实。今自陛下兴兵击匈奴，中国以空虚，边大困贫。由是观之，不如和亲。(《张汤传》，2641—2642)

（4）讫昭帝世，国家少事，百姓稍益充实。(《公孙刘

田王杨蔡陈郑传》，2886)

(5)春夏不得不趋田亩，秋冬课收敛，益蓄果实菱芡。劳来循行，郡中皆有蓄积，吏民皆富实。狱讼止息。(《循吏传》，3640)

以上5个例句中，"实"的词义都是指富裕。

4.12.5 给

"给"这个词在《汉书》中出现231次，主要有5个义位，它们是：(1)丰足、富裕；(2)供给；(3)供职；(4)敏捷；(5)口齿伶俐。《汉书》中，与"富"、"赡"、"厚"、"实"、"足"、"饶"、"羡"、"殷"具有相同或相近的义位(即构成同义关系)的"给"的义位只有1个，即"丰足、富裕"义。今将《汉书》中体现"给"的这一义位的用例举例如下：

(1)方今世俗奢僭罔极，靡有厌足。公卿列侯亲属近臣，四方所则，未闻修身遵礼，同心忧国者也。或乃奢侈逸豫，务广第宅，治园池，多畜奴婢，被服绮縠，设钟鼓，备女乐，车服嫁娶葬埋过制。吏民慕效，浸以成俗，而欲望百姓俭节，家给人足，岂不难哉！(《成帝纪》，324—325)

(2)世祖受命中兴，拨乱反正，改定京师于土中。即位三十年，四夷宾服，百姓家给，政教清明，乃营立明堂、辟雍。(《礼乐志》，1035)

师古曰："给，足也，言家家皆足。"

(3)至武帝之初七十年间，国家亡事，非遇水旱，则民人给家足，都鄙廪庾尽满，而府库余财。京师之钱累百钜万，贯朽而不可校。太仓之粟陈陈相因，充溢露积于外，腐败不可食。(《食货志上》，1135)

(4)及孝武时，国用饶给，而民不益赋，其次也。至于

王莽，制度失中，奸轨弄权，官民俱竭，亡次矣。（《食货志下》，1186）

（5）古者，设庐井八家，一夫一妇田百亩，什一而税，则国给民富而颂声作。此唐虞之道，三代所遵行也。（《王莽传中》，4110）

师古曰："给，足也。"

以上 5 个例句中，"给"的词义都是指丰足、富裕。

4.12.6　足

"足"这个词在《汉书》中出现 496 次，其中有 5 次是对于他书或他说的引用，它们分别见于《老子》（1 次）、《论语》（3 次）、《孝经》（1 次）。除去上述 5 个用例，《汉书》中，"足"的词义有 7 个义位，它们是：（1）人的腿或脚；（2）动物用以行走或奔跑的器官；（3）器物下部形状像腿的支撑部分；（4）充实、足够；（5）富裕、富足；（6）值得；（7）满足。《汉书》中，与"富"、"赡"、"厚"、"实"、"给"、"饶"、"羡"、"殷"具有相同或相近的义位（即构成同义关系）的"足"的义位只有 1 个，即"富裕、富足"义。今将《汉书》中体现"足"的这一义位的用例举例如下：

（1）衣食足而知荣辱，廉让生而争讼息，故三载考绩。（《食货志上》，1123）

（2）会孝惠、高后时天下初定，郡国诸侯各务自拊循其民。吴有豫章郡铜山，即招致天下亡命者盗铸钱，东煮海水为盐，以故无赋，国用饶足。（《荆燕吴传》，1904）

（3）臣闻秦始并天下之时，其主不及三王，而臣不及其佐，然功力不迟者，何也？地形便，山川利，财用足，民利战。（《爰盎晁错传》，2296）

（4）故受禄之家，食禄而已，不与民争业，然后利可均布，而民可家足。此上天之理，而亦太古之道，天子之所宜法以为制，大夫之所当循以为行也。（《董仲舒传》，2521）

（5）要曰强本节用，则人给家足之道也。此墨子之所长，虽百家不能废也。（《司马迁传》，2712）

师古曰："给亦足也。人人家家皆得足也。"

（6）古者宫室有制，宫女不过九人，秣马不过八匹；墙涂而不琱，木摩而不刻，车舆器物皆不文画，苑囿不过数十里，与民共之；任贤使能，什一而税，亡它赋敛徭戍之役，使民岁不过三日，千里之内自给，千里之外各置贡职而已。故天下家给人足，颂声并作。（《王贡两龚鲍传》，3069）

（7）孝文欲作一台，度用百金，重民之财，废而不为，其积土基，至今犹存，又下遗诏，不起山坟。故其时天下大和，百姓洽足，德流后嗣。（《眭两夏侯京翼李传》，3175）

（8）王者躬行道德，承顺天地，博爱仁恕，恩及行苇，籍税取民不过常法，宫室车服不逾制度，事节财足，黎庶和睦，则卦气理效，五徵时序，百姓寿考，庶中蕃滋，符瑞并降，以昭保右。（《谷永杜邺传》，3467）

（9）其十二月羽猎，雄从。以为昔在二帝三王，宫馆台榭沼池苑囿林麓薮泽财足以奉郊庙，御宾客，充庖厨而已，不夺百姓膏腴谷土桑柘之地。女有余布，男有余粟，国家殷富，上下交足，故甘露零其庭，醴泉流其唐，凤皇巢其树，黄龙游其沼，麒麟臻其囿，神爵栖其林。（《扬雄传上》，3540）

以上9个例句中，"足"的词义都是指富裕、富足。

4.12.7 饶

"饶"这个词在《汉书》中出现 92 次，除去用作人名、古地名外，主要有 6 个义位，它们是：（1）多；（2）富裕；（3）土地肥沃；（4）安逸；（5）厚赐；（6）余、剩。《汉书》中，与"富"、"赡"、"厚"、"实"、"给"、"足"、"羡"、"殷"具有相同或相近的义位（即构成同义关系）的"饶"的义位只有 1 个，即"富裕"义。今将《汉书》中体现"饶"的这一义位的用例举例如下：

（1）于是商贾中家以上大氐破，民媮甘食好衣，不事畜臧之业，而县官以盐铁缗钱之故，用少饶矣。（《食货志下》，1170）

（2）令民入粟甘泉各有差，以复终身，不复告缗。它郡各输急处，而诸农各致粟，山东漕益岁六百万石。一岁之中，太仓、甘泉仓满。边余谷，诸均输帛五百万匹。民不益赋而天下用饶。（《食货志下》，1175）

（3）始皇之初，郑国穿渠，引泾水溉田，沃野千里，民以富饶。（《地理志下》，1642）

（4）会孝惠、高后时天下初定，郡国诸侯各务自拊循其民。吴有豫章郡铜山，即招致天下亡命者盗铸钱，东煮海水为盐，以故无赋，国用饶足。（《荆燕吴传》，1904）

（5）负戒其孙曰："毋以贫故，事人不谨。事兄伯如事乃父，事嫂如事乃母。"平既取张氏女，资用益饶，游道日广。（《张陈王周传》，2038—2039）

（6）相如口吃而善著书。常有消渴病。与卓氏婚，饶于财。故其仕宦，未尝肯与公卿国家之事，常称疾闲居，不慕官爵。（《司马相如传》，2589）

（7）七十子之徒，赐最为饶，而颜渊箪食瓢饮，在于陋巷。子赣结驷连骑，束帛之币聘享诸侯，所至，国君无不分庭与之抗礼。然孔子贤颜渊而讥子赣，曰："回也其庶乎，屡空。赐不受命，而货殖焉，意则屡中。"（《货殖传》，3684）

师古曰："言于弟子之中最为富。"

(8) 窃见安汉公自初束脩，值世俗隆奢丽之时，蒙两宫厚骨肉之宠，被诸父赫赫之光，财饶势足，亡所牾意，然而折节行仁，克心履礼，拂世矫俗，确然特立；恶衣恶食，陋车驽马，妃匹无二，闺门之内，孝友之德，众莫不闻；清静乐道，温良下士，惠于故旧，笃于师友。（《王莽传》，4054）

以上8个例句中，"饶"的词义都是指富裕。

4.12.8 羡

"羡"这个词在《汉书》中出现26次，其中有2次是对他说的引用，都引的是"古人言"。《汉书》中，"羡"这个词还用作姓，或与别的字结合为双音节的专名，如"羡门"、"沙羡"。除去上述用例，《汉书》中"羡"的词义计有5个义位，它们是：(1) 爱慕；(2) 盈余；(3) 丰裕；(4) 超越；(5) 超过适当的限度。《汉书》中，与"富"、"赡"、"厚"、"实"、"给"、"足"、"饶"、"殷"具有相同或相近的义位（即构成同义关系）的"羡"的义位只有1个，即"丰裕"义。《汉书》中体现"羡"的这一义位的用例仅1例，如下：

大农上盐铁丞孔仅、咸阳言："山海，天地之臧，宜属少府，陛下弗私，以属大农佐赋。愿募民自给费，因官器作煮盐，官与牢盆。浮食奇民欲擅斡山海之货，以致富羡，役利细民。其沮事之议，不可胜听。敢私铸铁器煮盐者，釱左趾，没入其器物。郡不出铁者，置小铁官，使属在所县。"

（《食货志下》，1165—1166）

师古曰："羡，饶也。""羡"的词义指丰裕。

4.12.9 殷

"殷"这个词在《汉书》中出现 189 次，其中有 8 次是对于他书或他说的引用，它们分别见于《易经》（1 次）、《尚书》（1 次）、《诗经》（5 次）、《礼记》（1 次），还用作朝代名、古都邑名、人名等。除去上述用例，《汉书》中，"殷"的词义有 4 个义位，它们是：（1）众多；（2）丰裕、富足；（3）大；（4）情深意厚。《汉书》中，与"富"、"赡"、"厚"、"实"、"给"、"足"、"饶"、"羡"具有相同或相近的义位（即构成同义关系）的"殷"的义位只有 1 个，即"丰裕、富足"义。今将《汉书》中体现"殷"的这一义位的用例举例如下：

（1）专务以德化民，是以海内殷富，兴于礼义，断狱数百，几致刑措。（《文帝纪》，135）

（2）信臣劝民农桑，去末归本，郡以殷富。（《地理志下》，1654）

（3）偃方幸用事，因言："齐临菑十万户，市租千金，人众殷富，钜于长安，非天子亲弟爱子不得王此。今齐王于亲属益疏。"乃从容言吕太后时齐欲反，及吴楚时孝王几为乱。今闻齐王与其姊乱。于是武帝拜偃为齐相，且正其事。（《高五王传》，2000）

（4）梁孝王虽以爱亲故王膏腴之地，然会汉家隆盛，百姓殷富，故能殖其货财，广其宫室车服。然亦僭矣。怙亲亡厌，牛祸告罚，卒用忧死，悲夫！（《文三王传》，2220）

（5）神爵、五凤之间，天下殷富，数有嘉应。（《严朱吾丘主父徐严终王贾传》，2821）

(6) 其十二月羽猎，雄从。以为昔在二帝三王，宫馆台榭沼池苑囿林麓薮泽财足以奉郊庙，御宾客，充庖厨而已，不夺百姓膏腴谷土桑柘之地。女有余布，男有余粟，国家殷富，上下交足，故甘露零其庭，醴泉流其唐，凤皇巢其树，黄龙游其沼，麒麟臻其囿，神爵栖其林。（《扬雄传上》，3540）

以上6例中"殷"的词义都是指丰裕、富足。

综上所述，《汉书》中，"富"、"赡"、"厚"、"实"、"给"、"足"、"饶"、"羡"、"殷"这9个词有一个共同义位，即"丰裕、富足"义。

4.13 富、庶、厚、众、多、夥、群、丛、盛²、豐、猥、穰、缛、蕃

4.13.1 富

"富"这个词在《汉书》中还包含一个义位即"盛多"义，在这一义位上，"富"与"庶"、"厚"、"众"、"多"、"夥"、"群"、"丛"、"盛²"、"豐"、"猥"、"穰"、"缛"、"蕃"具有相同或相近的义位，即构成同义关系。今将《汉书》中体现"富"的这一义位的用例举例如下：

中国之人以亿计，地方万里，居天下之膏腴，人众车舆，万物殷富，政由一家，自天地剖判未始有也。（《郦陆朱刘叔孙传》，2112）

例句中，"富"的词义指盛多、丰富。

4.13.2　庶

"庶"这个词在《汉书》中出现 339 次,其中有 5 次是对于他书或他说的引用,它们分别见于《尚书》(4 次)、《论语》(1次)。除去上述 5 个用例,《汉书》中,"庶"的词义有 4 个义位,它们是:(1)平民;(2)众多;(3)非正妻生的孩子;宗族的旁支;(4)庶几、差不多。《汉书》中,与"富"、"厚"、"众"、"多"、"夥"、"群"、"丛"、"盛²"、"丰"、"猥"、"穰"、"缛"、"蕃"具有相同或相近的义位(即构成同义关系)的"庶"的义位只有 1 个,即"众多"义。今将《汉书》中体现"庶"的这一义位的用例举例如下:

(1)高帝拨乱诛暴,庶事草创,日不暇给,然犹修祀六国,求聘四皓,过魏则宠无忌之墓,适赵则封乐毅之后。及其行赏而授位也,爵以功为先后,官用能为次序。后嗣共己遵业,旧臣继踵居位。(《外戚恩泽侯表》,677)

(2)今海内更始,民人归本,户口岁息,平其刑辟,牧以贤良,至于家给,既庶且富,则须庠序礼乐之教化矣。(《礼乐志》,1075)
师古曰:"庶,众也。"

(3)以为神祇功德至大,虽修精微而备庶物,犹不足以报功,唯至诚为可,故上质不饰,以章天德。(《郊祀志下》,1256)

(4)唯明主躬万机,选同姓,举贤材,以为腹心,与参政谋,令公卿大臣朝见奏事,明陈其职,以考功能。如是,则庶事理,公道立,奸邪塞,私权废矣。(《萧望之传》,3273)

(5)窃闻明于即位,正五事,建大中,以承天心,则庶徵序于下，日月理于上；如人君淫溺后官，般乐游田，五事失于躬，大中之道不立，则咎徵降而六极至。（《谷永杜邺传》，3443—3444）

师古曰："庶，众也。徵，证也。"

（6）王者躬行道德，承顺天地，博爱仁恕，恩及行苇，籍税取民不过常法，官室车服不逾制度，事节财足，黎庶和睦，则卦气理效，五徵时序，百姓寿考，庶中蕃滋，符瑞并降，以昭保右。（《谷永杜邺传》，3467）

师古曰："庶，众也。中，古草字也。蕃，多也。"

以上 6 个例句中，"庶"的词义都是指众多。

4.13.3 厚

"厚"这个词在《汉书》中还包含一个义位即"众多"义，在这一义位上，"厚"与"富"、"庶"、"众"、"多"、"夥"、"群"、"丛"、"盛²"、"豐"、"猥"、"穰"、"缛"、"蕃"具有相同或相近的义位，即构成同义关系。今将《汉书》中体现"厚"的这一义位的用例举例如下：

（1）故功多者赏厚，功少者赏薄。如此，敛民财以顾其功，而民不恨者，知与而安已也。（《爰盎晁错传》，2294）

（2）身宠而载高位，家温而食厚禄，因乘富贵之资力，以与民争利于下，民安能如之哉！（《董仲舒传》，2520—2521）

（3）所以自惟：上之，不能纳忠效信，有奇策材力之誉，自结明主；次之，又不能拾遗补阙，招贤进能，显岩穴之士；外之，不能备行伍，攻城野战，有斩将搴旗之功；下之，不能累日积劳，取尊官厚禄，以为宗族交游光宠。四者无一遂，苟合取容，无所短长之效，可见于此矣。（《司马

迁传》，2727)

(4) 是故刘氏承尧之祚，氏族之世，著乎《春秋》。唐据火德，而汉绍之，始起沛泽，则神母夜号，以章赤帝之符。由是言之，帝王之祚，必有明圣显懿之德，丰功厚利积累之业，然后精诚通于神明，流泽加于生民，故能鬼神所福飨，天下所归往，未见运世无本，功德不纪，而得屈起在此位者也。(《叙传上》，4208)

以上 4 个例句中，"厚"的词义都是指众多。

4.13.4　众

"众"这个词在《汉书》中出现 701 次，其中有 6 次是对于京房《易传》的引用，除去这 6 个用例外，"众"计有 4 个义位，它们是：(1) 众人；(2) 盛多；(3) 普通；(4) 群。《汉书》中，与"富"、"庶"、"厚"、"多"、"夥"、"群"、"丛"、"盛²"、"豐"、"猥"、"穰"、"缛"、"蕃"具有相同或相近的义位（即构成同义关系）的"众"的义位只有 1 个，即"盛多"义。今将《汉书》中体现"众"的这一义位的用例举例如下：

(1) 张良谏曰："沛公虽欲急入关，秦兵尚众，距险。今不下宛，宛从后击，强秦在前，此危道也。"(《高帝纪上》，19)

(2) 三年春正月，诏曰："农，天下之本也。黄金珠玉，饥不可食，寒不可衣，以为币用，不识其终始。间岁或不登，意为末者众，农民寡也。其令郡国务劝农桑，益种树，可得衣食物。吏发民若取庸采黄金珠玉者，坐臧为盗。二千石听者，与同罪。"(《景帝纪》，152—153)

(3) 四年春正月，诏曰："夫《洪范》八政，以食为首，斯诚家给刑错之本也。先帝劝农，薄其租税，宠其强力，令与孝弟同科。间者，民弥惰怠，乡本者少，趋末者众，将何以矫之？方东作时，其令二千石勉劝农桑，出入阡陌，致劳来之。《书》不云乎？'服田力啬，乃亦有秋。'其勖之哉！"（《成帝纪》，314）

（4）故婚姻之礼废，则夫妇之道苦，而淫辟之罪多；乡饮之礼废，则长幼之序乱，而争斗之狱蕃；丧祭之礼废，则骨肉之恩薄，而背死忘先者众；朝聘之礼废，则君臣之位失，而侵陵之渐起。（《礼乐志》，1028）

师古曰："蕃亦多也。"

（5）初，大农斡盐铁官布多，置水衡，欲以主盐铁。及杨可告缗，上林财物众，乃令水衡主上林。上林既充满，益广。（《食货志下》，1170）

（6）楚兵常胜，功冠诸侯安，诸侯兵皆服属楚者，以布数以少败众也。（《韩彭英卢吴传》，1882）

（7）由此观之，和气致祥，乖气致异；祥多者其国安，异众者其国危，天地之常经，古今之通义也。（《楚元王传》，1941）

（8）间者灾变不息，盗贼众多，兵革之征，或颇著见。未闻将军恻然深以为意，简练戎士，缮修干戈。（《蒯伍江息夫传》，2185）

（9）信并兼之法，遂进取之业，天下大败；众掩寡，智欺愚，勇威怯，壮陵衰，其乱至矣。是以大贤起之，威震海内，德从天下。（《贾谊传》，2244）

（10）主上有败，则因而挺之矣；主上有患，则吾苟免而已，立而观之耳；有便吾身者，则欺卖而利之耳。人主将何便于此？群下至众，而主上至少也，所托财器职业者粹于群下也。俱亡耻，俱苟妄，则主上最病。（《贾谊传》，2257）

（11）天下至大，万事至众，祖业至重，诚不可以佚豫为，不可以奢泰持也。唯陛下忍无益之欲，以全众庶之命。（《杜周传》，2672）

（12）莽拜将军九人，皆以虎为号，号曰"九虎"，将北军精兵数万人东，内其妻子宫中以为质。时省中黄金万斤者为一匮，尚有六十匮，黄门、钩盾、臧府、中尚方处处各有数匮。长乐御府、中御府及都内、平准帑藏钱帛珠玉财物甚众，莽愈爱之，赐九虎士人四千钱。（《王莽传下》，4188）

以上 12 个例句中，"众"的词义都是指盛多。

4.13.5 多

"多"这个词在《汉书》中出现 793 次，其中有 14 次是对于他书或他说的引用，它们分别见于《易经》（1 次）、《周书》（1 次）、《左氏传》（1 次）、《诗经》（10 次）、《论语》（1 次）。除去上述 14 个用例，《汉书》中，"多"的词义计有 4 个义位，它们是：（1）众多；（2）重视；（3）称赞、赞美；（4）超过。《汉书》中，与"富"、"庶"、"厚"、"众"、"夥"、"群"、"丛"、"盛^2"、"豐"、"猥"、"穰"、"缛"、"蕃"具有相同或相近的义位（即构成同义关系）的"多"的义位只有 1 个，即"众多"义。今将《汉书》中体现"多"的这一义位的用例举例如下：

（1）故婚姻之礼废，则夫妇之道苦，而淫辟之罪多；乡饮之礼废，则长幼之序乱，而争斗之狱蕃；丧祭之礼废，则骨肉之恩薄，而背死忘先者众；朝聘之礼废，则君臣之位失，而侵陵之渐起。（《礼乐志》，1028）

（2）至元帝初立，乃下诏曰："夫法令者，所以抑暴扶弱，欲其难犯而易避也。今律令烦多而不约，自典文者不能分明，而欲罗元元之不逮，斯岂刑中之意哉！其议律令可蠲

除轻减者，条奏，唯在便安万姓而已。"（《刑法志》，1103）

（3）自孝文更造四铢钱，至是岁四十余年，从建元以来，用少，县官往往即多铜山而铸钱，民亦盗铸，不可胜数。钱益多而轻，物益少而贵。（《食货志下》，1163）

（4）群臣知上欲王绾，皆曰："太尉长安侯卢绾常从平定天下，功最多，可王。"上乃立绾为燕王。诸侯得幸莫如燕王者。绾立六年，以陈狶事见疑而败。（《韩彭英卢吴传》，1891）

（5）其行赏也，非虚取民财妄予人也，以劝天下之忠孝而明其功也。故功多者赏厚，功少者赏薄。如此，敛民财以顾其功，而民不恨者，知与而安己也。（《爰盎晁错传》，2294）

（6）陛下左侧谗人众多，如是青蝇恶矣。宜进先帝大臣子孙亲近以为左右。如不忍昌邑故人，信用谗谀，必有凶咎。（《武五子传》，2766）

（7）第中鼠暴多，与人相触，以尾画地。（《霍光金日磾传》，2956）

（8）前军到降同阪，先遣校尉在前与羌争地利，又别遣校尉救民于广阳谷。羌虏盛多，皆为所破，杀两校尉。（《冯奉世传》，3298）

（9）霸以外宽内明得吏民心，户口岁增，治为天下第一。征守京兆尹，秩二千石。坐发民治驰道不先以闻，又发骑士诣北军马不适士，劾乏军兴，连贬秩。有诏归颍川太守官，以八百石居治如其前。前后八年，郡中愈治。是时凤皇神爵数集郡国，颍川尤多。（《循吏传》3631）

以上9个例句中，"多"的词义都是指众多。

4.13.6 夥

"夥"这个词在《汉书》中出现 4 次，共 2 个例句。"夥"只有 1 个义位，即"众多"义，在这一义位上，"夥"与"富"、"庶"、"厚"、"众"、"多"、"群"、"丛"、"盛²"、"豊"、"猥"、"穰"、"缛"、"蕃"具有相同或相近的义位（即构成同义关系）。今将《汉书》中"夥"的用例列举如下：

（1）陈胜王凡六月。初为王，其故人尝与佣耕者闻之，乃之陈，叩宫门曰："吾欲见涉。"宫门令欲缚之。自辩数，乃置，不肯为通。胜出，遮道而呼涉。乃召见，载与归。入宫，见殿屋帷帐，客曰："夥，涉之为王沈沈者！"楚人谓多为夥，故天下传之，"夥涉为王"，由陈涉始。（《陈胜项籍传》，1794—1795）

（2）鱼鳖讙声，万物众夥。明月珠子，的皪江靡，蜀石黄碝，水玉磊砢，磷磷烂烂，采色澔汗，丛积乎其中。（《司马相如传上》，2548）

师古曰："夥，多也。"

《方言》卷一："凡物盛多谓之寇，齐、宋之郊，楚、魏之际曰夥。"① "夥"是个方言词，《汉书》中"夥"的两个用例或是出自于楚人语，或是齐、楚人语。两例中"夥"的词义都是指众多。

4.13.7 群

"群"这个词在《汉书》中出现 461 次，其中有 2 次是对于他书的引用，它们分别见于《易经》（1 次）、《诗经》（1 次）。除

---

① 钱绎：《方言笺疏》，李发舜、黄建中点校，中华书局 1991 年版，第 43 页。

去上述 2 个用例,《汉书》中"群"这个词计有 4 个义位,它们是:(1)朋辈;(2)种类;(3)众多;(4)众人、百姓。《汉书》中,与"富"、"庶"、"厚"、"众"、"多"、"夥"、"丛"、"盛²"、"豐"、"猥"、"穰"、"缛"、"蕃"具有相同或相近的义位(即构成同义关系)的"群"的义位只有 1 个,即"众多"义。今将《汉书》中体现"群"的这一义位的用例举例如下:

(1)夏四月,凤皇集鲁郡,群鸟从之。大赦天下。(《宣帝纪》,247)

(2)臣闻三代所以丧亡者,皆繇妇人群小,湛湎于酒。(《五行志下之下》,1511)

(3)夫举吴兵以訾于汉,譬犹蝇蚋之附群牛,腐肉之齿利剑,锋接必无事矣。(《贾邹枚路传》,2362)

(4)皇后其刻心秉德,毋违先后之制度,力谊勉行,称顺妇道,减省群事,谦约为右,其孝东宫,毋厥朔望,推诚永究,爰何不臧!(《外戚传下》,3981)

(5)奉承太后圣诏,宣之于下,不能得什一;受群贤之筹画,而上以闻,不得能什伍。(《王莽传上》,4071)

以上 5 个例句中,"群"的词义都是指众多。

4. 13. 8 丛

"丛"这个词在《汉书》中出现 19 次,其中有 3 次指地名,如丛台;1 次用作书名。其余计有 4 个义位,它们是:(1)草木密集生的;(2)聚集;(3)泛指聚集在一起的人或物;(4)众多。《汉书》中,与"富"、"庶"、"厚"、"众"、"多"、"夥"、"群"、"盛²"、"豐"、"猥"、"穰"、"缛"、"蕃"具有相同或相近的义位(即构成同义关系)的"丛"的义位只有 1 个,即"众多"义。《汉书》中体现"丛"的这一义位的用例仅有 1 例:

张汤以知阿邑人主，与俱上下，时辩当否，国家赖其便。赵禹据法守正。杜周从谀，以少言为重。张汤死后，罔密事丛，以浸耗废，九卿奉职，救过不给，何暇论绳墨之外乎！（《酷吏传》，3676）

师古曰："丛谓众也。""丛"的词义指众多。

4.13.9　盛²

"盛"在《汉书》中出现 341 次，记录了两个词，一个是是征切，指"放在祭器里的谷物"及其引申义的"盛放"等，我们标记为"盛¹"；一个是承政切，表示"兴盛"义及其引申义的"盛大"、"众多"等，我们标记为"盛²"。本论文只考察"盛²"。

《汉书》中，"盛²"这个词计有 10 个义位，它们是：（1）兴盛；（2）众多；（3）盛大；（4）草木茂盛；（5）深厚；（6）华美；（7）盛行；（8）壮、强大；（9）显赫；（10）盛满。《汉书》中，与"富"、"庶"、"厚"、"众"、"多"、"夥"、"群"、"丛"、"豐"、"猥"、"穰"、"缛"、"蕃"具有相同或相近的义位（即构成同义关系）的"盛²"的义位只有 1 个，即"众多"义。今将《汉书》中体现"盛²"的这一义位的用例举例如下：

（1）宫室苑囿府库之臧已侈，百姓訾富虽不及文景，然天下户口最盛矣。（《食货志上》，1143）

（2）闻禹治河时，本空此地，以为水猥，盛则放溢，少稍自索，虽时易处，犹不能离此。（《沟洫志》，1696）

（3）时平帝幼，外家卫氏不得在京师，而护羌校尉通长子次兄素与帝从舅卫子伯相善，两人俱游侠，宾客甚盛。及吕宽事起，莽诛卫氏。（《赵充国辛庆忌传》），2998）

（4）前军到降同阪，先遣校尉在前与羌争地利，又别遣校尉救民于广阳谷。羌虏盛多，皆为所破，杀两校尉。

（《冯奉世传》，3298）

（5）明年，汉遣车骑都尉韩昌、光禄大夫张猛送呼韩邪单于侍子，求问吉等，因赦其罪，勿令自疑。昌、猛见单于民众益盛，塞下禽兽尽，单于足以自卫，不畏郅支。闻其大臣多劝单于北归者，恐北去后难约束，昌、猛即与为盟约。（《匈奴传下》，3801）

（6）汉元封中，遣江都王建女细君为公主，以妻焉。赐乘舆服御物，为备官属宦官侍御数百人，赠送甚盛。乌孙昆莫以为右夫人。（《西域传下》，3903）

以上 6 个例句中，"盛"的词义都是指众多。

4.13.10 豐

"豐"这个词在《汉书》中出现 115 次，其中有 1 次是对于京房《易传》的引用，还有被用作地名、人名以及卦名的。除去这些用例，《汉书》中，"豐"这个词计有 4 个义位，它们是：（1）大；（2）茂盛；（3）丰收；（4）众多。《汉书》中，与"富"、"庶"、"厚"、"众"、"多"、"夥"、"群"、"丛"、"盛²"、"猥"、"穰"、"缛"、"蕃"具有相同或相近的义位（即构成同义关系）的"豐"的有关义位有 2 个：（1）众多；（2）丰收。今将《汉书》中体现"豐"的这 2 个义位的用例举例如下：

1. "豐"的词义是指众多、丰富。

（1）民知争端矣，将弃礼而征于书。锥刀之末，将尽争之，乱狱滋豐，货赂并行。终子之世，郑其败乎！（《刑法志》，1093）

（2）"东邻杀牛，不如西邻之瀹祭"，言奉天之道，贵以诚质大得民心也。行秽祀豐，犹不蒙祐；德修荐薄，吉必大来。（《郊祀志下》，1262）

2. "豐"的词义是指丰收。

(1) 秋九月, 诏曰: "仁不异远, 义不辞难, 今京师虽未为豐年, 山林、池泽之饶与民共之。今水潦移于江南, 迫隆冬至, 朕惧其饥寒不活。江南之地, 火耕水耨, 方下巴、蜀之粟致之江陵, 遣博士中等分循行, 谕告所抵, 无令重困。吏民有振救饥民免其厄者, 具举以闻。"(《武帝纪》, 182)

(2) 天子曰: "间者河溢, 岁数不登, 故巡祭后土, 祈为百姓育谷。今年豐楙未报, 鼎曷为出哉?"(《郊祀志上》, 1225)

(3) 凡五星, 岁, 缓则不行, 急则过分, 逆则占。荧惑, 缓则不出, 急则不入, 违道则占。填, 缓则不建, 急则过舍, 逆则占。太白, 缓则不出, 急则不入, 逆则占。辰, 缓则不出, 急则不入, 非时则占。五星不失行, 则年谷豐昌。(《天文志》, 1287)

(4) 勤身极思, 忧劳未绥, 故国奢则视之以俭, 矫枉者过其正, 而朕不身帅, 将谓天下何! 夙夜梦想, 五谷豐熟, 百姓家给, 比皇帝加元服, 委政而授焉。(《王莽传上》, 4050)

4.13.11 猥

"猥"这个词在《汉书》中出现 17 次, 计有 5 个义位, 它们是: (1) 积聚; (2) 茂盛; (3) 苟且; (4) 曲; (5) 多。《汉书》中, 与"富"、"庶"、"厚"、"众"、"多"、"夥"、"群"、"丛"、"盛^2"、"豐"、"穰"、"缛"、"蕃"具有相同或相近的义位(即构成同义关系)的"猥"的义位只有 1 个, 即"众多"义。《汉书》中体现"猥"的这一义位的用例如下:

(1) 闻禹治河时，本空此地，以为水猥，盛则放溢，少稍自索，虽时易处，犹不能离此。(《沟洫志》，1696)

师古曰："猥，多也。"

(2) 严尤奏言："貉人犯法，不从驺起，正有它心，宜令州郡且尉安之。今猥被以大罪，恐其遂畔，夫餘之属必有和者。匈奴未克，夫餘、秽貉复起，此大忧也。"(《王莽传中》，4130)

师古曰："猥，多也，厚也。被，加也。"

4.13.12 穰

"穰"这个字在《汉书》中出现 26 次，其中有 2 次是对于《诗经》的引用，还有用作人名、地名的。除去上述用例，《汉书》中"穰"这个字记录了 2 个词：一个是"禾谷丰收"义的"穰"，读汝阳切，平声，我们标记为"穰¹"；一个是"众多"义的"穰²"，读如两切，上声，我们标记为"穰²"。

《汉书》中，"穰²"在"众多"这一义位上，与"富"、"庶"、"厚"、"众"、"多"、"夥"、"群"、"丛"、"盛²"、"豐"、"猥"、"緟"、"蕃"构成同义关系；"穰¹"在"禾谷丰收"这一义位上，与"豐"构成同义关系。今将《汉书》中体现"穰¹"和"穰²"的这 2 个义位的用例举例如下：

1. "穰²"的词义是指众多。

(1) 京兆典京师，长安中浩穰，于三辅尤为剧。郡国二千石以高弟入守，及为真，久者不过二三年，近者数月一岁，辄毁伤失名，以罪过罢。唯广汉及敞为久任职。(《赵尹韩张两王传》，3222)

师古曰："浩，大也。穰，盛也。言人众之多也。"

(2) 炎感黄龙兮，熛讹硕麟，选巫咸兮叫帝阍，开天庭

兮延群神。俟暗蔼兮降清坛，瑞穰穰兮委如山。(《扬雄传上》，3532)

师古曰："穰穰，多也。"

2. "穰¹"的词义是指禾谷丰收。

(1) 世之有饥穰，天之行也，禹、汤被之矣。(《食货志上》，1129)

师古曰："穰，豐也，音人常反。"

(2) 宣帝即位，用吏多选贤良，百姓安土，岁数丰穰，谷至石五钱，农人少利。(《食货志上》，1141)

(3) 《周礼》膳羞百有二十品，今诸侯各食其同、国、则；辟、任、附城食其邑；公、卿、大夫、元士食其采。多少之差，咸有条品。岁丰穰则充其礼，有灾害则有所损，与百姓同忧喜也。(《王莽传中》，4142)

4.13.13 缛

"缛"这个词在《汉书》中出现 1 次，词义指繁多，在这一义位上，与"富"、"庶"、"厚"、"众"、"多"、"夥"、"群"、"丛"、"盛²"、"豐"、"猥"、"穰"、"蕃"具有相同或相近的义位(即构成同义关系)。《汉书》中"缛"的这一义位的用例为：

崔发、张邯说莽曰："德盛者文缛，宜崇其制度，宣视海内，且令万世之后无以复加也。"(《王莽传下》，4161—4162)

师古曰："文，礼文也。缛，繁也，音辱。""缛"的词义指繁多。

4.13.14 蕃

"蕃"这个词在《汉书》中出现 47 次，有 1 次是对于《尚书》的引用，还有用作地名的。除去上述用例，《汉书》中"蕃"这个词计有2个义位，它们是：（1）众多；（2）滋生、繁殖。《汉书》中，与"富"、"庶"、"厚"、"众"、"多"、"夥"、"群"、"丛"、"盛²"、"豐"、"猥"、"穰"具有相同或相近的义位（即构成同义关系）的"蕃"的义位只有1个，即"众多"义。今将《汉书》中体现"蕃"的这一义位的用例举例如下：

（1）夫度田非益寡，而计民未加益，以口量地，其于古犹有余，而食之甚不足者，其咎安在？无乃百姓之从事于末以害农者蕃，为酒醪以靡谷者多，六畜之食焉者众与？细大之义，吾未能得其中。（《文帝纪》，128）

师古曰："蕃亦多也。音扶元反。"

（2）故婚姻之礼废，则夫妇之道苦，而淫辟之罪多；乡饮之礼废，则长幼之序乱，而争斗之狱蕃；丧祭之礼废，则骨肉之恩薄，而背死忘先者众；朝聘之礼废，则君臣之位失，而侵陵之渐起。（《礼乐志》，1028）

师古曰："蕃亦多也。音扶元反。他皆类此。"

（3）云风雷电，降甘露雨，百姓蕃滋，咸循厥绪。（《礼乐志》，1057）

师古曰："蕃，多也。滋，益也。"

（4）原狱刑所以蕃若此者，礼教不立，刑法不明，民多贫穷，豪杰务私，奸不辄得，狱犴不平之所致也。《书》云"伯夷降典，哲民惟刑"，言制礼以止刑，犹隄之防溢水也。今隄防凌迟，礼制未立；死刑过制，生刑易犯；饥寒并至，穷斯滥溢；豪杰擅私，为之囊橐，奸有所隐，则狃而浸广：此刑之所以蕃也。（《刑法志》，1109）

（5）是以网密而奸不塞，刑蕃而民愈嫚。（《刑法志》，1112）

师古曰："蕃，多也。音扶元反。"

（6）今农事弃捐而采铜者日蕃，释其耒耨，冶熔炊炭；奸钱日多，五谷不为多。（《食货志下》，1155）

师古曰："蕃，多也。音扶元反。其下亦同。"

（7）孝武皇帝大圣通明，始建上下之祀，营泰畤于甘泉，定后土于汾阴，而神祇安之，飨国长久，子孙蕃滋，累世遵业，福流于今。（《郊祀志下》，1259）

师古曰："蕃音扶元反。"

（8）盖闻上古至治，画衣冠，异章服，而民不犯；阴阳和，五谷登，六畜蕃，甘露降，风雨时，嘉禾兴，朱中生，山不童，泽不涸；麟凤在郊薮，龟龙游于沼，河洛出图书；父不丧子，兄不哭弟；北发渠搜，南抚交阯，舟车所至，人迹所及，跂行喙息，咸得其宜。（《公孙弘卜式儿宽传》，2613—2614）

师古曰："蕃，多也。音扶元反。"

（9）心既和平，其性恬安。恬安不营，则盗贼销，盗贼销，则刑罚少；刑罚少，则阴阳和，四时正，风雨时，草木畅茂，五谷蕃孰，六畜遂字，民不夭厉，和之至也。（《严朱吾丘主父徐严终王贾传》，2809—2810）

师古曰："蕃，多也。遂，成也。字，生也。蕃音扶元反。"

以上9个例句中，"蕃"的词义都是指众多。

综上所述，《汉书》中，"富"、"庶"、"厚"、"众"、"多"、"夥"、"群"、"丛"、"盛²"、"豐"、"猥"、"穰²"、"繇"、"蕃"这14个词有1个共同义位，即"众多"义；另外，"豐"、"穰¹"这2个词还有1个共同义位，即"丰收"义。

4.14 奢、侈、泰、靡¹

4.14.1 奢

"奢"这个词在《汉书》中出现 97 次，其中有 2 次是对于《论语》的引用，还有与别的字组合为专名，用作人名 6 次，地名 1 次。除去上述用例，《汉书》中，"奢"的词义计有 3 个义位：（1）奢侈（86 次）；（2）夸张（1 次）；（3）大、多（1 次）。《汉书》中，与"侈"、"泰"、"靡¹"的词义相同或相近（即构成同义关系）的"奢"的义位只有 1 个，即"奢侈"义。今将《汉书》中体现"奢"的这一义位的用例举例如下：

（1）方今世俗奢僭罔极，靡有厌足。公卿列侯亲属近臣，四方所则，未闻修身遵礼，同心忧国者也。或乃奢侈逸豫，务广第宅，治园池，多畜奴婢，被服绮縠，设钟鼓，备女乐，车服嫁娶葬埋过制。（《成帝纪》，324—325）

（2）惟世俗奢泰文巧，而郑、卫之声兴。（《礼乐志》，1072—1073）

（3）及秦所以二世而亡者，养生大奢，奉终大厚。（《五行志》，1511）

（4）亲耕节用，视民不奢。（《爰盎晁错传》，2297）

（5）上为淫侈如此，而欲使民独不奢侈失农，事之难者也。（《东方朔传》，2858）

（6）庆忌居处恭俭，食饮被服尤节约，然性好舆马，号为鲜明，唯是为奢。（《赵充国辛庆忌传》，2997）

（7）制度泰奢，刑罚泰深，赋敛泰重，宜以俭约先下。（《王贡两龚鲍传》，3081）

（8）遂见齐俗奢侈，好末技，不田作，乃躬率以俭约，劝民务农桑，令口种一树榆，百本薤、五十本葱、一畦韭，家二母彘、五鸡。（《循吏传》，3640）

（9）窃见安汉公自初束脩，值世俗隆奢丽之时，蒙两宫厚骨肉之宠，被诸父赫赫之光，财饶势足，亡所恔意，然而折节行仁，克心履礼，拂世矫俗，确然特立；恶衣恶食，陋车驽马，妃匹无二，闺门之内，孝友之德，众莫不闻；清静乐道，温良下士，惠于故旧，笃于师友。（《王莽传》，4054）

以上 9 个例句中，"奢"的词义都是指奢侈、挥霍无度。

4.14.2　侈

"侈"这个词在《汉书》中出现 61 次，除用作人名外，其词义计有 7 个义位，它们是：（1）过分；（2）奢侈；（3）大、广；（4）奢华；（5）放纵；（6）夸耀；（7）张大。《汉书》中，与"奢"、"泰"、"靡[1]"的词义相同或相近（即构成同义关系）的"侈"的义位只有 1 个，即"奢侈"义。今将《汉书》中体现"侈"的这一义位的用例举例如下：

（1）是时，郑声尤甚。黄门名倡丙强、景武之属富显于世，贵戚五侯定陵、富平外戚之家淫侈过度，至与人主争女乐。（《礼乐志》，1072）

（2）宾出，汝南语知伯曰："二子皆将不免！子容专，司徒侈，皆亡家之主也。专则速及，侈将以其力毙，专则人实毙之，将及矣。"（《五行志》，1379—1380）

师古曰："专，自是也。侈，奢泰。"

（3）又郡国辐凑，浮食者多，民去本就末，列侯贵人车服僭上，众庶放效，羞不相及，嫁娶尤崇侈靡，送死过度。（《地理志下》，1642—1643）

(4) 富者奢侈羡溢，贫者穷急愁苦；穷急愁苦而上不救，则民不乐生；民不乐生，尚不避死，安能避罪！此刑罚之所以蕃而奸邪不可胜者也。(《董仲舒传》，2521)

(5) 且臣闻管仲相齐，有三归，侈拟于君，桓公以霸，亦上僭于君。(《公孙弘卜式兒宽传》，2620)

(6) 今天下人民用财侈靡，车马衣裘宫室皆竞修饰，调五声使有节族，杂五色使有文章，重五味方丈于前，以观欲天下。彼民之情，见美则愿之，是教民以侈也。侈而无节，则不可赡，民离本而徼末矣。(《严朱吾丘主父徐严终王贾传》，2809)

(7) 陛下富于春秋，方积思于《六经》，留神于王事，驰骛于唐虞，折节于三代，偃不遵经劝学，反以靡丽为右，奢侈为务，尽狗马之乐，极耳目之欲，行邪枉之道，径淫辟之路，是乃国家之大贼，人主之大蜮。(《东方朔传》，2856)

(8) 今陛下以城中为小，图起建章，左凤阙，右神明，号称千门万户；木土衣绮绣，狗马被缋罽；宫人簪玳瑁，垂珠玑；设戏车，教驰逐，饰文采，丛珍怪；撞万石之钟，击雷霆之鼓，作俳优，舞郑女。上为淫侈如此，而欲使民独不奢侈失农，事之难者也。(《东方朔传》，2858)

(9) 其治放严延年，其廉不如。所居调发属县所出食物以自奉养，奢侈玉食。(《公孙刘田王杨蔡陈郑传》，2901)

(10) 莽群兄弟皆将军五侯子，乘时侈靡，以舆马声色佚游相高，莽独孤贫，因折节为恭俭。(《王莽传》，4039)

以上 10 个例句中，"侈"的词义都是指奢侈、浪费。

4.14.3 泰

"泰"这个词在《汉书》中出现 228 次，其中多用作山名、祭地名，还用作历法、古酒樽名、六十四卦之一（卦名）、州名、县名、官名（如"泰常"）等。除去上述用例，《汉书》中，"泰"这个词的词义有6个义位：（1）奢侈；（2）极大，后作"太"；（3）通达、通畅；（4）美好；（5）骄纵、傲慢；（6）安定。《汉书》中，与"奢"、"侈"、"靡[1]"的词义相同或相近（即构成同义关系）的"泰"的义位只有1个，即"奢侈"义。今将《汉书》中体现"泰"的这一义位的用例列举如下：

（1）先是文惠王初都咸阳，广大宫室，南临渭，北临泾，思心失，逆土气。足者止也，戒秦建止奢泰，将致危亡。秦遂不改，至于离宫三百，复起阿房，未成而亡。（《五行志》，1447）

如淳曰："建立基止。奢，泰奢。"

（2）唯陛下正后妾，抑女宠，防奢泰，去佚游，躬节俭，亲万事，数御安车，由辇道，亲二宫之饔膳，致晨昏之定省。（《杜周传》，2672）

（3）天下至大，万事至众，祖业至重，诚不可以佚豫为，不可以奢泰持也。唯陛下忍无益之欲，以全众庶之命。臣钦愚戆，言不足采。"（《杜周传》，2672）

（4）武帝虽有攘四夷广土斥境之功，然多杀士众，竭民财力，奢泰亡度，天下虚耗，百姓流离，物故者半。（《眭两夏侯京翼李传》，3156）

（5）又宫室苑囿，奢泰难供，以故民困国虚，亡累年之畜。（《眭两夏侯京翼李传》，3175）

以上5个例句中，"泰"的词义都是指奢侈。

4.14.4 靡[1]

"靡"这个字在《汉书》中出现199次，有与别的字组合为专名用作邑名、人名和名号（如"脩靡夫人"）的。《汉书》中，"靡"这个字记录了 2 个词：一个是"倒下"义及其相关义的"靡"，我们标记为"靡¹"；一个是通"无"的"靡"，我们标记为"靡²"。本论文只讨论"靡¹"。

《汉书》中，"靡¹"这个词的词义计有个 3 义位，它们是：（1）分散；（2）奢侈；（3）磨损。《汉书》中，与"奢"、"侈"、"泰"词义相同或相近（即构成同义关系）的"靡¹"的义位只有 1 个，即"浪费、奢侈"义，今将《汉书》中体现"靡¹"的这一义位的用例举例如下：

（1）又郡国辐凑，浮食者多，民去本就末，列侯贵人车服僭上，众庶放效，羞不相及，嫁娶尤崇侈靡，送死过度。（《地理志下》，1642—1643）

（2）太原、上党又多晋公族子孙，以诈力相倾，矜夸功名，报仇过直，嫁取送死奢靡。（《地理志下》，1656）

（3）今足下不称楚王之德厚，而盛推云梦以为骄，奢言淫乐而显侈靡，窃为足下不取也。（《司马相如传》，2545）

（4）今天下人民用财侈靡，车马衣裘宫室皆竞修饰，调五声使有节族，杂五色使有文章，重五味方丈于前，以观欲天下。（《严朱吾丘主父徐严终王贾传下》，2809）

（5）今天下俗贪财贱义，好声色，上侈靡，廉耻之节薄，淫辟之意纵，纲纪失序，疏者逾内，亲戚之恩薄，婚姻之党隆，苟合侥幸，以身设利。不改其原，虽岁赦之，刑犹难使错而不用也。（《匡张孔马传》，3333）

（6）禁止嫁娶送终奢靡，务出于俭约。（《循吏传》，3642）

以上 6 个例句中，"靡"的词义都是指浪费、奢侈。

综上所述，《汉书》中，"奢"、"侈"、"泰"、"靡¹"只有 1

个共同义位，即"奢侈、浪费"义。

4.15 嬴、瘦、瘠、臞

4.15.1 嬴

"嬴"这个词在《汉书》中出现 11 次，其中有 1 次是与别的字组合用作地名的，除去这一用例，《汉书》中"嬴"这个词的词义主要有 4 个义位，它们是：（1）瘦弱；（2）贫困；（3）劣弱；（4）粗恶、破旧。《汉书》中，与"瘦"、"瘠"、"臞"的词义相同或相近（即构成同义关系）的"嬴"的义位只有 1 个，即"瘦弱"义。今将《汉书》中体现"嬴"的这一义位的用例举例如下：

（1）至晋阳，闻信与匈奴欲击汉，上大怒，使人使匈奴。匈奴匿其壮士肥牛马，徒见其老弱及嬴畜。使者十辈来，皆言匈奴易击。上使刘敬复往使匈奴，还报曰："两国相击，此宜夸矜见所长。今臣往，徒见嬴瘠老弱，此必欲见短，伏奇兵以争利。愚以为匈奴不可击也。"（《郦陆朱刘叔孙传》，2121）

（2）今虏朝夕为寇，土地寒苦，汉马不能冬，屯兵在武威、张掖、酒泉万骑以上，皆多嬴瘦。（《赵充国辛庆忌传》，2977）

（3）高帝自将兵往击之。会冬大寒雨雪，卒之堕指者十二三，于是冒顿阳败走，诱汉兵。汉兵逐击冒顿，冒顿匿其精兵，见其嬴弱，于是汉悉兵，多步兵，三十二万，北逐之。（《匈奴传上》，3753）

（4）汉军破城，食至多，然士自载不足以竟师，强者尽

食畜产，羸者道死数千人。(《西域传》，3913)

以上 4 个例句中，"羸"的词义都是指瘦弱。

4.15.2 瘦

"瘦"这个词在《汉书》中出现 7 次，其中有 1 次是与别的字组合用作人名的："细沈瘦"。除去这一用例，《汉书》中"瘦"这个词的词义只有 1 个义位，即"瘦弱"义。在这一义位上，"瘦"与"羸"、"瘠"、"臞"构成同义关系。今将《汉书》中体现"瘦"的这一义位的用例举例如下：

(1) 庆，则子也。蒉，子寿成嗣，坐为太常牺牲瘦免。(《萧何曹参传》，2013)

(2) 后岁余，禹谋反，夷宗族，安世素小心畏忌，已内忧矣。其女孙敬为霍氏外属妇，当相坐，安世瘦惧，形于颜色，上怪而怜之，以问左右，乃赦敬，以尉其意。(《张汤传》，2649)

(3) 从今尽三月，虏马羸瘦，必不敢捐其妻子于他种中，远涉河山而来为寇。(《赵充国辛庆忌传》，2990)

(4) 上奇其材力，迁未央厩令。上尝体不安，及愈，见马，马多瘦，上大怒："令以我不复见马邪!"(《外戚传上》，3957)

(5) 后上朝东宫，太后泣曰："帝间颜色瘦黑，班侍中本大将军所举，宜宠异之，益求其比，以辅圣德。宜遣富平侯且就国。"上曰："诺。"(《叙传上》，4202)

以上 5 个例句中，"瘦"的词义都是指瘦弱。

4.15.3 瘠

"瘠"这个词在《汉书》中有 2 个用例：

（1）圣王在上而民不冻饥者，非能耕而食之，织而衣之也，为开其资财之道也。故尧、禹有九年之水，汤有七年之旱，而国亡捐瘠者，以畜积多而备先具也。（《食货志上》，1130）

孟康曰："肉腐为瘠。"苏林曰："瘠音渍。"师古曰："瘠，瘦病也。言无相弃捐而瘦病者耳。不当音渍也。"

（2）至晋阳，闻信与匈奴欲击汉，上大怒，使人使匈奴。匈奴匿其壮士肥牛马，徒见其老弱及羸畜。使者十辈来，皆言匈奴易击。上使刘敬复往使匈奴，还报曰："两国相击，此宜夸矜见所长。今臣往，徒见羸胔老弱，此必欲见短，伏奇兵以争利。愚以为匈奴不可击也。"（《郦陆朱刘叔孙传》，2121）

师古曰："胔音渍，谓（见）（死）者之肉也。一说胔读曰瘠。瘠，瘦也。"

"瘠"这个词的词义是指瘦弱。在这一义位上，"瘠"与"羸"、"瘦"、"臞"构成同义关系。

4.15.4　臞

"臞"这个词在《汉书》中仅有1个用例：

相如以为列仙之儒居山泽间，形容甚臞，此非帝王之仙意也，乃遂奏《大人赋》。（《司马相如传下》，2592）

师古曰："臞，瘠也。"

例句中，"臞"这个词的词义是指瘦弱。在这一义位上，"臞"与"羸"、"瘦"、"瘠"构成同义关系。

<u>综上所述，《汉书》中，"羸"、"瘦"、"瘠"、"臞"这4个词有1个共同义位，即"瘦弱"义。</u>

4.16 怯、懦(愞)、弱、软(耎)、耎(荏)、脃

4.16.1 怯

"怯"这个词在《汉书》中出现21次,其词义有1个义位,即"怯懦、怯弱"义,与"懦(愞)"、"弱"、"软(耎)"、"耎(荏)"、"脃"构成同义关系。今将《汉书》中体现"怯"的这一义位的用例举例如下:

(1)捎云精白者,其将悍,其士怯。(《天文志》,1297)

(2)淮阴少年又侮信曰:"虽长大,好带刀剑,怯耳。"众辱信曰:"能死,刺我;不能,出跨下。"于是信孰视,俛出跨下。一市皆笑信,以为怯。(《韩彭英卢吴传》,1861)

(3)范阳令宜整顿其士卒以守战者也,怯而畏死,贪而好富贵,故欲以其城先下君。(《蒯伍江息夫传》,2159)

(4)今仆不幸,蚤失二亲,无兄弟之亲,独身孤立,少卿视仆于妻子何如哉?且勇者不必死节,怯夫慕义,何处不勉焉!仆虽怯耎欲苟活,亦颇识去就之分矣,何至自湛溺累绁之辱哉!(《司马迁传》,2733)

(5)故天下之士云合归汉,争进奇异,知者竭其策,愚者尽其虑,勇士极其节,怯夫勉其死。合天下之知,并天下之威,是以举秦如鸿毛,取楚若拾遗,此高祖所以亡敌于天下也。(《杨胡朱梅云传》,2917—2918)

(6)天下被饥馑,士马羸耗,守战之备久废不简,夷狄皆有轻边吏之心,而羌首难。今以万人分屯数外,虏见兵少,必不畏惧,战则挫兵病师,守则百姓不救。如此,怯弱之形见,羌人乘利,诸种并和,相扇而起,臣恐中国之役不

得止于四万，非财币所能解也。（《冯奉世传》，3296）

以上 6 个例句中，"怯"的词义都是指怯懦、怯弱。

4.16.2　懦（愞）

《汉书》中，"懦"这个词出现 4 次，其中 1 次是对于《孟子》一书的引用。除去这一用例，《汉书》中"懦"这个词的词义有 2 个义位，它们是：（1）怯懦；（2）柔弱。《汉书》中，与"怯"、"弱"、"软（耎）"、"桀（茬）"、"脆"的词义相同或相近（即构成同义关系）的"懦"的义位只有 1 个，即"怯懦"义。今将《汉书》中体现"懦"的这一义位的用例举例如下：

（1）明年秋，馀善闻楼船请诛之，汉兵留境，且往，乃遂发兵距汉道，号将军驺力等为"吞汉将军"，入白沙、武林、梅领，杀汉三校尉。是时，汉使大司农张成、故山州侯齿将屯，不敢击，却就便处，皆坐畏懦诛。（《西南夷两粤朝鲜传》，3861—3862）

（2）文、景间，安孙遂字伯纪，处东平陵，生贺，字翁孺。为武帝绣衣御史，逐捕魏郡群盗坚卢等党与，及吏畏懦逗遛当坐者，翁孺皆纵不诛。（《元后传》，4013）

以上 2 个例句中，"懦"的词义都是指怯懦。

《汉书》中，在表示"软弱、怯懦"义时，也用了"愞"。《汉书》中有 2 个用例：

（1）秋，匈奴入雁门，太守坐畏愞弃市。（《武帝纪》，204）

如淳曰："军法，逗留畏懦者要斩。愞音如掾反。"

（2）军书交驰而辐凑，羽檄重迹而押至，小夫愞臣之徒愤眊不知所为。（《蒯伍江息夫传》，2181）

以上 2 个例句中，"愞"同"懦"，其词义都是指软弱、懦弱。

4.16.3 弱

"弱"这个词在《汉书》中出现173次，其中有对于专书的引用，还与别的字结合为专名用作人名、水名和弓名的。除去上述用例，"弱"这个词的词义计有4个义位，它们是：（1）弱小；（2）年少；（3）柔美；（4）怯懦。《汉书》中，与"怯"、"懦（愞）"、"软（耎）"、"桀（茬）"、"脆"的词义相同或相近（即构成同义关系）的"弱"的义位只有1个，即"怯懦"义。今将《汉书》中体现"弱"的这一义位的用例举例如下：

（1）白发，衰年之象，体尊性弱，难理易乱。（《五行志下之上》，1476）

（2）方今丞相王嘉健而蓄缩，不可用。御史大夫贾延堕弱不任职。（《蒯伍江息夫传》，2181）

（3）鸿嘉中，广汉群盗起，选为益州刺史。广汉太守扈商者，大司马车骑将军王音姊子，软弱不任职。（《盖诸葛刘郑孙毋将何传》，3258）

（4）丞相、御史、两将军皆以为民方收敛时，未可多发；万人屯守之，且足。奉世曰："不可。天下被饥馑，士马羸秏，守战之备久废不简，夷狄皆有轻边吏之心，而羌首难。今以万人分屯数外，虏见兵少，必不畏惧，战则挫兵病师，守则百姓不救。如此，怯弱之形见，羌人乘利，诸种并和，相扇而起，臣恐中国之役不得止于四万，非财币所能解也。故少发师而旷日，与一举而疾决，利害相万也。"固争之，不能得。有诏益二千人。（《冯奉世传》，3296）

（5）疾病且死，戒其诸子曰："丈夫为吏，正坐残贼免，追思其功效，则复进用矣。一坐软弱不胜任免，终身废弃无

有赦时，其羞辱甚于贪污坐臧。慎毋然!"（《酷吏传》，3675）

(6) 大夏本无大君长，城邑往往置小长，民弱畏战，故月氏徙来，皆臣畜之，共禀汉使者。（《西域传》，3891）

(7) 元贵靡子星靡代为大昆弥，弱，冯夫人上书，愿使乌孙镇抚星靡。汉遣之，卒百人送焉。都护韩宣奏，乌孙大吏、大禄、大监皆可以赐金印紫绶，以尊辅大昆弥，汉许之。后都护韩宣复奏，星靡怯弱，可免，更以季父左大将乐代为昆弥，汉许之。（《西域传》，3908）

(8) 后汉王得定陶戚姬，爱幸，生赵隐王如意。太子为人仁弱，高祖以为不类己，常欲废之而立如意，"如意类我"。（《外戚传上》，3937）

以上8个例句中，"弱"的词义都是指怯弱、软弱。

4.16.4 软（耎）

"软"这个词在《汉书》中出现4次，只有1个义位，即"软弱"义，在这一义位上，"软"与"怯"、"懦（愞）"、"弱"、"桑（荏）"、"脆"具有相同或相近的义位，即构成同义关系。今将《汉书》中体现"软"的这一义位的用例列举如下：

(1) 古者大臣有坐不廉而废者，不谓不廉，曰"簠簋不饰"；坐污秽淫乱男女亡别者，不曰污秽，曰"帷薄不修"；坐罢软不胜任者，不谓罢软，曰"下官不职"。故贵大臣定有其罪矣，犹未斥然正以呼之也，尚迁就而为之讳也。（《贾谊传》，2257）

师古曰："罢，废于事也。软，弱也。罢读曰疲。"

(2) 鸿嘉中，广汉群盗起，选为益州刺史。广汉太守扈商者，大司马车骑将军王音姊子，软弱不任职。（《盖诸葛

刘郑孙毋将何传》，3258)

(3) 数年卒官。疾病且死，戒其诸子曰："丈夫为吏，正坐残贼免，追思其功效，则复进用矣。一坐软弱不胜任免，终身废弃无有赦时，其羞辱甚于贪污坐臧。慎毋然!"(《酷吏传》，3675)

以上 3 个例句中，"软"的词义都是指软弱。

"耎"是"偄"的同音借字，"偄"的俗体为"輭"，"輭"讹作"軟"。"耎"这个字在《汉书》中出现 5 次，都是作为"偄"的借字，其中有 4 例"耎"表述"软弱、怯懦"义，现举例如下：

(1) 仆虽怯耎欲苟活，亦颇识去就之分矣，何至自湛溺累绁之辱哉! 且夫臧获婢妾犹能引决，况若仆之不得已乎! 所以隐忍苟活，函粪土之中而不辞者，恨私心有所不尽，鄙没世而文采不表于后也。(《司马迁传》，2735)

师古曰："耎，柔弱也，音人阮反。"

(2) 数岁，卒官，吏民纪之。尊子伯亦为京兆尹，坐耎弱不胜任免。(《赵尹韩张两王传》，3238)

(3) 太中大夫匡使和解蛮夷王侯，王侯受诏，已复相攻，轻易汉使，不惮国威，其效可见。恐议者选耎，复守和解，太守察动静，有变乃以闻。（《西南夷两粤朝鲜传》，3844)

师古曰："选耎，怯不前之意也。"

以上 3 个例句中，"耎"的词义都是指软弱、怯懦。

4.16.5 㦬（荏）

《汉书》中，没有"㦬"字，"荏"是"㦬"的同音借字，出现 1 次。在这一用例中，"荏"的词义是指软弱、怯懦，与"怯"、

"懦（愞）"、"弱"、"软（耎）"、"脆"具有相同或相近的义位，
即构成同义关系。《汉书》中"荏"这个词的用例如下：

> 勋吏二千石，幸得奉使，不遵礼仪，轻谩宰相，贱易上
> 卿，而又诎节失度，邪谄无常，色厉内荏。堕国体，乱朝廷
> 之序，不宜处位。（《翟方进传》，3414）

> 应劭曰："荏，屈桡也。"师古曰："《论语》称孔子曰：'色
> 厉而内荏，譬诸小人，其犹穿窬之盗也与！'言外色庄厉而内怀
> 荏弱，故方进引以为言。"

4.16.6　脆

"脆"这个词在《汉书》中出现 1 次，其词义是指软弱，与
"怯"、"懦（愞）"、"弱"、"软（耎）"、"桀（荏）"的词义相同或
相近，即构成同义关系。《汉书》中，"脆"的这一义位用例
如下：

> 《诗》曰：'武王载斾，有虔秉钺，如火烈烈，则莫我敢
> 遏。'言以仁谊绥民者，无敌于天下也。若齐之技击，得一
> 首则受赐金。事小敌脆，则媮可用也；事钜敌坚，则焕然离
> 矣。（《刑法志》，1086）

综上所述，《汉书》中，"怯"、"懦（愞）"、"弱"、"软
（耎）"、"桀（荏）"、"脆"这 6 个词有 1 个共同义位，即"软弱、
怯弱"义。

4.17　卑、微、细、贱、下

4.17.1　卑

"卑"这个词在《汉书》中出现 127 次，其中有对于专书的

引用，还有与别的字结合为专名用作国名、山名、水名等。除去上述用例，"卑"的词义计有3个义位，它们是：（1）卑微、卑贱；（2）衰微、衰弱；（3）（地势）低下。《汉书》中，与"微"、"细"、"贱"、"下"的词义相同或相近（即构成同义关系）的"卑"的有关义位有2个：（1）卑微、卑贱；（2）（地势）低下。今将《汉书》中体现"卑"的这2个义位的用例举例如下：

1. "卑"的词义是指卑微、卑贱。

（1）至礼毕，尽伏，置法酒。诸侍坐殿下皆伏抑首，以尊卑次起上寿。觞九行，谒者言"罢酒"。御史执法举不如仪者辄引去。竟朝置酒，无敢讙譁失礼者。于是高帝曰："吾乃今日知为皇帝之贵也！"（《郦陆朱刘叔孙传》，2128）

（2）夫卑贱者习知尊贵者之一旦，吾亦乃可以加此也，非所以习天下也，非尊尊贵贵之化也。夫天子之所尝敬，众庶之所尝宠，死而死耳，贱人安宜得如此而顿辱之哉！（《贾谊传》，2256）

（3）窃见陛下新即位，开大明，除忌讳，博延名士，靡不并进。臣寻位卑术浅，过随众贤待诏，食太官，衣御府，久污玉堂之署。比得召见，亡以自效。（《眭两夏侯京翼李传》，3183）

（4）《春秋》之义，用贵治贱，不以卑临尊。刺史位下大夫，而临二千石，轻重不相准，失位次之序。臣请罢刺史，更置州牧，以应古制。（《薛宣朱博传》，3406）

2. "卑"的词义是指（地势）低下。

（1）前将作大匠万年知昌陵卑下，不可为万岁居，奏请营作，建置郭邑，妄为巧作，积土增高，多赋敛徭役，兴卒暴之作。卒徒蒙辜，死者连属，百姓罢极，天下匮竭。（《成帝纪》，322）

(2) 天子既令设祠具，至东泰山，东泰山卑小，不称其声，乃令祠官礼之，而不封焉。(《郊祀志下》，1246)

(3) 郡承河下流，与兖州东郡分水为界，城郭所居尤卑下，土壤轻脆易伤。顷所以阔无大害者，以屯氏河通，两川分流也。(《沟洫志》，1687)

(4) 阴气盛则水为之长，故一日之间。昼减夜增，江河满溢，所谓水不润下，虽常于卑下之地，犹日月变见于朔望，明天道有因而作也。(《沟洫志》，1691)

(5) 盖堤防之作，近起战国，雍防百川，各以自利。齐与赵、魏，以河为竟。赵、魏濒山，齐地卑下，作堤去河二十五里。河水东抵齐堤，则西泛赵、魏，赵、魏亦为堤去河二十五里。虽非其正，水尚有所游荡。时至而去，则填淤肥美，民耕田之。或久无害，稍筑室宅，遂成聚落。大水时至漂没，则更起堤防以自救，稍去其城郭，排水泽而居之，湛溺自其宜也。(《沟洫志》，1692)

4.17.2　微

"微"这个词在《汉书》中的使用情况及词义分布情况，详见"4.2.4 微"。《汉书》中，与"卑"、"细"、"贱"、"下"的词义相同或相近（即构成同义关系）的"微"的义位只有1个，即"卑微、卑贱"义。今将《汉书》中体现"微"的这一义位的用例举例如下：

(1) 诸侯王皆曰："大王起于细微，灭乱秦，威动海内。又以辟陋之地，自汉中行威德，诛不义，立有功，平定海内，功臣皆受地食邑，非私之也。大王德施四海，诸侯王不足以道之，居帝位甚实宜，愿大王以幸天下。"(《高帝纪下》，52)

（2）朕微眇时，御史大夫丙吉、中郎将史曾、史玄、长乐卫尉许舜、侍中光禄大夫许延寿皆与朕有旧恩。及故掖庭令张贺辅导朕躬，修文学经术，恩惠卓异，厥功茂焉。（《宣帝纪》，257）

（3）孝元皇帝，宣帝太子也。母曰共哀许皇后，宣帝微时生民间。年二岁，宣帝即位。八岁，立为太子。（《元帝纪》，277）

（4）戾后，卫太子妾，遭巫蛊之祸，宣帝既立，追加尊号，于礼不正。又戾后起于微贱，与赵氏同应。天戒若曰，微贱亡德之人不可以奉宗庙，将绝祭祀，有凶恶之祸至。（《五行志上》，1337）

（5）博为人廉俭，不好酒色游宴。自微贱至富贵，食不重味，案上不过三杯，夜寝早起，妻希见其面。（《薛宣朱博传》，3407）

以上 5 个例句中，"微"的词义都是指卑微、卑贱。

4.17.3 细

"细"这个词在《汉书》中的使用情况及词义分布情况，详见"4.3.2 细"。《汉书》中，与"卑"、"微"、"贱"、"下"的词义相同或相近（即构成同义关系）的"细"的义位只有 1 个，即"卑贱"义。今将《汉书》中体现"细"的这一义位的用例举例如下：

（1）五月丙寅，葬长陵。已下，皇太子群臣皆反至太上皇庙。群臣曰："帝起细微，拨乱世反之正，平定天下，为汉太祖，功最高。"上尊号曰高皇帝。（《高帝纪下》，80）

（2）五月，诏曰："古之治天下，朝有进善之旌，诽谤之木，所以通治道而来谏者也。今法有诽谤訞言之罪，是使众臣不敢尽情，而上无由闻过失也。将何以来远方之贤良？
其除之。民或祝诅上，以相约而后相谩，吏以为大逆，其有
他言，吏又以为诽谤。此细民之愚，无知抵死，朕甚不取。
自今以来，有犯此者勿听治。"（《文帝纪》，118）

　　（3）初，宣帝宠姬张婕妤男淮阳宪王好政事，通法律，
上奇其才，有意欲以为嗣，然用太子起于细微，又早失母，
故不忍也。（《韦贤传》，3112—3113）

4.17.4　贱

　　"贱"这个词在《汉书》中出现 125 次，其中有用作姓名之
"姓"，如"贱虞"，还有 1 次是与别的字组合用作古人名与字的
"字"："宓子，名不齐，字子贱"（见于《艺文志》）。除去上述用
例，《汉书》中，"贱"这个词的词义主要有 3 个义位，它们是：
（1）价格低；（2）卑贱；（3）轻视。《汉书》中，与"卑"、
"微"、"细"、"下"的词义相同或相近（即构成同义关系）的
"贱"的义位只有 1 个，即"卑贱"义。今将《汉书》中体现
"贱"的这一义位的用例举例如下：

　　（1）今法律贱商人，商人已富贵矣；尊农夫，农夫已贫
贱矣。（《食货志上》，1133）

　　（2）大言曰："臣常往来海中，见安期、羡门之属，顾
以臣为贱，不信臣。又以为康王诸侯耳，不足与方。臣数以
言康王，康王又不用臣。臣之师曰：'黄金可成，而河决可
塞，不死之药可得，仙人可致也。'然臣恐效文成，则方士
皆掩口，恶敢言方哉！"（《郊祀志上》，1222—1223）

　　（3）今陛下弃万乘之至贵，乐家人之贱事；厌高美之尊
称，好匹夫之卑字；崇聚票轻无谊之人，以为私客；置私田
于民间，畜私奴车马于北宫；数去南面之尊，离深宫之固，

挺身独与小人晨夜相随，乌集醉饱吏民之家，乱服共坐，溷肴亡别，闵勉遁乐，昼夜在路。典门户奉宿卫之臣执干戈守空宫，公卿百寮不知陛下所在，积数年矣。（《五行志中之上》，1368）

（4）贤者诚重其死。夫婢妾贱人，感概而自杀，非能勇也，其画无俚之至耳。（《季布栾布田叔传》，1984）

（5）秦始乱之时，吏之所先侵者，贫人贱民也；至其中节，所侵者富人吏家也；及其末涂，所侵者宗室大臣也。是故亲疏皆危，外内咸怨，离散逋逃，人有走心。（《爰盎晁错传》，2296）

（6）王生者，善为黄老言，处士。尝召居廷中，公卿尽会立，王生老人，曰"吾袜解"，顾谓释之："为我结袜！"释之跪而结之。既已，人或让王生："独奈何廷辱张廷尉如此？"王生曰："吾老且贱，自度终亡益于张廷尉。廷尉方天下名臣，吾故聊使结袜，欲以重之。"诸公闻之，贤王生而重释之。（《张冯汲郑传》，2312）

（7）定国乃迎师学《春秋》，身执经，北面备弟子礼。为人谦恭，尤重经术士，虽卑贱徒步往过，定国皆与钧礼，恩敬甚备，学士咸称焉。（《隽疏于薛平彭传》，3042—3043）

（8）君平卜筮于成都市，以为"卜筮者贱业，而可以惠众人。有邪恶非正之问，则依蓍龟为言利害。与人子言依于孝，与人弟言依于顺，与人臣言依于忠，各因势导之以善，从吾言者，已过半矣。"裁日阅数人，得百钱足自养，则闭肆下帘而授《老子》。（《王贡两龚鲍传》，3056）

（9）翟方进字子威，汝南上蔡人也。家世微贱，至方进父翟公，好学，为郡文学。（《翟方进传》，3411）

（10）中材苟容求全，下材怀危内顾，一切营私者多。

二千石益轻贱，吏民慢易之。或持其微过，增加成罪，言于刺史、司隶，或至上书章下；众庶知其易危，小失意则有离畔之心。（《何武王嘉师丹传》，3490）

（11）武叩头啼曰："不杀儿，自知当死；杀之，亦死！"即因客奏封事，曰："陛下未有继嗣，子无贵贱，唯留意！"（《外戚传下》，3991）

以上 11 个例句中，"贱"的词义都是指地位低下、卑贱。

4.17.5 下

"下"这个词在《汉书》中出现 2887 次，其中有 10 次是对于他书的引用，它们分别见于《诗经》（5 次）、京房《易传》（5 次），还与别的语词组合用作人名如"柳下惠"，或与别的字组合为双音节的专名，用作对人的敬称、对己的谦称，如"足下"、"陛下"、"臣下"；或用作地名如"下邳"、"垓下"；或用作一种代称如"稷下"、"天下"。除去上述用例，《汉书》中，"下"这个词的词义主要有 12 个义位，它们是：（1）低处；（2）身份、地位低；（3）位置低；（4）等级、质量低；（5）对尊长表示谦逊之词；（6）次序或时间在后；（7）攻克、征服；（8）屈服、投降；（9）轻视；（10）颁布；（11）降下；（12）放入。《汉书》中，与"卑"、"微"、"细"、"贱"的词义相同或相近（即构成同义关系）的"下"的有关义位有 2 个：（1）身份、地位低下；（2）位置低。今将《汉书》中体现"下"的这 2 个义位的用例举例如下：

1. "下"的词义是指身分、地位低下。

（1）臣闻动民以行不以言，应天以实不以文。下民微细，犹不可诈，况于上天神明而可欺哉！天之见异，所以敕戒人君，欲令觉悟反正，推诚行善。（《蒯伍江息夫传》，

2184)

（2）古者以奉一帝一后而节适，今庶人屋壁得为帝服，倡优下贱得为后饰，然而天下不屈者，殆未有也。（《贾谊传》，2242）

2．"下"的词义是指位置低。

（1）治河有上中下策。古首立国居民，疆理土地，必遗川泽之分，度水势所不及。大川无防，小水得入，陂障卑下，以为污泽，使秋水多，得有所休息，左右游波，宽缓而不迫。（《沟洫志》，1692）

（2）臣窃按视遮害亭西十八里，至淇水口，乃有金堤，高一丈。自是东，地稍下，堤稍高，至遮害亭，高四五丈。往六七岁，河水大盛，增丈七尺，坏黎阳南郭门，入至堤下。（《沟洫志》，1695）

（3）王莽时，征能治河者以百数，其大略异者，长水校尉平陵关并言："河决率常于平原、东郡左右，其地形下而土疏恶。闻禹治河时，本空此地，以为水猥，盛则放溢，少稍自索，虽时易处，犹不能离此。上古难识，近察秦汉以来，河决曹、卫之域，其南北不过百八十里者，可空此地，勿以为官亭民室而已。"（《沟洫志》，1696——1697）

综上所述，《汉书》中，"卑"、"微"、"细"、"贱"、"下"这5个词有一个共同义位：即"卑贱"义。另外，"卑"、"下"这2个词还有一个共同义位：即"（地势）低下"义。

4.18 遥(隃)、远、辽、旷、遐、逖、
迥(逈)、卓、长¹、悠、疏¹

4.18.1 遥(隃)

"遥"这个词在《汉书》中出现 8 次，只有 1 个义位，即"遥远"义。在这一义位上，《汉书》中还用了"隃"，"隃"是"遥"的同音借字。"隃"借作"遥"，指"遥远"义，《汉书》中有 2 个用例：

(1) 布兵精甚，上乃壁庸城，望布军置陈如项籍军。上恶之，与布相望见，隃谓布"何苦而反？"布曰："欲为帝耳。"上怒骂之，遂战，破布军。布走度淮，数止战，不利，与百余人走江南。布旧与番君婚，故长沙哀王使人诱布，伪与俱亡走越，布信而随至番阳。番阳人杀布兹乡，遂灭之。(《韩彭英卢吴传》，1890)

师古曰："隃读曰遥。"

(2) 上遣问焉，曰："将军度羌虏何如，当用几人？"充国曰："百闻不如一见。兵难隃度，臣愿驰至金城，图上方略。然羌戎小夷，逆天背畔，灭亡不久，愿陛下以属老臣，勿以为忧。"上笑曰："诺。"(《赵充国辛庆忌传》，2975)

郑氏曰："隃，遥也，三辅言也。"师古曰："隃读曰遥。"

以上 2 个例句中，"隃"通"遥"，其词义都是指遥远。

《汉书》中，"遥"在"遥远"这一义位上与"远、辽、旷、遐、逖、迥(逈)、卓、长¹、悠、疏¹"构成同义关系。今将《汉书》中体现"遥"的这一义位的用例举例如下：

(1) 诸背仁义之正道，不遵《五经》之法言，而盛称奇

怪鬼神，广崇祭祀之方，求报无福之祠，及言世有仙人，服食不终之药，遥兴轻举，登遐倒景，览观县圃，浮游蓬莱，耕耘五德，朝种暮获，与山石无极，黄冶变化，坚冰淖溺，化色五仓之术者，皆奸人惑众，挟左道，怀诈伪，以欺罔世主。（《郊祀志下》，1260）

如淳曰："遥，远也。兴，举也。"师古曰："……谓起而远去也。"

（2）西连诸国至于安息，东过碣石以玄菟、乐浪为郡，北却匈奴万里，更起营塞，制南海以为八郡，则天下断狱万数，民赋数百，造盐铁酒榷之利以佐用度，犹不能足。当此之时，寇贼并起，军旅数发，父战死于前，子斗伤于后，女子乘亭鄣，孤儿号于道，老母寡妇饮泣巷哭，遥设虚祭，想魂乎万里之外。（《严朱吾丘主父徐严终王贾传下》，2832—2833）

（3）上思念李夫人不已，方士齐人少翁言能致其神。乃夜张灯烛，设帷帐，陈酒肉，而令上居他帐，遥望见好女如李夫人之貌，还幄坐而步。又不得就视，上愈益相思悲感，为作诗曰："是邪，非邪？立而望之，偏何姗姗其来迟！"令乐府诸音家弦歌之。（《外戚传上》，3952）

以上3个例句中，"遥"的词义都是指遥远。

4.18.2 远

"远"这个词在《汉书》中出现416次，其中有9次是对于他书或他说的引用，它们分别见于：《左传》（1次）、《易经》（1次）、《诗经》（4次）；《论语》中孔子言论（2次）、古语（1次）。还与别的字组合用作专名，如"修远"（地名）、"安远侯"等。除去上述用例，《汉书》中"远"这个词的词义主要有3个义位，它们是：（1）近之反，包括距离、时间和差距 3 个方面；（2）深奥；（3）疏远、离去。《汉书》中，与"遥（貐）、辽、旷、遐、邈、迥（迴）、卓、长¹、悠、疏¹"具有相同或相近（即构成同义关系）的"远"的义位只有 1 个，即"（距离）遥远"义。今将《汉书》中体现"远"的这一义位的用例举例如下：

（1）上还雒阳。诏曰："代地居常山之北，与夷狄边，赵乃从山南有之，远，数有胡寇，难以为国。颇取山南太原之地益属代，代之云中以西为云中郡，则代受边寇益少矣。王、相国、通侯、吏二千石择可立为代王者。"（《高帝纪下》，70）

（2）五月，诏曰："古之治天下，朝有进善之旌，诽谤之木，所以通治道而来谏者也。今法有诽谤訞言之罪，是使众臣不敢尽情，而上无由闻过失也。将何以来远方之贤良？其除之。民或祝诅上，以相约而后相谩，吏以为大逆，其有他言，吏又以为诽谤。此细民之愚，无知抵死，朕甚不取。自今以来，有犯此者勿听治。"（《文帝纪》，118）

（3）秋七月，罢榷酤官，令民得以律占租，卖酒升四钱。以边塞阔远，取天水、陇西、张掖郡各二县置金城郡。（《昭帝纪》，224）

（4）《书》载唐虞之际，命羲和四子顺天文，授民时；咨四岳，以举贤材，扬侧陋；十有二牧，柔远能迩。（《百官公卿表》，721）

（5）又兴十余万人筑卫朔方，转漕甚远，自山东咸被其劳，费数十百钜万，府库并虚。（《食货志下》，1158）

（6）明年，南粤反，西羌侵边。天子为山东不澹，赦天下囚，因南方楼船士二十余万人击粤，发三河以西骑击羌，又数万人度河筑令居。初置张掖、酒泉郡，而上郡、朔方、西河、河西开田官，斥塞卒六十万人戍田之。中国缮道馈粮，远者三千，近者千余里，皆仰给大农。边兵不足，乃发武库工官兵器以澹之。(《食货志下》，1173)

(7) 古者坛场有常处，燎禋有常用，赞见有常礼；牺牲玉帛虽备而财不匮，车舆臣役虽动而用不劳。是故每举其礼，助者欢说，大路所历，黎元不知。今甘泉、河东天地郊祀，咸失方位，违阴阳之宜。及雍五畤皆旷远，奉尊之役休而复起，缮治共张无解已时，皇天著象殆可略知。(《郊祀志下》，1262)

(8) 且自三代之盛，夷狄不与正朔服色，非威不能制，强弗能服也，以为远方绝地不牧之民，不足烦中国也。(《窦田灌韩传》，2401)

(9) 臣闻白日曜光，幽隐皆照；明月曜夜，蚊虻宵见。然云蒸列布，杳冥昼昏；尘埃抪覆，昧不见泰山。何则？物有蔽之也。今臣雍阏不得闻，谗言之徒蜂生，道辽路远，曾莫为臣闻，臣窃自悲也。(《景十三王传》，2424)

(10) 宣帝即位，久之，渤海左右郡岁饥，盗贼并起，二千石不能禽制。上选能治者，丞相御史举遂可用，上以为渤海太守。时遂年七十余，召见，形貌短小，宣帝望见，不副所闻，心内轻焉，谓遂曰："渤海废乱，朕甚忧之。君欲何以息其盗贼，以称朕意？"遂对曰："海濒遐远，不沾圣化，其民困于饥寒而吏不恤，故使陛下赤子盗弄陛下之兵于潢池中耳。今欲使臣胜之邪，将安之也？"上闻遂对，甚说，答曰："选用贤良，固欲安之也。"(《循吏传》，3639)

(11) 十三岁，至二世时，南海尉任嚣病且死，召龙川令赵佗语曰："闻陈胜等作乱，豪桀叛秦相立，南海辟远，恐盗兵侵此。吾欲兴兵绝新道，自备待诸侯变，会疾甚。且番禺负山险阻，南北东西数千里，颇有中国人相辅，此亦一州之主，可为国。郡中长吏亡足与谋者，故召公告之。"即被佗书，行南海尉事。（《西南夷两粤朝鲜传》，3847）

（12）臣又闻圣王序天文，定地理，因山川民俗以制州界。汉家地广二帝三王，凡十二州，州名及界多不应经。《尧典》十有二州，后定为九州。汉家廓地辽远，州牧行部，远者三万余里，不可为九。谨以经义正十二州名分界，以应正始。（《王莽传上》，4077）

以上 12 个例句中，"远"的词义都是指遥远。

4.18.3　辽

"辽"这个词在《汉书》中出现 67 次，其中有与别的字组合用作专名的，如"辽东"、"辽东郡"、"度辽将军"等。除去上述用例，《汉书》中，"辽"这个词只有 1 个义位，即"遥远"义，在这一义位上，"辽"与"遥（隃）、远、旷、遐、逖、迥（逈）、卓、长[1]、悠、疏[1]"构成同义关系。今将《汉书》中体现"辽"的这一义位的用例举例如下：

（1）臣闻白日曜光，幽隐皆照；明月曜夜，蚊虻宵见。然云蒸列布，杳冥昼昏；尘埃拂覆，昧不见泰山。何则？物有蔽之也。今臣雍阏不得闻，谗言之徒蜂生，道辽路远，曾莫为臣闻，臣窃自悲也。（《景十三王传》，2424）

（2）陛下即位，存抚天下，集安中国，然后兴师出兵，北征匈奴，单于怖骇，交臂受事，屈膝请和。康居西域，重译纳贡，稽首来享。移师东指，闽越相诛；右吊番禺，太子入朝。南夷之君，西僰之长，常效贡职，不敢惰怠，延颈举踵，喁喁然，皆乡风慕义，欲为臣妾，道里辽远，山川阻

深，不能自致。(《司马相如传下》，2577)

(3) 是以六合之内，八方之外，浸淫衍溢，怀生之物有不浸润于泽者，贤君耻之。今封疆之内，冠带之伦，咸获嘉祉，靡有阙遗矣。而夷狄殊俗之国，辽绝异党之域，舟车不通，人迹罕至，政教未加，流风犹微，内之则犯义侵礼于边境，外之则邪行横作，放杀其上，君臣易位，尊卑失序，父兄不辜，幼孤为奴虏，系累号泣。(《司马相如传下》，2585—2586)

(4) 庸人之御驽马，亦伤吻敝策而不进于行，匈喘肤汗，人极马倦。及至驾啮膝，骖乘旦，王良执靶，韩哀附舆，纵驰骋骛，忽如景靡，过都越国，蹶如历块；追奔电，逐遗风，周流八极，万里一息。何其辽哉？人马相得也。(《严朱吾丘主父徐严终王贾传下》，2823)

师古曰："辽谓所行远。"

(5) 皇帝谨问南粤王，甚苦心劳意。朕，高皇帝侧室之子，弃外奉北藩于代，道里辽远，壅蔽朴愚，未尝致书。(《西南夷两粤朝鲜传》，3849)

(6) 臣又闻圣王序天文，定地理，因山川民俗以制州界。汉家地广二帝三王，凡十二州，州名及界多不应经。《尧典》十有二州，后定为九州。汉家廓地辽远，州牧行部，远者三万余里，不可为九。谨以经义正十二州名分界，以应正始。(《王莽传上》，4077)

以上 6 个例句中，"辽"的词义都是指遥远。

4.18.4 旷

"旷"这个词在《汉书》中出现 40 次，其中有用作人名的，如"师旷"；还有 1 次是对于《尚书》的引用。除去上述用例，

《汉书》中，"旷"这个词有 3 个义位，它们是：（1）遥远；（2）空缺；（3）耽误。《汉书》中，与"遥（陶）、远、辽、遐、邈、迥、卓、长¹、悠、疏¹"具有相同或相近（即构成同义关系）的"旷"的义位只有 1 个，即"遥远"义。今将《汉书》中体现"旷"的这一义位的用例举例如下：

（1）古者坛场有常处，燎禋有常用，赞见有常礼；牺牲玉帛虽备而财不匮，车舆臣役虽动而用不劳。是故每举其礼，助者欢说，大路所历，黎元不知。今甘泉、河东天地郊祀，咸失方位，违阴阳之宜。及雍五畤皆旷远，奉尊之役休而复起，缮治共张无解已时，皇天著象殆可略知。（《郊祀志下》，1262）

（2）痛入天兮呜呼，冤际绝兮谁语！仰天光兮自列，招上帝兮我察。秋风为我唫，浮云为我阴。嗟若是兮欲何留，抚神龙兮鬐其须。游旷迥兮反亡期，雄失据兮世我思。（《蒯伍江息夫传》，2188）

以上 2 个例句中，"旷"的词义都是指遥远。

4.18.5　遐

"遐"这个词在《汉书》中出现 18 次，其词义有 2 个义位，它们是：（1）遥远；（2）长久。《汉书》中，"遐"与"遥（陶）、远、辽、旷、邈、迥（逈）、卓、长¹、悠、疏¹"的词义相同或相近（即构成同义关系）的"遐"的义位只有 1 个，即"遥远"义。今将《汉书》中体现"遐"的这一义位的用例举例如下：

（1）日月星辰烛临下土，其有食陨之异，则遐迩幽隐靡不咸睹。星辰附离于天，犹庶民附离王者也。王者失道，纲纪废顿，下将叛去，故星叛天而陨，以见其象。（《五行志

下之下》，1510)

(2) 故乃关沫、若，徼牂牁，镂灵山，梁孙原，创道德之涂，垂仁义之统，将博恩广施，远抚长驾，使疏逖不闭，智爽暗昧得耀乎光明，以偃甲兵于此，而息讨伐于彼。遐迩一体，中外禔福，不亦康乎？（《司马相如传下》，2586)

(3) 嗟嗟我王，汉之睦亲，曾不夙夜，以休令闻！穆穆天子，临尔下土，明明群司，执宪靡顾。正遐由近，殆其怙兹，嗟嗟我王，曷不此思！（《韦贤传》，3104)

(4) 天子穆穆，是宗是师，四方遐尔，观国之辉。（《韦贤传》，3111)

(5) 夫天兵四临，幽都先加，回戈邪指，南越相夷，靡节西征，羌僰东驰。是以遐方疏俗殊邻绝党之域，自上仁所不化，茂德所不绥，莫不跂足抗手，请献厥珍，使海内淡然，永亡边城之灾，金革之患。（《扬雄传下》，3561)

(6) 宣帝望见，不副所闻，心内轻焉，谓遂曰："渤海废乱，朕甚忧之。君欲何以息其盗贼，以称朕意？"遂对曰："海濒遐远，不沾圣化，其民困于饥寒而吏不恤，故使陛下赤子盗弄陛下之兵于潢池中耳。今欲使臣胜之邪，将安之也？"（《循吏传》，3639)

以上6个例句中，"遐"的词义都是指遥远。

4.18.6 逖

"逖"这个词在《汉书》中出现3次，其词义有2个义位，它们是：(1) 遥远；(2) 长久。《汉书》中，与"遥（遙）、远、辽、旷、遐、迥（逈）、卓、长[1]、悠、疏[1]"具有相同或相近（即构成同义关系）的"逖"的义位只有1个，即"遥远"义。今将《汉书》中体现"逖"的这一义位的用例举例如下：

故乃关沫、若，徼牂牁，镂灵山，梁孙原，创道德之途，垂仁义之统，将博恩广施，远抚长驾，使疏逖不闭，曶爽暗昧得耀乎光明，以偃甲兵于此，而息讨伐于彼。遐迩一体，中外禔福，不亦康乎？（《司马相如传下》，2586）

师古曰："逖，远也，言疏远者不被闭绝也。"

4.18.7 迥（逈）

"迥"这个词在《汉书》中出现3次，其词义只有1个义位，即"遥远"义。《汉书》中，在"遥远"这一义位上，"迥（逈）"与"遥（隃）、远、辽、旷、遐、逖、卓、长[1]、悠、疏[1]"构成同义关系。今将《汉书》中体现"迥（逈）"的这一义位的用例举例如下：

（1）痛入天兮呜呼，冤际绝兮谁语！仰天光兮自列，招上帝兮我察。秋风为我唫，浮云为我阴。嗟若是兮欲何留，抚神龙兮揽其须。游旷迥兮反亡期，雄失据兮世我思。（《蒯伍江息夫传》，2188）

《汉书》中，"迥"也作"逈"，"逈"、"迥"异体字。如：

（2）怀生之类，沾濡浸润，协气横流，武节焱逝，尔陿游原，逈阔泳末，首恶郁没，闇昧昭晰，昆虫闿怿，回首面内。（《司马相如传下》，2601）

师古曰："尔，近也。原，本也。逈，远也。阔，广也。泳，浮也。恩德比之于水，近者游其源，远者浮其末也。"

（3）靖潜处以永思兮，经日月而弥远，匪党人之敢拾兮，庶斯言之不玷。魂茕茕与神交兮，精诚发于宵寐，梦登山而逈眺兮，觌幽人之仿佛，揽葛藟而授余兮，眷峻谷曰勿隧。（《叙传上》，4214）

以上3个例句中，"迥（逈）"的词义都是指遥远。

4.18.8 卓

"卓"这个词在《汉书》中出现 26 次，其中有用作姓名之"姓"的，如"卓文君"。除去上述用例，《汉书》中，"卓"这个词的词义有 2 个义位，它们是：（1）高超；（2）遥远。《汉书》中，与"遥（陶）、远、辽、旷、遐、逖、迥（迴）、长[1]、悠、疏[1]"具有相同或相近（即构成同义关系）的"卓"的义位只有1 个，即"遥远"义。《汉书》中体现"卓"的这一义位的仅有 1 个用例：

> 票骑将军去病率师躬将所获荤允之士，约轻赍，绝大幕，涉获单于章渠，以诛北车者，转击左大将双，获旗鼓，历度难侯，济弓卢，获屯头王、韩王等三人，将军、相国、当户、都尉八十三人，封狼居胥山，禅于姑衍，登临翰海，执讯获丑七万有四百四十三级，师率减什二，取食于敌，卓行殊远而粮不绝。以五千八百户益封票骑将军。（《卫青霍去病传》，2486—2487）

师古曰："卓亦远意。"

4.18.9 长[1]

"长"这个字在《汉书》中的使用情况，详见"4.1.7 长[2]"。在这一组同义词中，我们考察"长[1]"。

《汉书》中，"长[1]"这个词与别的词语组合用作专名，如"长安"、"长乐宫"等。除去上述用例，"长[1]"的词义有 6 个义位，它们是：（1）遥远；（2）长久；（3）长远；（4）身材高大；（5）指人的行为好；（6）擅长。《汉书》中，与"遥（陶）、远、辽、旷、遐、逖、迥（迴）、卓、悠、疏[1]"具有相同或相近（即构成同义关系）的"长[1]"的义位只有 1 个，即"遥远"义。今将《汉书》中体现"长¹"的这一义位的用例举例如下：

（1）于是乎离宫别馆，弥山跨谷，高廊四注，重坐曲阁，华榱壁珰，辇道纚属，步檐周流，长途中宿。（《司马相如传上》，2557）

师古曰："谓其途长远，虽经日行之，尚不能达，故中道而宿也。"

（2）洪台掘其独出兮，摨北极之崝嵘，列宿乃施于上荣兮，日月才经于栋桭，雷郁律而岩突兮，电倏忽于墙藩。鬼魅不能自还兮，半长途而下颠。历倒景而绝飞梁兮，浮蔑蠓而撇天。（《扬雄传上》，3526—3527）

（3）道悠长而世短兮，敻冥默而不周，胥仍物而鬼谋兮，乃穷宙而达幽。（《叙传上》，4220）

以上 3 个例句中，"长"的词义都是指遥远。

4.18.10 悠

"悠"这个词在《汉书》中出现 3 次，有 1 个义位，即"长远"义，与"遥（隃）、远、辽、旷、遐、逖、迥（逈）、卓、长¹、疏¹"构成同义关系。今将《汉书》中体现"悠"的这一义位的用例举例如下：

（1）驰波跳沫，汩漂疾，悠远长怀，寂漻无声，肆乎永归。（《司马相如传上》，2548）

（2）道悠长而世短兮，敻冥默而不周，胥仍物而鬼谋兮，乃穷宙而达幽。（《叙传上》，4220）

以上 2 个例句中，"悠"的词义都是指长远。

4.18.11 疏¹

"疏"这个字在《汉书》中出现 212 次，记录了两个词，一

个是"疏通"义及其引申义的"疏"（所葅切），我们标记为
"疏¹"；一个是"分条（记载）"义及其引申义"一种文体"的
"疏"（所去切），我们标记为"疏²"。本论文只考察"疏¹"。

《汉书》中，"疏¹"这个词除用作"姓"之外，其词义主要
有6个义位，它们是：（1）疏通；（2）疏朗；（3）疏远；（4）稀
疏；（5）粗疏；（6）阔远。《汉书》中，与"遥（徭）、远、辽、
旷、遐、邈、迥（迴）、卓、长¹、悠"具有相同或相近（即构成
同义关系）的"疏¹"的义位只有1个，即"阔远"义。今将
《汉书》中体现"疏¹"的这一义位的用例举例如下：

（1）若夫平原易地，轻车突骑，则匈奴之众易挠乱也；
劲弩长戟，射疏及远，则匈奴之弓弗能格也；坚甲利刃，长
短相杂，游弩往来，什伍俱前，则匈奴之兵弗能当也；材官
驺发，矢道同的，则匈奴之革笥木荐弗能支也；下马地斗，
剑戟相接，去就相薄，则匈奴之足弗能给也：此中国之长技
也。（《爰盎晁错传》，2281）
师古曰："疏亦阔远也。"

（2）故乃关沫、若，徼牂牁，镂灵山，梁孙原，创道德
之塗，垂仁义之统，将博恩广施，远抚长驾，使疏逖不闭，
夐爽暗昧得耀乎光明，以偃甲兵于此，而息讨伐于彼。遐迩
一体，中外禔福，不亦康乎？（《司马相如传下》，2586）

（3）夫天兵四临，幽都先加，回戈邪指，南越相夷，靡
节西征，羌僰东驰。是以遐方疏俗殊邻绝党之域，自上仁所
不化，茂德所不绥，莫不跷足抗手，请献厥珍，使海内淡
然，永亡边城之灾，金革之患。（《扬雄传下》，3561）
师古曰："疏亦远也。"
以上3个例句中，"疏"的词义都是指远。
综上所述，《汉书》中，"遥（徭）、远、辽、旷、遐、邈、

迥（逈）、卓、长¹、悠、疏¹"这 11 个词有 1 个共同义位，即
"遥远"义。

4.19　久、长¹、永、远、邈、遐、尚、逖

4.19.1　久

"久"这个词在《汉书》中出现 438 次，其中有 4 次是对于
他书或他说的引用，它们分别见于《周易》（1 次）、《诗经》（1
次）、《论语》（2 次）；还有与别的字组合用作地名如"久门"，
用作县名如"遂久"。除去上述用例，《汉书》中"久"这个词的
词义有 2 个义位，它们是：（1）长久；（2）久远。《汉书》中，
与"长¹"的词义相同或相近（即构成同义关系）的"久"的义
位是"长久"；与"长¹、永、远、邈、遐、尚、逖"的词义相同
或相近（即构成同义关系）的"久"的义位是"久远"。今将
《汉书》中体现"久"的这 2 个义位的用例举例如下：

1."久"的词义是指长久。

（1）盖闻王者承事天地，交接泰一，尊莫著于祭祀。孝
武皇帝大圣通明，始建上下之祀，营泰畤于甘泉，定后土于
汾阴，而神祇安之，飨国长久，子孙蕃滋，累世遵业，福流
于今。（《郊祀志下》，1259）

（2）今淮南地远者或数千里，越两诸侯，而县属于汉。
其吏民徭役往来长安者，自悉而补，中道衣敝，钱用诸费称
此，其苦属汉而欲得王至甚，逋逃而归诸侯者已不少矣。其
势不可久。（《贾谊传》，2261）

（3）宫人姬八子有过者，辄令裸立击鼓，或置树上，久
者三十日乃得衣；或髡钳以铅杵舂，不中程，辄掠；或纵狼

令啮杀之，建观而大笑；或闭不食，令饿死。凡杀不辜三十五人。（《景十三王传》，2416）

（4）王氏世权日久，朝无骨鲠之臣，宗室诸侯微弱，与系囚无异，自佐史以上至于大吏皆权臣之党。（《杜周传》，2681）

（5）诚以为迁庙合祭，久长之策，高皇帝之意，乃敢不听？即以今日迁太上、孝惠庙，孝文太后、孝昭太后寝，将以昭祖宗之德，顺天人之序，定无穷之业。（《韦贤传》，3123）

（6）会许皇后废，班婕妤供养东宫，进侍者李平为婕妤，而赵飞燕为皇后，伯遂称笃。久之，上出过临侯伯，伯惶恐，起眠事。（《叙传上》，4200）

2.“久”的词义是指久远。

（1）夷狄无义，所从来久。间者匈奴数寇边境，故遣将抚师。（《武帝纪》，165）

（2）今去圣久远，周公遗化销微，孔氏庠序衰坏。地陿民众，颇有桑麻之业，亡林泽之饶。俗俭啬爱财，趋商贾，好訾毁，多巧伪，丧祭之礼文备实寡，然其好学犹愈于它俗。（《地理志下》，1663）

（3）于是制诏丞相御史：“前将军望之傅朕八年，亡它罪过，今事久远，识忘难明。其赦望之罪，收前将军光禄勋印绶，及堪、更生皆免为庶人。”（《萧望之传》，3286—3287）

4.19.2　长[1]

“长[1]”这个词的使用情况与及其词义分布情况，详见“4.18.10 长[1]”。《汉书》中，与“久”的词义相同或相近的

"长¹"的义位是"长久";与"久、永、远、邈、遐、尚、逖"的词义相同或相近的"长¹"的义位是"长远"。今将《汉书》中体现"长¹"的这 2 个义位的用例举例如下:

1. "长¹"的词义是指长久。

(1) 今吾以天之灵,贤士大夫定有天下,以为一家,欲其长久,世世奉宗庙亡绝也。贤人已与我共平之矣,而不与吾共安利之,可乎?贤士大夫有肯从我游者,吾能尊显之。布告天下,使明知朕意。(《高帝纪下》,71)

(2) 安土重迁,黎民之性;骨肉相附,人情所愿也。顷者有司缘臣子之义,奏徙郡国民以奉园陵,令百姓远弃先祖坟墓,破业失产,亲戚别离,人怀思慕之心,家有不安之意。是以东垂被虚耗之害,关中有无聊之民,非久长之策也。(《元帝纪》,292)

(3) 居巢人范增年七十,素好奇计,往说梁曰:"陈胜败固当。夫秦灭六国,楚最亡罪,自怀王入秦不反,楚人怜之至今,故南公称曰'楚虽三户,亡秦必楚'。今陈胜首事,不立楚后,其势不长。今君起江东,楚蜂起之将皆争附君者,以君世世楚将,为能复立楚之后也。"于是梁乃求楚怀王孙心,在民间为人牧羊,立以为楚怀王,从民望也。(《陈胜项籍传》,1799)

(4) 道者,所繇适于治之路也,仁义礼乐皆其具也。故圣王已没,而子孙长久安宁数百岁,此皆礼乐教化之功也。(《董仲舒传》,2499)

(5) 夫神大用则竭,形大劳则敝;神形蚤衰,欲与天地长久,非所闻也。(《司马迁传》,2710)

(6) 将军覆上将之位,食膏腴之都,任周、召之职,拥天下之枢,可谓富贵之极,人臣无二,天下之责四面至矣,

将何以居之？宜夙夜孳孳，执伊尹之强德，以守职匡上，诛
恶不避亲爱，举善不避仇雠，以章至公，立信四方。笃行三
者，乃可以长堪重任，久享盛宠。（《谷永杜邺传》，3456—
3457）

2. "长¹"的词义是指长远。

　　欲治之主不世出，公卿幸得遭遇其时，未有建万世之长
策，举明主于三代之隆者也。其务在于簿书断狱听讼而已，
此非太平之基也。（《礼乐志》，1033）

4.19.3 永

"永"这个词在《汉书》中出现 219 次，其中有 6 次是对于
他书的引用，它们分别见于《尚书》（3 次）、《诗经》（3 次）；还
有用作人名，与别的字或语词组合为专名，如"永光"、"永始"
为年号，"永至"、"永安"为乐曲名，"永信宫"为宫殿名等。除
去上述用例，《汉书》中，"永"这个词的词义计有 2 个义位，它
们是：（1）永远；（2）长。《汉书》中，与"久、长¹、远、邈、
遐、尚、逖"的词义相同或相近的"永"的义位只有 1 个，即
"久远"义。今将《汉书》中体现"永"的这一义位的用例举例
如下：

　　（1）此皆上世之所不及，而孝文皇帝亲行之。德厚侔天
地，利泽施四海，靡不获福。明象乎日月，而庙乐不称，朕
甚惧焉。其为孝文皇帝庙为《昭德》之舞，以明休德。然后
祖宗之功德，施于万世，永永无穷，朕甚嘉之。（《景帝
纪》，137—138）

　　（2）展诗应律鋗玉鸣，函宫吐角激徵清。发梁扬羽申以
商，造兹新音永久长。声气远條凤鸟翔，神夕奄虞盖孔享。
（《礼乐志》，1058）

（3）朕惟君位尊任重，虑不周密，怀谖迷国，进退违命，反复异言，甚为君耻之，非所以共承天地，永保国家之意。以君尝托傅位，未忍考于理，已诏有司赦君勿治。其上大司空高乐侯印绶，罢归。（《何武王嘉师丹传》，3507—3508）

（4）朕惟孝王后深说经义，明镜圣法，惧古人之祸败，近事之咎殃，畏天命，奉圣言，是乃久保一国，长获天禄，而令孝王永享无疆之祀，福祥之大者也。朕甚嘉之。（《外戚传下》，4008）

（5）令太后下诏曰："皇帝幼年，朕且统政，比加元服。今众事烦碎，朕春秋高，精气不堪，殆非所以安躬体而育养皇帝者也。故选忠贤，立四辅，群下劝职，永以康宁。孔子曰：'巍巍乎，舜禹之有天下而不与焉！'自今以来，惟封爵乃以闻。他事，安汉公、四辅平决。州牧、二千石及茂材吏初除奏事者，辄引入至近署对安汉公，考故官，问新职，以知其称否。"（《王莽传上》，4049）

以上 5 个例句中，"永"的词义都是指久远。

4.19.4 远

"远"这个词的使用情况与及其词义分布情况，详见"4.18.2 远"。《汉书》中，与"久、长[1]、永、邈、遐、尚、逖"的词义相同或相近的"远"的义位只有 1 个，即"久远"义。今将《汉书》中体现"远"的这一义位的用例举例如下：

（1）二年春，诏曰："高皇帝匡饬天下，诸有功者皆受分地为列侯，万民大安，莫不受休德。朕思念至于久远而功名不著，亡以尊大谊，施后世。今欲差次列侯功以定朝位，臧于高庙，世世勿绝，嗣子各袭其功位。其与列侯议定奏

之。"(《高后纪》,96)

(2)方今去圣久远,道术缺废,无所更索,彼九家者,不犹瘉于野乎?若能修六艺之术,而观此九家之言,舍短取长,则可以通万方之略矣。(《艺文志》,1746)

(3)汉兴,去圣帝明王遰远,仲尼之道又绝,法度无所因袭。(《楚元王传》,1968)

(4)自古之治,三王之术各有制度。今君不务循职而已,乃欲以太古久远之事匡拂天子,数进不用难听之语以摩切左右,非所以扬令名全寿命者也。(《盖诸葛刘郑孙毋将何传》,3246)

(5)太后修功录德,远者千载,近者当世,或以文封,或以武爵,深浅大小,靡不毕举。今摄皇帝背依践祚,宜异于宰国之时,制作虽未毕已,宜进二子爵皆为公。(《王莽传上》,4090)

以上5个例句中,"远"的词义都是指久远。

4.19.5 邈

"邈"这个词在《汉书》中出现3次,其词义只有1个义位,即"久远"义,与"久、长[1]、永、远、遰、尚、逖"具有相同或相近的义位,即构成同义关系。今将《汉书》中"邈"在这一义位上的用例列举如下:

(1)十一月甲子,立后土祠于汾阴脽上。礼毕,行幸荥阳。还至洛阳,诏曰:"祭地冀州,瞻望河洛,巡省豫州,观于周室,邈而无祀。询问耆老,乃得嬴子嘉。其封嘉为周子南君,以奉周祀。"(《武帝纪》,183—184)

师古曰:"邈,远绝之意。"

(2)轩辕之前,遐哉邈乎,其详不可得闻已。五三《六

经》载籍之传，维见可观也。（《司马相如传下》，2601）

师古曰："遐、邈，皆远也。"

（3）吻昕寤而仰思兮，心蒙蒙犹未察，黄神邈而靡质兮，仪遗谶以臆对。（《叙传上》，4214）

师古曰："黄帝善占梦，久远无从得问，準其谶书，以意求其象也。"

以上 3 个例句中，"邈"的词义都是指久远。

4.19.6 遐

"遐"这个词的使用情况与及其词义分布情况，详见"4.18.5 遐"。《汉书》中，与"久、长[1]、永、远、邈、尚、遂"的词义相同或相近的"遐"的义位只有 1 个，即"久远"义。今将《汉书》中体现"遐"的这一义位的用例举例如下：

（1）汉兴，去圣帝明王遐远，仲尼之道又绝，法度无所因袭。（《楚元王传》，1968）

（2）轩辕之前，遐哉邈乎，其详不可得闻已。五三《六经》载籍之传，维见可观也。（《司马相如传下》，2601）

师古曰："遐、邈，皆远也。"

（3）或称戏农，岂或帝王之弥文哉？论者云否，各亦并时而得宜，奚必同条而共贯？则泰山之封，乌得七十而有二仪？是以创业垂统者俱不见其爽，遐迩五三孰知其是非？遂作颂曰：丽哉神圣，处于玄宫，富既与地乎侔訾，贵正与天乎比崇。（《扬雄传上》，3542）

4.19.7 尚

"尚"这个词在《汉书》中出现 462 次，其中有 1 次是对于《诗经》的引用；还有与别的字组合用作专名的，如"尚食"、

"尚方"都是职官名，"尚书"既是官名又是书名。除去上述用例，《汉书》中"尚"这个词主要有 6 个义位，它们是：（1）尊崇；（2）婚娶；（3）主管；（4）超过；（5）久远；（6）副词：尚且，还。《汉书》中，与"久、长[1]、永、远、邈、遐、遂"具有相同或相近（即构成同义关系）的"尚"的义位只有 1 个，即"久远"义。《汉书》中，"尚"在这一义位上仅有 1 个用例：

> 自淳维以至头曼千有余岁，时大时小，别散分离，尚矣，其世传不可得而次。然至冒顿，而匈奴最强大，尽服从北夷，而南与诸夏为敌国，其世姓官号可得而记云。（《匈奴传上》，3751）

师古曰："尚，久远。"

4.19.8 遂

"遂"这个词在《汉书》中的使用情况与及其词义分布情况，详见"4.18.6 遂"。《汉书》中，与"久、长[1]、永、远、邈、遐、尚"的词义相同或相近的"遂"的义位只有 1 个，即"久远"义。《汉书》中体现"遂"的这一义位仅有 1 个用例：

> 伊上古之初肇，自颢穹生民。历选列辟，以迄乎秦。率迩者踵武，听逖者风声。纷轮威蕤，堙灭而不称者，不可胜数也。（《司马相如传下》，2600）

文颖曰："率，循也。迩，近也。踵，蹈也。武，迹也。逖，远也。言循履近者之遗迹，听远者之风声。风谓著于《雅颂》者也。"师古曰："风声，总谓遗风嘉声耳，无系于《雅颂》也。"

例句中，"遂"的词义是指久远。

综上所述，《汉书》中，"久、长[1]、永、远、邈、遐、尚、遂"这 8 个词有 1 个共同义位，即"久远"义。另外，"久、长[1]"还有 1 个共同义位，即"长久"义。

4.20 近、迩(尔)

4.20.1 近

"近"这个词在《汉书》中出现 339 次，其中有 2 次是对于《易经》的引用，还与别的字组合为专名，如"近君"是《儒林传》中后苍的字。除去上述用例，《汉书》中，"近"这个词主要有 6 个义位，它们是：（1）距离小（包括空间距离和时间距离），与"远"相对；（2）关系亲密；（3）宠信；（4）接近；（5）迫近；（6）指君主的近臣。《汉书》中，与"迩"的词义相同或相近（即构成同义关系）的"近"的义位只有 1 个，即"距离小（包括空间距离和时间距离），与"远"相对"。今将《汉书》中体现"近"的这一义位的用例举例如下：

1. "近"的词义是指空间距离小。

（1）令中尉亚夫为车骑将军，属国悍为将屯将军，郎中令张武为复土将军，发近县卒万六千人，发内史卒万五千人，臧郭穿复土属将军武。赐诸侯王以下至孝悌力田金钱帛各有数。乙巳，葬霸陵。（《文帝纪》，132）

（2）天子为伐胡故，盛养马，马之往来食长安者数万匹，卒掌者关中不足，乃调旁近郡。而胡降者数万人皆得厚赏，衣食仰给县官，县官不给，天子乃损膳，解乘舆驷，出御府禁臧以澹之。（《食货志下》，1161—1162）

（3）明年，南粤反，西羌侵边。天子为山东不澹，赦天下囚，因南方楼船士二十余万人击粤，发三河以西骑击羌，又数万人度河筑令居。初置张掖、酒泉郡，而上郡、朔方、西河、河西开田官，斥塞卒六十万人戍田之。中国缮道馈

粮，远者三千，近者千余里，皆仰给大农。边兵不足，乃发武库工官兵器以澹之。(《食货志下》，1173)

(4) 匈奴河南白羊、楼烦王，去长安近者七百里，轻骑一日一夕可以至。(《郦陆朱刘叔孙传》，2123)

(5) 昔者大禹勤求贤士，施及方外，四极之内，舟车所至，人迹所及，靡不闻命，以辅其不逮；近者献其明，远者通厥聪，比善戮力，以翼天子。是以大禹能亡失德，夏以长楙。(《爰盎晁错传》，2290)

(6) 由是观之，天子大夫者，下民之所视效，远方之所四面而内望也。近者视而放之，远者望而效之，岂可以居贤人之位而为庶人行哉！(《董仲舒传》，2521)

(7) 孝，人行之所先也。观本行于乡党，考功能于官职，达观其所举，富观其所予，穷观其所不为，乏观其所不取，近观其所为主，远观其所主。孔子曰："视其所以，观其所由，察其所安，人焉廋哉？"取人之术也。(《杜周传》，2674)

(8) 赞曰：古之制名，必繇象类，远取诸物，近取诸身。故经谓君为元首，臣为股肱，明其一体，相待而成也。是故君臣相配，古今常道，自然之势也。近观汉相，高祖开基，萧、曹为冠，孝宣中兴，丙、魏有声。是时黜陟有序，众职修理，公卿多称其位，海内兴于礼让。览其行事，岂虚乎哉！(《魏相丙吉传》，3150—3151)

(9) 及元狩元年，博望侯张骞言使大夏时，见蜀布、邛竹杖，问所从来，曰"从东南身毒国，可数千里，得蜀贾人市。"或闻邛西可二千里有身毒国。骞因盛言大夏在汉西南，慕中国，患匈奴隔其道，诚通蜀，身毒国道便近，又亡害。于是天子乃令王然子、柏始昌、吕越人等十余辈间出西南

夷，指求身毒国。（《西南夷两粤朝鲜传》，3841）

2."近"的词义是指时间距离小

（1）永光、建昭间，西羌反，日蚀，又久青亡光，阴雾不精。房数上疏，先言其将然，近数月，远一岁，所言屡中，天子说之。（《眭两夏侯京翼李传》，3160）

（2）翁归抱公洁己，为近世表。（《赵尹韩张两王传》，3240）

（3）盖宽饶为司臣，正色立于朝，虽《诗》所谓"国之司直"无以加也。若采王生之言以终其身，斯近古之贤臣矣。（《盖诸葛刘郑孙毋将何传》，3269）

（4）赞曰：萧望之历位将相，籍师傅之恩，可谓亲昵亡间。及至谋泄隙开，谗邪构之，卒为便嬖宦竖所图，哀哉！不然，望之堂堂，折而不桡，身为儒宗，有辅佐之能，近古社稷臣也。（《萧望之传》，3292）

（5）昔楚有子玉得臣，晋文为之侧席而坐；近事，汲黯折淮南之谋。今云等至有图弑天子逆乱之谋者，是公卿股肱莫能悉心务聪明以销厌未萌之故。赖宗庙之灵，侍中驸马都尉贤等发觉以闻，咸伏厥辜。（《何武王嘉师丹传》，3492）

（6）事未决，给事中博士申咸、炔钦上书，言"丹经行无比，自近世大臣能若丹者少。发愤懑，奏封事，不及深思远虑，使主簿书，漏泄之过不在丹。以此贬黜，恐不厌众心。"（《何武王嘉师丹传》，3507）

（7）太后修功录德，远者千载，近者当世，或以文封，或以武爵，深浅大小，靡不毕举。今摄皇帝背依践祚，宜异于宰国之时，制作虽未毕已，宜进二子爵皆为公。（《王莽传上》，4090）

4.20.2 迩（尔）

"迩"这个词在《汉书》中出现9次，其中有1次是对于孔子言论的引用，除去这一用例，《汉书》中，"迩"这个词的词义计有3个义位，它们是：（1）距离小（包括空间距离和时间距离），与"远"相对；（2）浅近；（3）接近。《汉书》中，与"近"的词义相同或相近（即构成同义关系）的"迩"的义位只有1个，即"距离小（包括空间距离和时间距离），与"远"相对"。今将《汉书》中体现"迩"的这一义位的用例举例如下：

1. "迩"的词义是指空间距离小。

（1）《书》载唐虞之际，命羲和四子顺天文，授民时；咨四岳，以举贤材，扬侧陋；十有二牧，柔远能迩。（《百官公卿表上》，721）

师古曰："迩，近也。"

（2）日月星辰烛临下土，其有食隙之异，则退迩幽隐靡不咸睹。星辰附离于天，犹庶民附离王者也。王者失道，纲纪废顿，下将叛去，故星叛天而陨，以见其象。（《五行志下之下》，1510）

（3）故乃关沫、若，徼牂牁，镂灵山，梁孙原，创道德之涂，垂仁义之统，将博恩广施，远抚长驾，使疏迩不闭，智爽暗昧得耀乎光明，以偃甲兵于此，而息讨伐于彼。遐迩一体，中外禔福，不亦康乎？（《司马相如传下》，2586）

（4）中宗明明，寅用刑名，时举傅纳，听断惟精，柔远能迩，焜耀威灵，龙荒幕朔，莫不来庭。丕显祖烈，尚于有成。述《宣纪》第八。（《叙传下》，4238）

在表示"空间距离小"这一义位上，《汉书》中还有2个用例，"迩"用作"尔"，"尔"是"迩"的同音借字。

(1) 怀生之类，沾濡浸润，协气横流，武节焱逝，尔陿游原，迥阔泳末，首恶郁没，闇昧昭晰，昆虫闓怿，回首面内。(《司马相如传下》，2601)

师古曰："尔，近也。原，本也。迥，远也。阔，广也。泳，浮也。恩德比之于水，近者游其源，远者浮其末也。"

(2) 天子穆穆，是宗是师，四方遐尔，观国之辉。(《韦贤传》，3111)

"尔"通"迩"，其词义指距离近。

2. "迩"的词义是指时间距离小。

(1) 伊上古之初肇，自颢穹生民。历选列辟，以迄乎秦。率迩者踵武，听逖者风声。纷轮威蕤，堙灭而不称者，不可胜数也。(《司马相如传下》，2600)

文颖曰："率，循也。迩，近也。踵，蹈也。武，迹也。逖，远也。言循履近者之遗迹，听远者之风声。风谓著于《雅颂》者也。"师古曰："风声，总谓遗风嘉声耳，无系于《雅颂》也。"

(2) 或称戏农，岂或帝王之弥文哉？论者云否，各亦并时而得宜，奚必同条而共贯？则泰山之封，乌得七十而有二仪？是以创业垂统者俱不见其爽，遐迩五三孰知其是非？遂作颂曰：丽哉神圣，处于玄宫，富既与地乎侔訾，贵正与天乎比崇。(《扬雄传上》，3542)

综上所述，《汉书》中，"近"、"迩（尔）"这 2 个词只有 1 个共同义位，即"距离小（包括空间和时间距离）"。

第五章 《汉书》单音节形容词同义词辨析

　　上一章我们对《汉书》中所归纳出的141组单音节形容词同义词中的20组进行了共同义位的描写，这一章我们将对这20组同义词进行辨异。辨析时我们只辨析这些同义词在相同或相近的那个或那些义位上，它们的义值的差异。从古汉语同义词的实际情况出发，我们主要采用王宁先生提出的"系联"法（即在词的引申义列中考察词的词义特点的差异）和"对举"法（即从反义词的不同看词义的差异），同时联系着同义词在《汉书》中表现出的结合能力的不同来辨析同义词词义在共同义位范围内存在的差异。

　　《汉书》中有同义关系的单音节形容词，其差异较多体现在词义所指范围大小、词义特点、词义所指对象等方面，我们把这方面的差异统称为"词义的具体所指不同"。另外，反义词的不同也能较好地区别同义词，它们有助于辨析相近义位的义值差。但并不是每组同义词中的每一个词都有反义词，或者这些词本身有反义词却没有在《汉书》中反映出来，因此，从反义词的角度区别同义词时，我们加的标题是"反义词情况"，而不是"反义词不同"。

下面我们对上一章所描写的 20 组单音节形容词同义词具体辨析：

5.1　寿、考、老、耆、耇、耄(眊)、长^2、高

5.1.1　词义的具体所指不同

《汉书》中，"寿"、"考"、"老"、"耆"、"耇"、"耄（眊）"、"长^2"、"高"有 1 个共同义位，即"年老、高寿"义。

寿

《说文·八上》："壽，久也。从老省，𠤕声。"① （173 页）"壽"字在早期的铜器鼎、簋上都可以见到，字形从"老"省，𠤕声，是一个省形的形声字。"寿"的本义是活的岁数大，即长寿、年老。《汉书》中，在"年老"这一义位上，"寿"具体表述的是活的岁数大，突出长寿、福祥的一面，与"夭"相对。如：

性命之情，或夭或寿，或仁或鄙，习闻其号，未烛厥理。（《董仲舒传》，2496）

例句中"寿"、"夭"对举。《说文·十下》："夭，屈也。从大，象形。凡夭之属皆从夭。"（214 页）段注："象首夭屈之形也。……物初长者尚屈而未申，殀令不成遂，则终于夭而已矣。故《左传》、《国语》注曰'短折曰夭'；《国语》注又曰'不终曰夭'，又曰'夭，折也'。"② （494 页）"夭"的本义指物初长时拳

---

① 许慎：《说文解字》，中华书局 1963 年版，第 173 页。以下引文皆以此本为准，不再另注，只在引文后加括号标出页码。

② 段玉裁：《说文解字注》，上海古籍出版社 1988 年版，第 494 页。以下引文皆以此本为准，不再另注，只在引文后加括号标出页码。

曲不展的样子，物"少长"本来生命初始力量内蕴，其势头是向"盛"，有时却"不遂"出现意外，"夭"引申指"短折、不终"，与生命自身的终结"寿终正寝"相反。所以"寿"的词义重心在突出人的长命，偏重指"长寿"；"夭"是凶，"寿"则是福、祥。

考

《说文·八上》："考，老也。从老省，丂声。"（173页）段注："凡言寿考者，此字之本义也。"（398页）"考"的本义指"年老"。甲骨文"考"的字形与"老"非常相像，像一个长发飘飘的老人手持拐杖，以此事象会意出"老、寿"义；铜器卣、簋上的铭文很明显是一个形声字，形符"老"标示了这个词的词义与"老、寿"相关。先秦文献材料佐证了"考"的这一用法。《诗·大雅·棫朴》："周王寿考，遐不作人。"郑笺："周王，文王也。文王是时九十余矣，故云'寿考'。"[1]"考"与"寿"同义连言，指"老，高寿"。《汉书》中，在"年老、长寿"这一义位上，"考"都是与"寿"同义连言，表示"长寿"义。如：

> 王者躬行道德，承顺天地，博爱仁恕，恩及行苇，籍税取民不过常法，宫室车服不逾制度，事节财足，黎庶和睦，则卦气理效，五徵时序，百姓寿考，庶虫蕃滋，符瑞并降，以昭保右。（《谷永杜邺传》，3467）

例句中，"百姓寿考"与"符瑞并降"语义互见。"寿考"即"长寿"，这是一种福祥，它还可以带来"符瑞"。现代汉语中，"寿"的这一意义已凝固下来，"寿""福"成为积淀在汉民族文化中饱含美好祝福的吉祥语。

---

[1] 李学勤主编：《十三经注疏·毛诗正义》，北京大学出版社1999年版，第1000页。

老

《说文·八上》："老，考也。七十曰老。从人、毛、匕，言须发变白也。""老"字的字形从甲、金文看，是一个会意字，突出老人的特征：发长、倚杖。先民的观念中，肤发受之于父母，无故不能伤之，所以人越老头发也就越长。这一点我们还可以通过"長"的古文字字形得到证明。甲骨文"長"的字形与"老"字非常相似，突出老人的长发。"長"的本义是指头发长，以此具体意义来表示"长久、长远"义。"老"的本义指"年老"。在"年老"这一义位上，"老"是通语，与之同义的"考"、"叟"可以看作是方言词。章太炎认为"考"、"老"、"壽"、"叟""四字本一语"。他在《文始七·幽冬侵缉类》中说："酉之音有喉、舌、齿三道，从成熟之义孳乳为考，老也，则在喉；为老，考也，则在舌；为寿，《诗传》曰：'考也'，则在齿。寿又变易为叟，老也。此四字本一语，而制字先有老、叟。……呼长者为叟，与呼父老又同，然则四字为一明矣。"① 依章太炎先生的看法，"考"、"老"、"寿"（包括"叟"）都是从酉孳乳出的记录三个发音部位的三个字，它们表示同一个意义。由于各个方言区发音部位不同，所以"老"与"考"、"叟"存在通语与方言之别。（"叟"为名词本论文不作讨论）

《汉书》中，在"年老"这一义位上，"老"具体表述的是人年纪大，"发齿堕落，血气衰微"。如：

> 臣闻山东吏布诏令，民虽老羸癃疾，扶杖而往听之，愿少须臾毋死，思见德化之成也。（《贾邹枚路传》，2336）

例句中，"老"与"羸"、"癃疾"并列使用，而且这些"民"

行动需要"扶杖",还有可能"须臾"将死,可见"老"表述的是年老,伴随着肌体气血的衰弱,瘦与病如影随形。

耆

《说文·八上》:"耆,老也。从老省,旨声。"(173页)"耆"的本义指年老。《汉书》中,在"年老、长寿"这一义位上,"耆"具体表述的是年老而且德高望重。与"老"相比,"耆"表达雅正,一般使用在比较正规的文体中。如:

(1)诏曰:"朕惟耆老之人,发齿堕落,血气衰微,亦亡暴虐之心,今或罹文法,拘执囹圄,不终天命,朕甚怜之。"(《宣帝纪》,258)

(2)朕怜丰之耆老,不忍加刑,其免为庶人。(《盖诸葛刘郑孙毌将何传》,3251)

(3)光愈恐,固称疾辞位。太后诏曰:"太师光,圣人之后,先师之子,德行纯淑,道术通明,居四辅职,辅道于帝。今年耆有疾,俊艾大臣,惟国之重,其犹不可以阙焉。《书》曰'无遗耇老',国之将兴,尊师而重傅。其令太师毋朝,十日一赐餐。赐太师灵寿杖,黄门令为太师省中坐置几,太师入省中用杖,赐餐十七物,然后归老于第,官属按职如故。"(《匡张孔马传》,3363)

以上3个例句中"耆"都用在天子或太后的诏书中,"耆老"常常并列使用,表达上更加郑重。

耇

《说文·八上》:"耇,老人面冻黎若垢。从老省,句声。"(173页)段注:"《释诂》曰:'耇、老,寿也。'《小雅》毛传曰:'耇,寿也。'孙炎曰:'耇,面冻黎色如浮垢,老人寿征也.'……冻黎谓冻而黑色,或假梨为之……古厚切,四部."
(398页)段注证成许说,"耇"以老人面部常见的寿斑来表述
"年老、长寿"义.朱骏声《说文通训定声·老部》:"耇,老人
面冻黎若垢也.按当训老人背伛偻也.从老省,从句,会意,句
亦声."①(356页)朱氏认为"耇"是个会意兼形声字或亦声字,
"句"在"耇"的构形中表义.《说文·三上》:"句,曲也."(50
页)段注:"凡曲折之物,侈为倨,敛为句."(88页)即凡是从
"句"的字皆有"曲折"义."耇"字既然从老、从句,"当训老
人背伛偻也".

　　许慎对"耇"的构形分析,从体例上看"耇"是个省形的形
声字,其实它与朱氏所谓的会意兼形声字或亦声字一致,声符
"句"也表义.段玉裁在《说文》注中谈到会意形声两兼之字,
"《说文》或称其会意,略其形声;或称其形声,略其会意.虽则
省文,实欲互见.不知此则声与义隔."(2页)《说文》中这种
情况不少,如"耆,老人面如點也.从老省,占声."(173页)
段注:"谓老人面有黑瘢之处.点者,小黑也."(398页)声
符"占"也表义.

　　"耇"指老人面部所凝结的若污垢一样的黑斑.许氏如何有
这样一个训释呢?我们认为这与"耇"的"句声"有关.

　　《说文·三上》"句"下段注:"句,古矦切,古音也.四
部."(88页)

　　《说文·三上》"訽,謑訽也.从言后声.〔詢:篆〕訽或从
句."(57页)段注:"呼寇切,四部.后句同部."(101页)

　　《说文·十三下》"垢,浊也.从土后声."(289页)段注:

"古厚切，四部。"（692 页）

经过这些系联我们发现"垢"、"后"、"句"、"耇"皆同部，古音同部意义必相通，"句"在"耇"的构形中表义。所以，《说文·八上》："耇，老人面凍黎若垢。"

许、朱两家皆能自圆其说，但许说似乎更有影响。如：

> 岁月其徂，年老逮耇。（《汉书·韦贤传》，3104）

颜师古注："耇者，老人面色如垢也。"

无论从"寿斑"还是从"伛偻"那个方面写义，"耇"的词义都指"年老"。《汉书》中，在"年老"这一义位上，"耇"具体表述的是年高、灵寿，主要用于年高德贤的师长。如：

> 惟我节侯，显德遐闻，左右昭、宣，五品以训。既耇致位，惟懿惟央，厥赐祁祁，百金洎馆。（《韦贤传》，3111）

例句中"既耇致位"意思是"以年致仕"（师古注）。应劭曰："古者七十悬车致仕。"韦玄成的父亲韦贤即"节侯"，七十余岁在丞相位告老退休。韦贤以明经历位至丞相，曾辅佐两朝天子，为帝者师（下文有"天子穆穆，是宗是师"）。"耇"表述的是年高、灵寿，用于年高德贤的师长。

耄（旄）

《说文》没有收"耄"字，《老部》收有"薹"，许曰："年九十曰薹。从老，从蒿省。"（173 页）徐锴《系传》："薹，亦作耄。莫号反。"[1] 段注："今作耄。从老省，毛声。耗今音读蒿去声。盖蒿声、毛声古可通用也。"（398 页）依段注"薹"即今"耄"字。《尚书·吕刑》："惟吕命，王享国百年，耄荒，度作刑

---

① 徐锴：《说文解字繫传》，中华书局 1987 年版，第 172 页。

以诘四方。"注:"耄,本亦作薹,毛报反,《切韵》莫报反。"①

《十三经》中"耄"共有 9 个用例,指"年老"、"八十岁的老人"或泛指老人以及由此引申出的"昏乱"义。《二十四史》中"耄"出现了 194 次,多数情况是与"荒、衰、朽、昏(惛)、悖"等词结合表示"昏忘、昏乱"义。我们考察《汉书》全部材料,发现"耄"仅有 2 个用例:

(1)刘子归,以语王曰:"谚所谓老将知而耄及之者,其赵孟之谓乎!为晋正卿以主诸侯,而侪于隶人,朝不谋夕,弃神人矣。神怒民畔,何以能久?赵孟不复年矣!"(《五行志中之上》,1381)

师古曰:"八十曰耄,乱也。言人年老阅历既多,谓将益智,而又耄乱也。"

(2)政悖德隐兹谓乱,厥风先风不雨。大风暴起,发屋折木,守义不进兹谓耄,厥风与云俱起,折五谷茎。臣易上政,兹谓不顺,厥风大焱发屋。(《五行志下之上》,1443)

例(1)引用的是谚语,《左传》、《史记》引用此语时也都写作"耄";仅例(2)一个特例。

"眊"在《汉书》中常被使用。

《说文·四上》:"眊,目少精也。从目,毛声。"(71 页)段注:"《孟子》'胸中不正,则眸子眊焉',赵曰'眊者,蒙蒙目不明之貌'。"(131 页)"眊"与"瞭"相对,指眼睛昏浊,看不清楚。"眊"在《十三经》中仅有上面《孟子·离娄章句上》里这一个用例。"眊"由本义"眼睛昏浊"可直接引申出"昏愦、惑乱"义,如:

---

① 李学勤主编:《十三经注疏·尚书正义》,北京大学出版社 1999 年版,第 534—535 页。

"'皇之不极，是谓不建'，皇，君也。极，中；建，立也。人君貌言视听思心五事皆失，不得其中，则不能立万事，失在眊悖，故其咎眊也。"（《汉书·五行志下之上》，1458）

师古曰："眊，不明也。"

《汉书》中多以"眊"为"耄"，"眊"是"耄"的同音借字。如：

《汉书·刑法志》："周道既衰，穆王眊荒，命甫侯度时作刑，以诘四方。"（1092 页）

对于同一事件，《尚书·吕刑》："惟吕命，王享国百年，耄荒，度作刑以诘四方。"

师古注《汉书》："穆王，昭王之子也，享国既百年，而王眊乱荒忽，乃命甫侯为司寇，商度时宜，而作刑之制，以治四方也。眊音莫报反。""耄荒"到《汉书》中改为"眊荒"，"耄"、"眊"同音假借。段玉裁、朱骏声都认为"眊"假借为"薹（耄）"。

另外，"耄"还有两个同音借字"秏"、"旄"，需要注意。

"秏"，《说文·七上》："秏，稻属。从禾，毛声。"（144 页）文献中多用作"耗"（为俗字），也借作"耄"。段在"眊"下注："《吕刑》耄荒，《周礼》注引作秏荒，《汉·刑法志》作眊荒。"（131 页）"秏"与"耄"同音假借。

"旄"，《说文·七上》："旄，幢也。从㫃，从毛，毛亦声。"（141 页）段注："旄是旌旗之名。"（311 页）文献中有用本义的，如"谓牦牛曰旄牛"，"旄、羽"有"举一以赅二"者等等。还有被借作"耄"的，《十三经》中仅一例：

司刺掌三刺、三宥、三赦之法，以赞司寇听狱讼。壹刺曰讯群臣，再刺曰讯群吏，三刺曰讯万民。壹宥曰不识，再宥曰过失，三宥曰遗忘。壹赦曰幼弱，再赦曰老旄，三赦曰蠢愚。以此三法者，求民情，断民中，而施上服下服之罪，然后刑杀。(《周礼·秋官司寇第五》)

孙诒让案：《说文·老部》作"薹"，云"年九十曰薹"，《汉书·刑法志》说《周礼》三刺作"老眊"，秏旄眊并薹之借字，耄则俗体也。①

可见，指代"八十九十老人"或泛"年老"，"薹"是本字，"眊、秏、旄"均为同音借字。《汉书》中表示以上意义只用了"薹"、"眊"，其中主要是用借字"眊"。《汉书》中，在"年老"这一义位上，"薹(眊)"具体表述的是年老而昏乱。如：

(1) 臣资性浅薄，年齿老眊，数伏疾病，昏乱遗忘，愿上大司空、长平侯印绶，乞骸骨归乡里，竢寘沟壑。(《隽疏于薛平彭传》，3052)

师古曰："眊与薹同。"

(2) 惟君视事日寡，功德未效，迫于老眊昏乱，非所以辅国家，绥海内也。(《隽疏于薛平彭传》，3052)

以上2个例句中，"薹(眊)"与"老"并列使用，下文都有"昏乱"或"昏乱遗忘"与之语义互见，"薹(眊)"表述的是年老而昏乱。

长

《说文·九下》："長，久远也。"(196页)甲骨文"長"字形在人的头部突出其长发飘飘的形象，以发长表述"长短"义。古文"長"与"髟"实际上同字异词，只是后者增加了区别性符号"彡"。"長"的本义指长短的长，许慎所释的"久

---

① 孙诒让：《周礼正义》，中华书局1987年版，第2841—2843页。

远"义应是其在时空意义上的引申。"生长"也是从"长"义引申而来的,"生长"即是在变长、变大、变高、变老。所以"长"有年长、年老义。《广雅·释诂第一》:"眉、黎、傁、艾、耆、长、叡、者、期、颐,老也。"[1]"长"与"老"同义。《汉书》中,在"年老"这一义位上,"长"具体表述的是年长,表达郑重。

(1) 太后春秋长,诸吕弱,太后欲立吕产为吕王,王代。(《荆燕吴传》,1901)

师古曰:"言年老。"

(2) 吕后年长,常留守,希见,益疏。(《外戚传上》,3937)

以上2个例句中"长"都用于表述吕后年纪老了。

高

《说文·五下》:"高,崇也。象台观高之形。从冂、口,与仓舍同意。凡高之属皆从高。"(110 页)甲骨文"高"作"𩫖","非'从冂、口',而是在亭之下增口,表示城门。在古代建筑中,城门楼算得上是最高的土木结构,以城门楼表示高义,再恰切不过了。其字在亭之下增口,不仅是为了别字,也是出于表意的需要。所谓高,就是指离地面的距离大。"[2] 词义从空间距离的"高"引申可指年龄的高即"年老、岁数大"。《汉书》中"高"常与"年"连用,表述高龄或高龄的人。如:

(1) 古之立教,乡里以齿,朝廷以爵,扶世导民,莫善于德。然则于乡里先耆艾,奉高年,古之道也。(《武帝

---

① 王念孙:《广雅疏证》,中华书局 1983 年版,第 11 页。
② 尹黎云:《汉字字源系统研究》,中国人民大学出版社 1998 年版,第 254 页。

纪》，156)

"奉高年"意思是奉养高龄老人。"高年"指高龄老人。

"高"也用于表述帝王年老，一般与"春秋"搭配。如：

（2）惠帝崩，高后用事，春秋高，听诸吕擅废帝更立，又杀三赵王，灭梁、赵、燕，以王诸吕，分齐国为四。忠臣进谏，上或乱不听。今高后崩，皇帝春秋富，未能治天下，固待大臣诸侯。（《高五王传》，1994)

"春秋富"与"春秋高"对举，关于"春秋富"，师古曰："言年幼也。比之于财，方未匮竭，故谓之富。"

5.1.2 反义词情况

寿—夭

《汉书》中，在"年老、长寿"这一义位上，"寿"的反义词是"夭"。如：

（1）性命之情，或夭或寿，或仁或鄙，习闻其号，未烛厥理。（《董仲舒传》，2496)

在"年老"这一义位上，"老"的反义词有"幼"、"少"、"小"。如：

（2）书云"二国已和亲，两主欢说，寝兵休卒养马，世世昌乐，翕然更始"，朕甚嘉之。圣者日新，改作更始，使老者得息，幼者得长，各保其首领，而终其天年。朕与单于俱由此道，顺天恤民，世世相传，施之无穷，天下莫不咸嘉。（《匈奴传上》，3762)

（3）陛下若欲来内，处之中国，使重臣临存，施德垂赏以招致之，此必携幼扶老以归圣德。（《严朱吾丘主父徐严终王贾传上》，2782)

（4）愿寝兵休士养马，除前事，复故约，以安边民，以应古始，使少者得成其长，老者得安其处，世世平乐。（《匈奴传上》，3757）

（5）吏民数千人送至渭城，老小扶持车毂，争奏酒炙。（《赵尹韩张两王传》，3216）

耆老—幼弱

"耆老"与"幼弱"对举，如：

（6）且盛荆棘之林，而长养麋鹿，广狐兔之苑，大虎狼之虚，又坏人冢墓，发人室庐，令幼弱怀土而思，耆老泣涕而悲，是其不可二也。（《东方朔传》，2849—2850）

长—幼

在"年老"这一义位上，"长"的反义词是"幼"。如：

（7）被窃观朝廷，君臣、父子、夫妇、长幼之序皆得其理，上之举错遵古之道，风俗纪纲未有所缺。（《蒯伍江息夫传》，2168）

（8）濒洙泗之水，其民涉度，幼者扶老而代其任。俗既益薄，长老不自安，与幼少相让。（《地理志下》，1662）

高—富

在"年老"这一义位上，"高"的反义词是"富"。如：

（9）惠帝崩，高后用事，春秋高，听诸吕擅废帝更立，又杀三赵王，灭梁、赵、燕，以王诸吕，分齐国为四。忠臣进谏，上或乱不听。今高后崩，皇帝春秋富，未能治天下，固待大臣诸侯。（《高五王传》，1994）

5.1.3　词的结合能力不同

寿

《汉书》中，在使用"寿"、"考"的"年老"这一义位时，"寿"可与其同义词"考"或词义相关的词并列使用，如："乐而有节，则和平寿考"、"寿考且宁"、"则人君有寿考之福"、"百姓寿考"、"寿考无疆"、"开赐皇帝眉寿亡疆"；"寿"还可与其反义词出现在对当的位置上，如："或夭或寿"。"寿"、"考"的词义所指向的用作主语的名词或名词性词组有：百姓（百姓寿考）、皇帝（皇帝眉寿亡疆）、性命之情（性命之情，或夭或寿）；"寿考"的后面与之搭配的词有：福（人君有寿考之福）。

老

在使用"老"的"年老"这一义位时，"老"可与其同义词并列使用，如："迫于老眊昏乱"、"年齿老眊"、"朕怜丰之耆老"；还可与其反义词出现在对应的位置上，"使老者得息，幼者得长"、"使少者得成其长，老者得安其处"。"老"的词义所指向的用作主语的名词、代词或名词性词组有：吾（吾老且贱）、民（民虽老赢癃疾）、魏其（魏其老且死）、年（年老癃病）、年齿老眊（年齿老眊）、丰（朕怜丰之耆老），"老"的主语是人名或其年龄；"老"还可以与"者"结合构成"者"字结构，表示"年老的人"，如"使老者得息"。"老"的后面与之搭配的词多与疾病、昏乱、死亡、地位的卑贱有关，如："年老癃病"、"民虽老赢癃疾"、"魏其老且死"、"迫于老眊昏乱"、"吾老且贱"。

耆

在使用"耆"的"年老、长寿"这一义位时，"耆"可与其同义词并列使用，如："朕惟耆老之人"、"以耆老久次转为大夫"、"朕怜丰之耆老"。"耆"的词义所指向的用作主语的名词有：年（今年耆有疾）、丰（朕怜丰之耆老）；"耆"的后面与之搭配的词有：人（朕惟耆老之人）。

耇

在使用"耇"的"年老、长寿"这一义位时，"耇"可与其词义相关的词并列使用，如："我虽鄙耇"、"既耇且陋"、"既耇致位"。

耄（眊）

在使用"耄（眊）"的"年老"这一义位时，"耄（眊）"可与其同义词并列使用，如："哀夫老眊孤寡鳏独，或匮于衣食"、"年齿老眊"、"迫于老眊昏乱"；"耄（眊）"的词义所指向的用作主语的名词有：年齿（臣资性浅薄，年齿老眊）、君（惟君视事日寡，功德未效，迫于老眊昏乱）；"耄（眊）"的后面与之搭配的词有：人（合于三赦幼弱老眊之人）、（及眊悼之人刑法所不加）；"耄（眊）"还可以形容词活用作名词，指代年老的人，如："哀夫老眊孤寡鳏独，或匮于衣食"、"三赦：一曰幼弱，二曰老眊，三曰蠢愚"。

长

在使用"长²"的"年长、年老"这一义位时，"长²"的词义所指向的用作主语的名词或名词性词组有：太后春秋（太后春

秋长)、解年（及解年长）、吕后年（吕后年长），"长²"的后面
与之搭配的词有：年（而泽于刘氏最为长年）、（择长年廉吏遣
行）。"长²"都是表述人的年纪老。

高

在使用"高"的"年纪老"这一义位时，"高"常常用作定
语，后面与"年"搭配，如：（则寿命不究于高年）、（大夫其修
身守道，以终高年）；也可以用作谓语，"高"的词义所指向的用
作主语的名词是：春秋（高后用事，春秋高）。"高"表述的都是
人的年龄。

5.2 幼、小、少²、微、稚、孺、沖

5.2.1 词义的具体所指不同

《汉书》中，"幼"、"小"、"少²"、"微"、"稚"、"孺"、"沖"
有 1 个共同义位，即"年幼"义；另外，"小"、"少²"还有 1 个
共同义位，即"指家庭成员同辈排行最末的"义。

1.《汉书》中，在"年幼"这一义位上，"幼"、"小"、
"少²"、"微"、"稚"、"孺"、"沖"词义的具体所指不同。

幼

《说文·四下》："幼，少也。从幺，从力。"（83 页）又，
《四下》："幺，小也。象子初生之形。"（83 页）朱骏声在《说文
通训定声·幺部》"幺"下云："按此字当从半糸。糸者，絲之
半；幺者糸之半，细小幽隐之谊。……许君盖从幼字生训，然幼
会细小意不必子也，据文实无子初生形。"（311 页）李孝定《甲

骨文字集释》按：甲骨文"实糸之初文"，"许书之幺乃由糸之古
文所孳衍，形体不异而音义已殊，惟幺训'小也'犹为糸之本义
'细丝也'一义所引申。"① 我们同意李先生的看法：甲骨文
"幺"是"糸"最初的字形，"糸"的本义为"细丝"，引申有
"小"义，这一意义写作"幺"。"幺"也特指人的年纪是家庭同
辈排行中最小的，《尔雅·释兽》"幺，幼"郭璞注："最后生者
俗呼为幺豚。"② 段注："幺，子初生甚小。俗谓一为幺，亦谓晚
生子为幺，皆谓其小也。"（158页）"幼"与"幺"同义，也指
年纪小。《汉书》中，在"年幼"这一义位上，"幼"突出人在生
命的最初阶段的弱小。《汉书》中，"幼"出现103次，其中"幼
弱"有9个用例：

（1）至成帝鸿嘉元年，定令："年未满七岁，贼斗杀人及
犯殊死者，上请廷尉以闻，得减死。"合于三赦幼弱老眊之
人。此皆法令稍定，近古而便民者也。（《刑法志》，1106）

（2）成公五年"秋，大水"。董仲舒、刘向以为时成幼
弱，政在大夫，前此一年再用师，明年复城郓以强私家，仲
孙蔑、叔孙侨和颛会宋、晋，阴胜阳。（《五行志上》，1345）

（3）成公元年"二月，无冰"。董仲舒以为方有宣公之
丧，君臣无悲哀之心，而炕阳，作丘甲。刘向以为时公幼
弱，政舒缓也。（《五行志中之下》，1407）

（4）然而天下少安，何也？大国之王幼弱未壮，汉之所
置傅相方握其事。数年之后，诸侯之王大抵皆冠，血气方
刚，汉之傅相称病而赐罢，彼自丞尉以上偏置私人，如此，

① 李孝定：《甲骨文字集释（全八册）》，中研院史语所，1970年再版，第3867
页。

② 李学勤主编：《十三经注疏·尔雅注疏》，北京大学出版社1999年版，第
323页。

有异淮南、济北之为邪！此时而欲为治安，虽尧舜不治。
（《贾谊传》，2233）

（5）且盛荆棘之林，而长养麋鹿，广狐兔之苑，大虎狼之虚，又坏人冢墓，发人室庐，令幼弱怀土而思，耆老泣涕而悲，是其不可二也。（《东方朔传》，2849—2850）

（6）武帝时，又多取好女至数千人，以填后宫。及弃天下，昭帝幼弱，霍光专事，不知礼正，妄多臧金钱财物，鸟兽鱼鳖牛马虎豹生禽，凡百九十物，尽瘗臧之，又皆以后宫女置于园陵，大失礼，逆天心，又未必称武帝意也。（《王贡两龚鲍传》，3070—3071）

（7）今闻陛下春秋未满四十，发齿堕落，太子幼弱，佞人用事，阴阳不调，百姓疾疫饥馑死者且半，鸿水之害殆不过此。（《宣元六王传》，3314）

（8）予义彼国君泉陵侯上书曰：“成王幼弱，周公践天子位以治天下，六年，朝诸侯于明堂，制礼乐，班度量，而天下大服。太皇太后承顺天心，成居摄之义。皇太子为孝平皇帝子，年在襁褓，宜且为子，知为人子道，令皇太后得加慈母恩。畜养成就，加元服，然后复子明辟。”（《翟方进传》，3430—3431）

（9）孝成皇帝自知继嗣不以时立，念虽末有皇子，万岁之后未能持国，权柄之重，制于女主，女主骄盛则耆欲无极，少主幼弱则大臣不使，世无周公抱负之辅，恐危社稷，倾乱天下。（《外戚传下》，3997）

小、少²

《说文·二上》：“小，物之微也。从八，丨见而分之。”（28页）甲骨文“小”象尘沙小物状，与少本为一字，后分化为二字。《说文·二上》："少，不多也。从小，丿声。"（28 页）段注："不多则小，故古少、小互训通用。"（48 页）从今天我们见到的早期的古文字材料看，"小、少"本为一字，既有"微小"义又包含"不多"义，后来分化为两个字：表示前者写作"小"，表示后者写作"少"。

"小、少"这 2 个词本身所指是不同的，但通过引申都可以表述"年纪小"义。在表述"年纪小"这一意义时，"少"主要用于有身份、地位的人，表达的要庄重一些，更具书面色彩，而"小"主要用于地位卑贱的人，表达不太严肃、口语化一些。如：

何曰："王素嫚无礼，今拜大将如召小儿，此乃信所以去也。王必欲拜之，择日斋戒，设坛场具礼，乃可。"王许之。（《韩彭英卢吴传》，1863）

"今拜大将如召小儿"，突出刘邦"素嫚无礼"的一面。

（1）太尉勃与丞相平谋，以曲周侯郦商子寄与禄善，使人劫商令寄绐说禄曰："高帝与吕后共定天下，刘氏所立九王，吕氏所立三王，皆大臣之议。事已布告诸侯王，诸侯王以为宜。今太后崩，帝少，足下不急之国守藩，乃为上将将兵留此，为大臣诸侯所疑。何不速归将军印，以兵属太尉，请梁王亦归相国印，与大臣盟而之国？齐兵必罢，大臣得安，足下高枕而王千里，此万世之利也。"禄然其计，使人报产及诸吕老人。（《高后纪》，101）

（2）于是武帝拜偃为齐相，且正其事。偃至齐，急治王后宫宦者为王通于姊翁主所者，辞及王。王年少，惧以罪为吏所执诛，乃饮药自杀。（《高五王传》，2000）

（3）窃伏听于众庶，察其所言，诸侯宗室在位列者，未有所闻于民间也。而遗诏所养武帝曾孙名病已在掖庭外家者，吉前使居郡邸时见其幼少，至今十八九矣，通经术，有美材，行安而节和。愿将军详大议，参以蓍龟，岂宜褒显，先使入侍，令天下昭然知之，然后决定大策，天下幸甚！（《魏相丙吉传》，3143）

（4）宇立二十年，元帝崩。宇谓中谒者信等曰："汉大臣议天子少弱，未能治天下，以为我知文法，建欲使我辅佐天子。我见尚书晨夜极苦，使我为之，不能也。今暑热，县官年少，持服恐无处所，我危得之！"（《宣元六王传》，3323）

（5）孝成皇帝自知继嗣不以时立，念虽未有皇子，万岁之后未能持国，权柄之重，制于女主，女主骄盛则耆欲无极，少主幼弱则大臣不使，世无周公抱负之辅，恐危社稷，倾乱天下。（《外戚传下》，3997）

（6）平帝崩，无子，莽征宣帝玄孙选最少者广戚侯子刘婴，年二岁，托以卜相为最吉。乃风公卿奏请立婴为孺子，令宰衡安汉公莽践祚居摄，如周公傅成王故事。太后不以为可，力不能禁，于是莽遂为摄皇帝，改元称制焉。（《元后传》，4031）

（7）泉陵侯刘庆上书言："周成王幼少，称孺子，周公居摄。今帝富于春秋，宜令安汉公行天子事，如周公。"郡臣皆曰："宜如庆言。"（《王莽传上》，4078）

以上 7 个例句中，"帝少"、"王年少"、"其（武帝曾孙名病已）幼少"、"天子少弱"、"县官年少"、"少主幼弱"、"宣帝玄孙选最少者"、"周成王幼少"，"少"都是用来表述帝（天子）、诸侯王或其继承人年纪小，使用非常庄重。

微

《说文·八上》："散，眇也。"（依段注本）段注："眇者，小也，引申为凡细之称。"（374 页）《说文·八下》："尾，微也。"
（175 页）段注："微当作散。散，细也。"（402 页）（《说文·十
三上》："细，散也。"（272 页））可见，"散（微）"的本义是细，
即"细微、细小"义。"散（微）"的词义引申指年幼，与"幼"
相同。如：

知陛下有贤圣通明之德，仁孝子爱之恩，怀独见之明，内断
于身，故废后宫就馆之渐，绝微嗣祸乱之根，乃欲致位陛下以安
宗庙。（《外戚传下》，3997）

师古曰："微嗣者，谓幼主也。"

稚

《说文·七上》："稺，幼禾也。从禾，犀声。"（144 页）段
注："《鲁颂》毛传曰'后种曰稺'，许不言后种者后种固小于先
种。……引申为凡幼之称。今字作稚。"（321 页）《七上》："稙，
早种也。"（144 页）段注："按稚当作稺，郭景纯注方言曰'稺，
古稚字'，是则晋人皆作稚，故稺稚为古今字，写说文者用今字
因袭之耳。"（321 页）其实，"稚"是"稺"的异构字，"稺"的
本义是指幼禾，词义引申指幼小，年幼。在"年幼"这一义位
上，"稚"具体表述的是年龄幼小而朴拙。如：

新都侯摄天子位，号令天下，故择宗室幼稚者以为孺
子，依托周公辅成王之义，且以观望，必代汉家，其渐可
见。（《翟方进传》，3426）

我们把这一用例与《元后传》中表述同一历史事实的用例作
一比较：

平帝崩，无子，莽征宣帝玄孙选最少者广戚侯子刘婴，
年二岁，托以卜相为最吉。乃风公卿奏请立婴为孺子，令宰
衡安汉公莽践祚居摄，如周公傅成王故事。太后不以为可，

力不能禁，于是莽遂为摄皇帝，改元称制焉。（《元后传》，4031）

通过比较，我们知道王莽所挑选的"宗室幼稚者"即是从"宣帝玄孙选最少者广戚侯子刘婴"。刘婴当时只有2岁，一个真正"乳臭未干"、尚需大人怀抱的"稚子"。"稚"表述的是年龄幼小而朴拙。

孺

《说文·十四下》："孺，乳子也。"（310页）段注："凡幼者曰孺子，此其义也。"（743页）"孺"的本义是指幼童，词义引申指"年幼"。在"年幼"这一义位上，"孺"同于"幼"，具体表述的是幼少。如：

（1）良尝闲从容步游下邳圯上，有一老父，衣褐，至良所，直堕其履圯下，顾谓良曰："孺子下取履！"良愕然，欲欧之。为其老，乃强忍，下取履，因跪进。父以足受之，笑去。良殊大惊。父去里所，复还，曰："孺子可教矣。后五日平明，与我期此。"良因怪（之），跪曰："诺。"（《张陈王周传》，2024）

师古曰："孺，幼也。"

（2）太皇太后遭家不造，国统三绝，绝辄复续，恩莫厚焉，信莫立焉。孝平皇帝短命蚤崩，幼嗣孺冲，诏予居摄。予承明诏，奉社稷之任，持大宗之重，养六尺之托，受天下之寄，战战兢兢，不敢安息。（《翟方进传》，3435—3436）

"幼嗣孺冲"，"幼"与"孺"、"冲"相一致，都表示继嗣年幼。

沖

《说文·十一上》："沖，涌摇也。"（229 页）"沖"的本义是水涌动。又，《说文·八下》："僮，未冠也。"（161 页）段注："《辛部》曰：男有辠曰奴，奴曰童。按《说文》僮、童之训与后人所用正相反。……今经传僮子字皆作童子，非古也。《杂记》注曰：童，未成人之称。《学记》注曰：成童十五以上。"（365 页）《说文·三上》："童，男有辠曰奴，奴曰童，女曰妾。"（58 页）段注："今人童仆字作僮，以此为僮子字，葢经典皆汉以后所改。"（102 页）从《说文》和段注可知，造字之初，"僮"表述"童子"义，"童"表述"僮仆"义；汉以后表述"僮仆"义用"僮"，而"僮子"之"僮"却沿用先秦之字，段氏认为应改作"童子"。表述"幼小"义，本字为"僮"，后用其同音字"童"。"沖"（直弓切，九部）、"僮（童）"（徒红切，九部）同部则意义相通，故"沖"也训作"僮（童）"。《书·盤庚下》"肆予沖人"，孔颖达疏："沖、童声相近，皆是幼小之名。"[1]"沖"的假借义指年幼。在"年幼"这一义位上，"沖"与"稚"同，具体表述的是年幼而童蒙，即幼小无知。如：

> 洪惟我幼沖孺子，当承继嗣无疆大历服事，予未遭其明哲能道民于安，况其能往知天命！熙！我念孺子，若涉渊水，予惟往求朕所济度，奔走以傅近奉承高皇帝所受命，予岂敢自比于前人乎！天降威明，用宁帝室，遗我居摄宝龟。（《翟方进传》，3428）

师古曰："洪，大也。惟，思也。沖，稚也。大思幼稚孺子，

---

① 李学勤主编：《十三经注疏·尚书正义》，北京大学出版社 1999 年版，第 244 页。

当承继汉家无竟之历，服行政事。"

例句中王莽日夜忧思的"幼冲孺子"，即是同传中所记述的他当初挑选的"宗室幼稚者"（"故择宗室幼稚者以为孺子"），"幼冲"与"幼稚"相同，"冲"同于"稚"，用来表述那个年仅2岁的蒙童刘婴。

2.《汉书》中，在"家庭成员同辈排行最末的"这一义位上，"小"、"少²"的词义具体所指相同。

5.2.2　反义词情况

幼—长、老

《汉书》中，在"年幼"这一义位上，"幼"的反义词是"长"、"老"。如：

（1）人性有男女之情，妒忌之别，为制婚姻之礼；有交接长幼之序，为制乡饮之礼；有哀死思远之情，为制丧祭之礼；有尊尊敬上之心，为制朝觐之礼。（《礼乐志》，1027—1028）

（2）濒洙泗之水，其民涉度，幼者扶老而代其任。俗既益薄，长老不自安，与幼少相让。（《地理志下》，1662）

小—老

"小"的反义词是"老"。如：

（3）吏民数千人送至渭城，老小扶持车毂，争奏酒炙。（《赵尹韩张两王传》，3216）

少—老、长

"少"的反义词是"老"。如：

（4）愿寝兵休士养马，除前事，复故约，以安边民，以应古始，使少者得成其长，老者得安其处，世世平乐。（《匈奴传上》，3757）

《汉书》中，在"家庭成员同辈排行最末的"这一义位上，"少"的反义词是"长"。如：

（1）殷道既衰，周大王亶父兴岐梁之地，长子大伯，次曰仲雍，少曰公季。（《地理志下》，1667）

（2）向三子皆好学：长子伋，以《易》教授，官至郡守；中子赐，九卿丞，蚤卒；少子歆，最知名。（《楚元王传》，1966）

5.2.3 词的结合能力不同

幼

《汉书》中，在使用"幼"的"年幼"这一义位时，"幼"常常与其同义词或词义相关的词并列使用，如："周成王幼少"、"君年幼稚"、"孝昭幼冲"、"少主幼弱"、"时成幼弱"、"时公幼弱"、"大国之王幼弱未壮"、"昭帝幼弱"、"太子幼弱"、"成王幼弱"；"幼"也可与其反义词并列使用或出现于对当的位置上，如："有交接长幼之序"、"幼者扶老而代其任"、"长老不自安，与幼少相让"。"幼"在句中充当谓语成份，其词义所指向的可用作主语的名词或名词性词组有：年（年幼）、周成王（周成王幼少）、君年（君年幼稚）、孝昭（孝昭幼冲、昭帝幼弱）、少主（少主幼弱）、成公（时成幼弱、时公幼弱）、大国之王（大国之王幼弱未壮）、太子（太子幼弱），这些作主语的名词或名词性词组指代的都是人或其年龄，而且这些人都是帝王或其继承人，这种现象与中国古代王位世袭制密切相关，中国历史的话语权属于这些"命贵"的小皇帝。

小

《汉书》中，在使用"小"的"年幼"这一义位时，"小"作定语，所连接的中心词是：儿（今拜大将如召小儿），"小儿"与"大将"形成对比，突出刘邦"素嫚无礼"；"小"作谓语，其主语是：年（光年小于莽子宇）。

少

《汉书》中，在使用"少"的"年幼"这一义位时，"少"可与其同义词"幼"及其词义相关的词并列使用，如："吉前使居郡邸时见其幼少"、"周成王幼少"、"汉大臣议天子少弱"；"少"还可与其反义词出现于对当的位置上，如："少者得成其长，老者得安其处"。"少"在句中用作谓语，其词义所指向的用作主语的名词、代词或名词性词组有：帝（帝少）、王（王年少）、其（武帝曾孙名病已在掖庭外家者，吉前使居郡邸时见其幼少）、天子（天子少弱）、少主（少主幼弱）、宣帝玄孙（宣帝玄孙选最少者）、周成王（周成王幼少），"少"都是用来表述帝（天子）、诸侯王或其继承人年纪小，使用非常庄重；"少"还可以受副词修饰，如：最（宣帝玄孙选最少者）；"少"作定语，所连接的中心词是：主（少主幼弱则大臣不使）；"少"可以与"者"结合组成"者"字词组，表示"年少的人"，在句中用作兼语，如："使少者得成其长"。

微

《汉书》中，在使用"微"的"年幼"这一义位时，"微"作定语，所连接的中心词是：嗣（微嗣）。

稚

《汉书》中，在使用"稚"的"年幼"这一义位时，"稚"可与其同义词"幼"、"少"并列使用，如："故择宗室幼稚者以为孺子"、"以其年稚母少"、"加以幼稚愚惑"、"君年幼稚"；"稚"的词义所指向的可用作主语的名词有：宗室（宗室幼稚）、年（年稚母少）、妾（幼稚愚惑）、君年（君年幼稚）；"稚"还可用作定语，所连接的名词是：子（稚子咽哺）。

孺

《汉书》中，在使用"孺"的"年幼"这一义位时，"孺"可与其同义词"冲"并列使用，如："幼嗣孺冲"；"孺"还可用作定语，所连接的名词是：子（孺子可教矣）。

冲

《汉书》中，在使用"冲"的"年幼"这一义位时，"冲"与其同义词"幼"并列使用，如："洪惟我幼冲孺子"、"孝昭幼冲"；"冲"的词义所指向的作主语的名词是：孝昭（孝昭幼冲）；"冲"作定语，所连接的名词是：孺子（幼冲孺子）。帝王幼少称"孺子"，"幼冲"修饰"孺子"，意义一致。

5.3 小、细、幼、幺、少¹、纤、微、薄

5.3.1 词义的具体所指不同

《汉书》中，"小"、"细"、"幼"、"幺"、"少¹"、"纤"、"微"、"薄"这 8 个词有 1 个共同义位，即"细小、细微"义。

小

甲骨文"小"𝆑，象尘沙小物状，其本义指微小、细小。在"细小"这一义位上，"小"具体表述的是份额小、分量轻或只占据一部分。如：

（1）欲天下之治安，莫若众建诸侯而少其力。力少则易使以义，国小则亡邪心。（《贾谊传》，2237）

"国小"是指一个国家的国土面积小、子民少。"小"具体表述的是所占据的面积小。

（2）其行罚也，非以忿怒妄诛而从暴心也，以禁天下不忠不孝而害国者也。故罪大者罚重，罪小者罚轻。（《爰盎晁错传》，2294）

"罪小"是指所犯的罪行分量轻，"小"具体表述的是所占分量轻。

（3）令士厉精乡进，不以小疵妨大材。（《平帝纪》，348）

（4）论大功者不录小过，举大美者不疵细瑕。（《傅常郑甘陈段传》，3017）

"小疵"与"小过"、"细瑕"意思相同，它们在一个人的"大材"、"大功"、"大美"中只占据一小部分，这一小点所谓的"瑕疵"是无法遮掩整块玉的美的（玉的"五德"与君子的道德追求是一致的）。

因为"小"具体表述的是份额小、分量轻或只占据一部分，"小"可以广泛用于面积、体积、长度、力量大小、规模等方面，并且可归纳出各自相应的义位，如："窄小、狭小"、"矮小"、"弱小"、"规模小"、"层次低"等。《汉书》中，体现"小"的这些义位的用例很多，如：

（1）且天下非小弱也；雍州之地，殽、函之固，自若也。（《陈胜项籍传》，1825）

"天下非小弱也"是指当时天下的土地面积不小、国家的实力不弱。"小"与其词义相关的词"弱"并列使用。

（2）时成都侯商为大司马卫将军，罢朝，欲候护，其主簿谏："将军至尊，不宜入闾巷。"商不听，遂往至护家。家狭小，官属立车下，久住移时，天欲雨，主簿谓西曹诸掾曰："不肯强谏，反雨立闾巷！"商还，或白主簿语，商恨，以他职事去主簿，终身废锢。（《游侠传》，3707）

"家狭小"是指家庭的住房面积窄小，"小"与其词义相关的词"狭"并列使用。

（3）遵少孤，与张竦伯松俱为京兆史。竦博学通达，以廉俭自守，而遵放纵不拘，操行虽异，然相亲友，哀帝之末俱著名字，为后进冠。并入公府，公府掾史率皆赢车小马，不上鲜明，而遵独极舆马衣服之好，门外车骑交错。（《游侠传》，3709）

"小马"是指瘦弱、个头矮小的马。"小"与"赢"互文见义。

（4）尊曰："国虚民贫，咎在奢泰。"乃身短衣小袖，乘牝马柴车，藉槁，瓦器，又以历遗公卿。（《王莽传下》，4164）

"小袖"是指窄小的袖子，"短"与"小"互文见义。

细

《说文·十三上》："细，微也。"（272页））又，《说文·八上》："微，眇也。"段注："眇者，小也，引申为凡细之称。"（374页）《说文·八下》："尾，微也。"（175页）段注："微当作微。微，细也。"（402页）可见，"细"与"微（微）"同义，本义是指"细小"。在"细微、细小"这一义位上，它们具体表述的是与粗、大相对的状态。如：

(1) 有司无仲山父将明之材，不能因时广宣主恩，建立明制。为一代之法，而徒钩揪微细，毛举数事，以塞诏而已。是以大议不立，遂以至今。(《刑法志》，1103)

"而徒钩揪微细"意思是只钩连拾取一些细末的小事，"微细"与下文"大议"形成对比。

(2) 臣窃伏思其一端，殆吏多苛政，政教烦碎，大率咎在部刺史，或不循守条职，举错各以其意，多与郡县事，至开私门，听谗佞，以求吏民过失，谴呵及细微，责义不量力。郡县相迫促，亦内相刻，流至众庶。(《薛宣朱博传》，3386)

"谴呵及细微"意思是部刺史谴责呵斥吏民的过失至极细小的事情，这与上文的"苛政"、"政教烦碎"以及下文的"迫促"、"相刻"语义互见。

(3) 今天下大安，万民熙熙，独朕与单于为之父母。朕追念前事，薄物细故，谋臣计失，皆不足以离昆弟之欢。朕闻天不颇覆，地不偏载。朕与单于皆捐细故，俱蹈大道，堕坏前恶，以图长久，使两国之民若一家子。(《匈奴传上》，3763)

师古曰："细故，小事也。""捐细故"的意思是汉与匈奴应该捐弃两国间的小小前嫌。"细"指的是与两国的长久利益，即"大道"相对的微不足道的小事。

幼、幺

"幼"和"幺"的引申义都指"小"。在"细小"这一义位上，《汉书》中这2个词都用来表述"钱"的尺寸小，"幼"比

"幺"的尺寸要略大一点。如:

> 大布、次布、弟布、壮布、中布、差布、厚布、幼布、幺布、小布。小布长寸五分,重十五铢,文曰"小布一百"。自小布以上,各相长一分,相重一铢,文各为其布名,直各加一百。上至大布,长二寸四分,重一两,而直千钱矣。是为布货十品。(《食货志下》,1178)

少

《说文·二上》:"少,不多也。"(28 页)"少"的本义具体表述的是数量不多,即数量少。在"细微、细小"这一义位上,"少"具体表述的是事物的数量小。如:

(1)惠帝五年夏,大旱,江河水少,溪谷绝。先是发民男女十四万六千人城长安,是岁城乃成。(《五行志中之上》,1391)

"江河水少"是指江河水的流量小,与上文"大旱"语义互见。

(2)虽性愚鄙,至诚自知,德薄位尊,力少任大,夙夜悼栗,常恐污辱圣朝。今天下治平,风俗齐同,百蛮率服,毕陛下圣德所自躬亲,太师光、太保舜等辅政佐治,群卿大夫莫不忠良,故能以五年之间至致此焉。(《王莽传上》,4071)

"力少任大"是指力量弱小却担子重大,"少"表述的是人的力量微小。

纤

《说文·十三上》:"繊,细也。从糸,韱声。"(272 页)"纤"的本义是指制作精细的布,词义引申指细小,微小。在

"细小"这一义位上，"纤"具体表述的是极其细小，如丝细、如芥小。如：

(1) 安世尊为公侯，食邑万户，然身衣弋绨，夫人自纺绩，家童七百人，皆有手技作事，内治产业，累积纤微，是以能殖其货，富于大将军光。天子甚尊惮大将军，然内亲安世，心密于光焉。（《张汤传》，2652）

"累积纤微"意思是安世的家产是从一分一厘很小的数目积攒起来的。

(2) 昔白起为秦将，南拔郢都，北阬赵括，以纤介之过，赐死杜邮，秦民怜之，莫不陨涕。（《傅常郑甘陈段传》，3021）

"以纤介之过"指以如芥粒一样极小的过失。"纤"表述的是极其细小。

薄

《说文·一下》："薄，林薄也。"（23页）段注："按林木相迫不可入曰薄，引伸凡相迫皆曰薄……相迫则无间可入，凡物之单薄不厚者亦无间可入，故引伸为厚薄之薄。"（41页）"薄"，旁各切，五部；"迫"，博陌切，古音在五部，同部则意义相通。"薄"的本义是指草木丛生的地方，词义引申指厚薄之薄，再进一步引申指微小。在"微小"这一义位上，"薄"具体表述的是小而分量轻。如：

(1) 故圣人因天秩而制五礼，因天讨而作五刑。大刑用甲兵，其次用斧钺；中刑用刀锯，其次用钻凿；薄刑用鞭扑。大者陈诸原野，小者致之市朝，其所繇来者上矣。（《刑法志》，1079—1080）

"薄刑"是指相对于"大刑"、"中刑"而言较轻的刑法，所以处罚也较轻，仅挨鞭抽。

（2）后岁余，丞相王嘉上书荐故廷尉梁相等，尚书劾奏嘉"言事恣意，迷国罔上，不道。"下将军中朝者议，左将军公孙禄、司隶鲍宣、光禄大夫孔光等十四人皆以为嘉应迷国不道法。胜独书议曰："嘉资性邪僻，所举多贪残吏。位列三公，阴阳不和，诸事并废，咎皆繇嘉，迷国不疑，今举相等，过微薄。"（《王贡两龚鲍传》，3081）

"过微薄"指过错很小，"微薄"同义词并列使用，表述丞相王嘉所犯过错小、分量轻。

5.3.2 反义词情况

小—大、钜

《汉书》中，"小"的反义词是"大"、"钜"。如：

（1）令士厉精乡进，不以小疵妨大材。（《平帝纪》，348）

（2）然诸侯原本以大，末流滥以致溢，小者淫荒越法，大者睽孤横逆，以害身丧国。（《诸侯王表》，395）

（3）事小敌脆，则媮可用也；事钜敌坚，则焕然离矣。是亡国之兵也。（《刑法志》，1086）

细—大、巨

《汉书》中，"细"的反义词是"大"、"巨"。如：

（4）夫度田非益寡，而计民未加益，以口量地，其于古犹有余，而食之甚不足者，其咎安在？无乃百姓之从事于末以害农者蕃，为酒醪以靡谷者多，六畜之食焉者众与？细大之义，吾未能得其中。（《文帝纪》，128）

（5）论大功者不录小过，举大美者不疵细瑕。（《傅常郑甘陈段传》，3017）

（6）今天下大安，万民熙熙，独朕与单于为之父母。朕追念前事，薄物细故，谋臣计失，皆不足以离昆弟之欢。朕闻天不颇覆，地不偏载。朕与单于皆捐细故，俱蹈大道，堕坏前恶，以图长久，使两国之民若一家子。（《匈奴传上》，3763）

（7）四民食力，罔有兼业，大不淫侈，细不匮乏，盖均无贫，遵王之法。（《叙传下》，4266）

（8）项羽遂烧夷齐城郭，所过尽屠破。齐人相聚畔之。荣弟横收齐散兵，得数万人，反击项羽于城阳。而汉王帅诸侯败楚，入彭城。项羽闻之，乃释齐而归击汉于彭城，因连与汉战，相距荣阳。以故横复收齐城邑，立荣子广为王，而横相之，政事无巨细皆断于横。（《魏豹田儋韩王信传》，1849）

少—大

《汉书》中，"少¹"的反义词是"大"。如：

（9）虽性愚鄙，至诚自知，德薄位尊，力少任大，夙夜悼栗，常恐污辱圣朝。今天下治平，风俗齐同，百蛮率服，毕陛下圣德所自躬亲，太师光、太保舜等辅政佐治，群卿大夫莫不忠良，故能以五年之间至致此焉。（《王莽传上》，4071）

纤—大

《汉书》中，"纤"的反义词是"大"。如：

（10）今子幸得遭明盛之世，处不讳之朝，与群贤同行，历金门上玉堂有日矣，曾不能画一奇，出一策，上说人主，下谈公卿。目如耀星，舌如电光，一从一衡，论者莫当，顾而作《太玄》五千文，支叶扶疏，独说十余万言，深者入黄泉，高者出苍天，大者含元气，纤者入无伦，然而位不过侍郎，擢才给事黄门。意者玄得毋尚白乎？何为官之拓落也？"（《扬雄传下》，3566）

薄—大

《汉书》中，"薄"的反义词是"大"。如：

（11）故圣人因天秩而制五礼，因天讨而作五刑。大刑用甲兵，其次用斧钺；中刑用刀锯，其次用钻凿；薄刑用鞭扑。大者陈诸原野，小者致之市朝，其所繇来者上矣。（《刑法志》，1079—1080）

5.3.3 词的结合能力不同

小

《汉书》中，在使用"小"的"细小"这一义位时，"小"可与其同义词或词义相关的词并列使用，或与其同义词出现于对当或对应的位置上，如："今此鼎细小"、"且天下非小弱也"、"力少则易使以义，国小则亡邪心"、"论大功者不录小过，举大美者不疵细瑕"、"家狭小"、"公府掾史率皆赢车小马"、"乃身短衣小袖"；"小"还可与其反义词出现于对当或对应的位置上，如："不以小疵妨大材"、"小者淫荒越法，大者睽孤横逆"、"事小敌脆，则喻可用也；事钜敌坚，则焕然离矣"、"故罪大者罚重，罪小者罚轻"。"小"作谓语，其词义所指向的作主语的名词或名词性词组有：其志（此其志不小）、

事（事小敌脆）、此鼎（今此鼎细小）、天下（且天下非小弱
也）、国（国小则亡邪心）、罪（罪小者罚轻）、文（汤辩常在
文深小苛）、家（家狭小）；"小"作定语，后面与之搭配的词
有：疵（不以小疵妨大材）、布（小布长寸五分）、过（论大功
者不录小过）、马（公府掾史率皆羸车小马）、袖（乃身短衣小
袖），"小"既可以修饰抽象事物的名词：疵、过，也可以修饰
具体事物的名词：布（钱）、马、袖。

细

《汉书》中，在使用"细"的"细小"这一义位时，"细"可
与其同义词或词义相关的词并列使用，或与其同义词出现于对当
或对应的位置上，如："而徒钩摭微细"、"今此鼎细小"、"论大
功者不录小过，举大美者不疵细瑕"、"祸起细微"、"薄物细故"；
"小"还可与其反义词并列使用或出现于对当或对应的位置上，
如："细大之义，吾未能得其中"、"政事无巨细皆断于横"、"大
不淫侈，细不匮乏"。"细"作谓语，其词义所指向的作主语的名
词或名词性词组有：赏（赏亦不细矣）、此鼎（今此鼎细小）、政
事（政事无巨细皆断于横）、祸（为祸不细）；"细"作定语，后
面与之搭配的词有：义（细大之义）、过（参见人之有细过）、事
（非细事也）、故（薄物细故），"细"既可以修饰抽象事物的名
词，也可以修饰具体事物的名词。

幼、幺

《汉书》中，在使用"幼"、"幺"的"细小"这一义位时，
都作定语，后面与之搭配的词都是：布（幼布、幺布）、钱（曰
"幼钱二十"、曰"幺钱一十"），"布"也是当时通行的"钱"。

少

《汉书》中，在使用"少[1]"的"细小"这一义位时，"少[1]"可与其同义词出现于对应的位置上或与其反义词出现于对当的位置上，如："德薄位尊，力少任大"。"少[1]"作谓语，其词义所指向的作主语的名词或名词性词组有：江河水（江河水少）、力（力少任大），可以是抽象事物的名词，也可以是具体事物的名词。

纤

《汉书》中，在使用"纤"的"细小"这一义位时，"纤"可与其同义词或词义相关的词并列使用，如："累积纤微"、"以纤介之过"、"乃欲发兵报纤介之忿于远夷"；"纤"还可与其反义词出现于对应的位置上，如"大者含元气，纤者入无伦"。"纤"作定语，后面与之搭配的词有：过（以纤介之过）、忿（乃欲发兵报纤介之忿于远夷），"纤"修饰的都是抽象事物的名词。

微

《汉书》中，在使用"微"的"细小"这一义位时，"微"可与其同义词并列使用，如："谴呵及细微"、"而徒钩摭微细"、"微细之间，未必可同"，其中的"细微"、"微细"都是形容词活用为名词，指细小的事情。"微"作定语，后面与之搭配的词是：过（或持其微过），"微"修饰的是表示抽象事物的名词。

薄

《汉书》中，在使用"薄"的"微小"这一义位时，"薄"可与其同义词并列使用，或与其同义词出现于对当或对应的位置上，如："过微薄"、"薄物细故"、"德薄位尊，力少任大"、"德薄国小"；"薄"或与其反义词出现于并列的句子中，如："大刑用甲兵，其次用斧钺；中刑用刀锯，其次用钻凿；薄刑用鞭扑"。"薄"作谓语，其词义所指向的作主语的名词或名词性词组有：德（德薄国小、德薄位尊）、官（自见年少官薄）、侯罪（侯罪薄）、过（过微薄），这些作主语的词都是抽象事物的名词；"薄"作定语，后面与之搭配的词有：刑（薄刑用鞭扑）、物（薄物细故），"薄"修饰的是抽象事物的名词。

5.4 少¹、寡、薄、鲜²、稀(希)、罕、微

5.4.1 词义的具体所指不同

《汉书》中，"少¹"、"寡"、"薄"、"鲜²"、"稀（稀）"、"罕"、"微"这 7 个词有 1 个共同义位，即"（数量）少"义。

少

《说文·二上》："少，不多也。"（28 页）"少¹"的本义具体表述的是数量不多，即数量少，与"多"相对。如：

（1）生之者甚少而靡之者甚多，天下财产何得不蹶！（《食货志上》，1128）

"生之者甚少而靡之者甚多"意思是生产的很少却浪费的很多，与下文"蹶"语义互见。"少"与"多"出现于同一句子对当的位置上，"少"表述的是相对于"多"而言的"数量少"。

（2）间者，民弥惰怠，乡本者少，趋末者众，将何以矫之？方东作时，其令二千石勉劝农桑，出入阡陌，致劳来之。（《成帝纪》，314）

（3）及周室衰，礼法堕，诸侯刻桷丹楹，大夫山节藻
棁，八佾舞于庭，《雍》彻于堂。其流至乎士庶人，莫不离
制而弃本，稼穑之民少，商旅之民多，谷不足而货有余。
（《货殖传》，3681）

这 2 个例句中"乡本者少"与"稼穑之民少"，"趋末者众"
与"商旅之民多"意思分别相同，"少"表述的是相对于"多"
或"众"而言的"数量少"。《汉书》中，在使用"少"的这一义
位时，绝大多数情况下，"少"都与其反义词"多"或"众"出
现于对当或对应的位置上，再如：

（4）臣闻平使诸将，金多者得善处，金少者得恶处。
（《张陈王周传》，2040—2041）

（5）夫贤者，国家之器用也。所任贤，则趋舍省而功施
普；器用利，则用力少而就效众。（《严朱吾丘主父徐严终
王贾传下》，2823）

寡

《说文·七下》："寡，少也。"（151 页）"寡"的本义是指数
量少。在"（数量）少"这一义位上，"寡"具体表述的是数量
少、甚或仅有单独一个、几个。如：

雕文刻镂，伤农事者也；锦绣纂组，害女红者也。农事
伤则饥之本也，女红害则寒之原也。夫饥寒并至，而能亡为
非者寡矣。朕亲耕，后亲桑，以奉宗庙粢盛、祭服，为天下
先；不受献，减太官，省徭赋，欲天下务农蚕，素有畜积，
以备灾害。强毋攘弱，众毋暴寡；老者以寿终，幼孤得遂
长。今岁或不登，民食颇寡，其咎安在？（《景帝纪》，151）
"而能亡为非者寡矣"意思是（在"饥寒并至"的情况下）
能够不为非作歹的人很少。

"民食颇寡"意思是百姓的食物很少。在间或不收的情况下，百姓的食物份额如何少可想而知。"寡"前面受程度副词"颇"修饰，表示很少。

薄

"薄"从"厚薄"义又可引申指"少、微薄"。在"少、微薄"这一义位上，"薄"具体表述的是数量少、分量轻。如：

（1）其行赏也，非虚取民财妄予人也，以劝天下之忠孝而明其功也。故功多者赏厚，功少者赏薄。（《爰盎晁错传》，2294）

"功少者赏薄"指立功少的人赏赐的少，与"功多者赏厚"意思相对。"厚"、"薄"在这里指赏赐物的多与少，"薄"表述的是赏赐物的数量少、分量轻。

（2）后成都侯王商为大司马卫将军辅政，杜邺说商曰：'东邻杀牛，不如西邻之瀹祭'，言奉天之道，贵以诚质大得民心也。行秽祀豐，犹不蒙祐；德修荐薄，吉必大来。（《郊祀志下》，1262）

"德修荐薄"与"行秽祀豐"形成对比，指德行修洁而祭祀的物品少，"薄"与"豐"反义对举，"薄"表述的是祭祀的物品数量少。

鲜

《说文·十一下》："鲜，鱼名，出貉国。"（244页）段注："按此乃鱼名，经传乃叚为新鱻字，又叚为尟少字，而本义废矣。"（579页）从段注，表示"少"义是"鲜"的假借义。表示"少"义本字是"尟"，俗作"尠"，经典借"鲜"字。《慧琳音义》卷十七"尠薄"注："尠，正体从是从少作尟，或从鱼从羊作鲜，音义并同。"① 《说文义证·是部》："尟，经典借鲜字。"②
《尔雅·释诂下》："希、寡、鲜，罕也。"③ 郝懿行《尔雅义疏》：
"鲜者，尟之叚音也。"④ 又，《说文·二下》："尟，是少也。"段
注："《易·系辞》：'故君子之道鲜矣。'郑本作尟，云少也。又
'尟不及矣'，本亦作鲜……尠者，尟之俗。""鲜"借作"尟"，
指"少"。在"（数量）少"这一义位上，"鲜"具体表述的是少
而寥寥无几，同于"寡"。如：

（1）法既益严，吏多废免。兵革数动，民多买复及五大
夫、千夫，征发之士益鲜。于是除千夫、五大夫为吏，不欲
者出马；故吏皆適令伐棘上林，作昆明池。（《食货志下》，
1165）

师古曰："鲜，少也，音先浅反。"

"征发之士益鲜"意思是可征的士卒更少。原因是百姓都
"入财于官，以取优复"（师古注）。

（2）子高素有颜冉之资，臧武之智，子贡之辩，卞庄子
之勇，兼此四者，世之所鲜。既开端绪，愿卒成之。求朝，
义事也，奈何行金钱乎！"博报曰："已许石君，须以成事。"
王以金五百斤予博。（《宣元六王传》，3315）

师古曰："鲜，少也，音先践反。"

"世之所鲜"意思是像子高这样集"资、智、辩、勇"于一
身的人才是当世所少有的。"鲜"表述的是这样的人数量少到
罕见。

---

① 慧琳：《一切经音义》，上海古籍出版社1986年版，第637页。

② 桂馥：《说文解字义证》，中华书局1987年版，第149页。

③ 李学勤主编：《十三经注疏·尔雅注疏》，北京大学出版社1999年版，第40页。

④ 郝懿行：《尔雅义疏（下册）》，中国书店1982年版，第28页。

稀（希）

《说文》无"希"字，《说文·七上》："稀，疏也。从禾，希声。"徐锴曰："当言从爻从巾，无声字。爻者，稀疏之义，与爽同意。巾，象禾之根茎。至于莃、晞，皆当从稀省。何以知之？《说文》无希字故也。"（144 页）《说文·七下》："黹，箴缕所紩衣。"（161 页）段注："……按许多云希声而无希篆，疑希者古文黹也。"（364 页）朱骏声《说文通训定声·履部》："希，此黹之古文也……段借为稀。"（618 页）郝懿行《尔雅义疏》："希者，稀之叚音也。……《说文》无希字而云稀从希声，是古本有希字也，希皆训少。"（第二册 28 页）从段、朱注，"希黹"古今字，"希"假借作"稀"，有"少"义。又，《说文·七上》"稀"下段注："……稀与稠为反对之辞，所谓立苗欲疏也。引伸为凡疏之称。"（321 页）"稀"的本义是指禾苗稀疏，词义引申指稀少。在"（数量）少"这一义位上，"稀（希）"具体表述的是极其少见。如：

（1）是故钟期死，伯牙绝弦破琴而不肯与众鼓；匠人亡，则匠石辍斤而不敢妄斫。师旷之调钟，竢知音者之在后也；孔子作《春秋》，幾君子之前睹也。老聃有遗言，贵知我者希，此非其操与！"（《扬雄传下》，3578）

"贵知我者希"，知音难觅，所以可贵，故人有"人生得一知己足矣"的深深感慨。

（2）将为皇帝定立妃后，有司上名，公女为首，公深辞让，迫不得已然后受诏。父子之亲天性自然，欲其荣贵甚于为身，皇后之尊侔于天子，当时之会千载希有，然而公惟国家之统，揖大福之恩，事事谦退，动而固辞。《书》曰"舜让于德不嗣"，公之谓矣。（《王莽传上》，4057—4058）

"当时之会千载希有"意思是当时这种机会千载难逢，如若女儿被立为皇后，就等于一步登天。"希"表述的是（这种机会）极其少见。

（3）三代以来，《春秋》所记，王公国君，与其失世，稀不以女宠。（《元后传》，4035）

"稀不以女宠"是说不是因为女宠而失去江山的（王公国君）极其少见。"江山"与"美人"自古以来就是"王公国君"式优秀男人的两难。

罕

《说文·七下》："罕，网也。"（157页）段注："……经传段为趋字。故《释诂》云：希、寡、鲜，罕也。"（355页）"罕"的本义是一种捕鸟的网。从段注：罕，呼旱切十四部；鲜，相然切十四部。"罕"、"鲜"同部，"罕"借作"鲜"（本字是"趋"），有"少"义。在"（数量）少"这一义位上，"罕"具体表述的极其少见，同于"稀（希）"。如：

（1）自建始以来，二十岁间而八食，率二岁六月而一发，古今罕有。（《楚元王传》，1963）

"古今罕有"，这里的意思是说日食频发这种现象古今极少出现。古人把日食这种自然现象与人事紧密联系在一起，认为统治者若实行德政，就不会或极少出现日食。所以这句话是说建始以来的政治之失。

（2）今封疆之内，冠带之伦，咸获嘉祉，靡有阙遗矣。而夷狄殊俗之国，辽绝异党之域，舟车不通，人迹罕至，政教未加，流风犹微，内之则犯义侵礼于边境，外之则邪行横作，放杀其上，君臣易位，尊卑失序，父兄不辜，幼孤为奴虏，系累号泣。（《司马相如传下》，2585—2586）

"人迹罕至"更说明"辽绝异党之域，舟车不通"的闭塞。"罕"表述极其少见。

微

"微"在"（数量）少"这一义位上，具体表述的为数不多。如：

（1）黄帝葬于桥山，尧葬济阴，丘垄皆小，葬具甚微。（《楚元王传》，1952）

（2）故仲尼孝子，而延陵慈父，舜禹忠臣，周公弟弟，其葬君亲骨肉，皆微薄矣；非苟为俭，诚便于体也。（《楚元王传》，1953）

以上 2 个例句中，"微"表述的都是安葬死者时随葬的用品很少或花费的钱物数量很少。

5.4.2 反义词情况

少—众、多

《汉书》中，在"数量少"这一义位上，"少¹"的反义词是"众"、"多"。如：

（1）间者，民弥惰怠，乡本者少，趋末者众，将何以矫之？方东作时，其令二千石勉劝农桑，出入阡陌，致劳来之。（《成帝纪》，314）

（2）夫贤者，国家之器用也。所任贤，则趋舍省而功施普；器用利，则用力少而就效众。（《严朱吾丘主父徐严终王贾传下》，2823）

（3）生之者甚少而靡之者甚多，天下财产何得不蹶！（《食货志上》，1128）

　　(4) 自孝文更造四铢钱，至是岁四十余年，从建元以来，用少，县官往往即多铜山而铸钱，民亦盗铸，不可胜数。钱益多而轻，物益少而贵。(《食货志下》，1163)

　　(5) 古之学者耕且养，三年而通一艺，存其大体，玩经文而已，是故用日少而畜德多，三十而五经立也。后世经传既已乖离，博学者又不思多闻阙疑之义，而务碎义逃难，便辞巧说，破坏形体；说五字之文，至于二三万言。后进弥以驰逐，故幼童而守一艺，白首而后能言；安其所习，毁所不见，终以自蔽。此学者之大患也。(《艺文志》，1723)

　　(6) 臣闻平使诸将，金多者得善处，金少者得恶处。(《张陈王周传》，2040—2041)

　　(7) 及周室衰，礼法堕，诸侯刻桷丹楹，大夫山节藻棁，八佾舞于庭，《雍》彻于堂。其流至乎士庶人，莫不离制而弃本，稼穑之民少，商旅之民多，谷不足而货有余。(《货殖传》，3681)

寡—众、足、多

　　《汉书》中，在"数量少"这一义位上，"寡"的反义词有"众"、"足"、"多"。如：

　　(8) 农，天下之本也。黄金、珠玉，饥不可食，寒不可衣，以为币用，不识其终始。间岁或不登，意为末者众，农民寡也。其令郡国务劝农桑，益种树，可得衣食物。(《景帝纪》，152—153)

　　(9) 禁民不得挟弓弩，则盗贼执短兵，短兵接则众者胜。以众吏捕寡贼，其势必得。(《严朱吾丘主父徐严终王贾传上》，2795)

　　(10) 臣愚以为比罪则郅支薄，量敌则莎车众，用师则奉世寡，计胜则奉世为功于边境安，虑败则延寿为祸于国家深。其违命而擅生事同，延寿割地封，而奉世独不录。臣闻功同赏异则劳臣疑，罪钧刑殊则百姓惑；疑生无常，惑生不知所从；亡常则节趋不立，不知所从则百姓无所措手足。（《冯奉世传》，3301）

（11）故其父兄之教不肃而成，子弟之学不劳而能，各安其居而乐其业，甘其食而美其服，虽见奇丽纷华，非其所习，辟犹戎翟之与于越，不相入矣。是以欲寡而事节，财足而不争。（《货殖传》，3680）

（12）承灵训其虚徐兮，竚盘桓而且俟，惟天地之无穷兮，鲜生民之晦生。纷屯亶与蹇连兮，何艰多而智寡！上圣寤而后拔兮，岂群黎之所御！（《叙传上》，4216）

薄—豐、厚

《汉书》中，"薄"的反义词是"豐"、"厚"。如：

（13）后成都侯王商为大司马卫将军辅政，杜邺说商曰："东邻杀牛，不如西邻之瀹祭"，言奉天之道，贵以诚质大得民心也。行秽祀豐，犹不蒙祐；德修荐薄，吉必大来。（《郊祀志下》，1262）

（14）其行赏也，非虚取民财妄予人也，以劝天下之忠孝而明其功也。故功多者赏厚，功少者赏薄。（《爰盎晁错传》，2294）

《汉书》中，在"数量少"这一义位上，"鲜"的反义词是"余"。如：

（15）陛下以岁时汉所余彼所鲜数问遗，使辩士风諭以礼节。冒顿在，固为子婿；死，外孙为单于。岂曾闻（外）孙敢与大父亢礼哉？可毋战以渐臣也。（《郦陆朱刘叔孙传》，2122）

5.4.3 词的结合能力不同

少

《汉书》中，在使用"少¹"的"数量少"这一义位时，"少¹"常常与其反义词出现于对当或对应的位置上，如："乡本者少，趋末者众"、"钱益多而轻，物益少而贵"、"用日少而畜德多"、"金多者得善处，金少者得恶处"、"则用力少而就效众"、"稼穑之民少，商旅之民多"；"少¹"也可与其同义词并列使用，如："同姓寡少"。"少¹"的词义所指向的作主语的名词或名词性词组有：乡本者（乡本者少）、同姓（同姓寡少）、物（物益少而贵）、用（用日少而畜德多）、金（金少者得恶处）、力（用力少而就效众）、稼穑之民（稼穑之民少）。

寡

《汉书》中，在使用"寡"的"数量少"这一义位时，"寡"可与其同义词并列使用或出现于对应的位置上，如："同姓寡少"、"刑轻于它时而犯法者寡，衣食多于前年而盗贼少"；"寡"也可与其反义词出现于对当或对应的位置上，如："众毋暴寡"、"末者众，农民寡"、"以众吏捕寡贼"、"量敌则莎车众，用师则奉世寡"、"欲寡而事节，财足而不争"、"艰多而智寡"。"寡"的词义所指向的作主语的名词或名词性词组有：从事焉（从事焉尚寡）、能亡为非者（能亡为非者寡矣）、民食（民食颇寡）、农民（农民寡）、同姓（同姓寡少）、用财力（用财力寡）、犯法者（犯法者寡）、用师（用师则奉世寡）、欲（欲寡而事节）、智（艰多而智寡）、用（文艳用寡）；"寡"可以受副词修饰，如：尚（从事焉尚寡）、颇（民食颇寡）；"寡"的后面与之搭配的词有：贼

（以众吏捕寡贼）。

薄

《汉书》中，在使用"薄"的"数量少"这一义位时，"薄"可与其同义词并列使用或出现于对当的位置上，如："其葬君亲骨肉，皆微薄矣"、"任轻禄薄"；"薄"也可与其反义词出现于对应的位置上，如："行秽祀豐，犹不蒙；德修荐薄，吉必大来"、"故功多者赏厚，功少者赏薄"。"薄"的词义所指向的作主语的名词或名词性词组有：奉禄（而奉禄薄）、禄（任轻禄薄）、荐（德修荐薄，吉必大来）、其葬君亲骨肉（之所用）（其葬君亲骨肉，皆微薄矣）、赏（功少者赏薄），这些作主语的词表示的都是奉禄、祭葬之类的钱物。

鲜

《汉书》中，在使用"鲜²"的"数量少"这一义位时，"鲜²"可与"所"字结合，构成"所"字词组，表示"……的（物品或人等）"，如："陛下以岁时汉所余彼所鲜数问遗"，"所鲜"指所缺少的（物品）；"世之所鲜"，"所鲜"指世上少见的（人才）。"鲜"作状语，后面所连接的都是动宾词组："自元、成间鲜能及之"、"时鲜有所获"、"鲜终其禄"；"鲜"的词义所指向的作主语的名词性词组有：（在丰）坟墓（坟墓在丰鲜焉）、征发之士（征发之士益鲜）；"鲜"还可以受副词修饰，如：益（征发之士益鲜）。

稀

《汉书》中，在使用"稀（希）"的"数量少"这一义位时，"稀（希）"可与其词义相关的词并列使用，如："当时之会千载

希有";或出现于对当或对应的位置上,如:"地广民希"或"地
广民稀"。"稀(希)"的词义所指向的作主语的名词或名词性词
组有:民(地广民希或地广民稀)、知我者(知我者希)、侵盗
(侵盗益希);"稀(希)"可作状语,如:"稀不以女宠"、"希
见"、"千载希有"。"稀(希)"还可以受副词修饰,如:益(侵
盗益希)。

罕

《汉书》中,在使用"罕"的"数量少"这一义位时,"罕"
都是用作状语,如:"刑罚罕用"、"古今罕有"、"人迹罕至"、
"孔子罕言命"。

微

《汉书》中,在使用"微"的"数量少"这一义位时,"微"
都是与其同义词并列使用或出现于对应的位置上,如:"其葬君
亲骨肉,皆微薄矣"、"丘垅皆小,葬具甚微"、"德弥厚者葬弥
薄,知愈深者葬愈微";"微"的词义所指向的作主语的名词性词
组有:其葬君亲骨肉(其葬君亲骨肉,皆微薄)、葬具(葬具甚
微)、葬(知愈深者葬愈微),"微"的主语都是表示安葬死者的
葬品或花费;"微"还可以受副词修饰,如:皆(皆微薄矣)、甚
(葬具甚微)、愈(知愈深者葬愈微)。

5.5 侵、短

5.5.1 词义的具体所指不同

《汉书》中,"侵"、"短"这 2 个词只有 1 个共同义位,即

"身材短小"义。

侵

《说文·八上》："侵，渐进也。从人、又持帚，若埽之进。又，手也。"（165 页）隶变作侵。"侵"以人手持帚打扫表示"渐进"之义，词义引申表示侵犯、渗入等义，记录这一词义的"侵"读七林切（依《广韵》），而表示"身材短小"义的"侵"读七稔切（依《字汇》）。考察《十三经》、《诸子》，尚没有"侵"在"身材短小"这一义位上的用例，《二十四史》中仅有 2 个用例：一例在《史记·魏其武安侯列传》，另一例在《汉书·窦田灌韩传》，都是描述武安侯田蚡的相貌的：

(1) 武安者，貌侵，生贵甚。（《史记·魏其武安侯列传第四十七》，2844[①]）

(2) 蚡为人貌侵，生贵甚。（《汉书·窦田灌韩传》，2380）

《史记》三家注裴骃《集解》引韦昭曰："侵音寝，短小也。又云醜恶也，刻确也。音核。"司马贞《索隐》案："服虔云'侵，短小也'。韦昭云'刻确也'。确音刻。又孔文祥'侵，醜恶也。音寝'。"[②]

《汉书》颜师古注引服虔曰："侵，短小也。"《汉书补注》先谦曰："《集解》韦昭曰：'侵音寝，短小也，又云醜恶也。'先谦案：《通志·田蚡传》注：'侵，上声，短小也。'"[③]

由此我们可以确定"侵"（读上声）在这 2 个用例中的词义

---

① 司马迁：《史记》，裴骃集解，司马贞索隐，张守节正义，中华书局 1959 年版。

② 同上书，第 2844 页。

③ 王先谦：《汉书补注》，中华书局 1983 年版，第 1108 页。

都是指"身材短小，且暗含贬义，有丑陋的意义"。

短

《说文·五下》："短，有所长短，以矢为正。从矢，豆声。"（110页）"短"用来表示人的相貌时是指身材短小、个头矮小；用来表述人的品性则是指有缺点、过失等。《汉书》中"短"的使用频率高，其中有1个义位表示"身材短小"，用的是"短"的引申义。

在"身材短小"这一义位上，"侵"具体表述的是身材短粗，含有看起来有些丑陋、粗恶的意味。"短"具体表述的是身材短小但看起来有些精巧的意味。如：

延年为人短小精悍，敏捷于事，虽子贡、冉有通艺于政事，不能绝也。（《酷吏传》，3669）

《汉书》中，"短"在这一义位上的几个用例中都是与"小"结合为"短小"来形容人的身材。

5.5.2 反义词情况

短—长

"短"的反义词为"长"。"长"的本义指人的头发长。"长、短"两词同步引申发展，表示"身材短小"常常"短、小"同义连用；表示"身材长大"常常"长、大"同义连用。《汉书》中用例如下：

（1）平为人长大美色，人或谓平："贫何食而肥若是?"（《张陈王周传》，2038）

（2）苍当斩，解衣伏质，身长大，肥白如瓠，时王陵见而怪其美士，乃言沛公，赦勿斩。遂西入武关，至咸阳。

（《张周赵任申屠传》，2093）

（3）四年九月中，臣敞入视居处状，故王年二十六七，为人青黑色，小目，鼻末锐卑，少须眉，身体长大，疾痿，行步不便。（《武五子传》，2767）

以上 3 例中，"长、大"同义连用表示"身材长大"，与"短、小"同义连用表示"身材短小"正好相反。"短"、"长"两个互为反义的词，它们在各自的引申义列中仍为反义词。

5.5.3　词的结合能力不同

侵

《汉书》中，在使用"侵"的"身材短小"这一义位时，"侵"的词义所指向的用作主语的名词是：貌（蚡为人貌侵），指一个人的貌相。

《汉书》中，在使用"短"的"身材短小"这一义位时，"短"都是与其词义相关的词"小"结合为"短小"来形容人的身材，如："（义）短小无须眉"、"形貌短小"、"延年为人短小精悍"、"解为人短小"、"为人短小精辩"；"短"的词义所指向的用作主语的名词有：形貌（形貌短小）、解（解为人短小）、延年（延年为人短小精悍）等，这些用作主语的名词是指人或其形貌。

总之，《汉书》中表述"身材短小"义，"短"是一个常用词，而且都是与"小"结合为"短小"来形容人的身材矮小。后世汉语中"短"作为一个语素仍与"小"结合为"短小"来形容人的身材；或单独使用，形容一个人"五短身材"。

5.6 醜、恶[1]

5.6.1 词义的具体所指不同

《汉书》中"醜"、"恶[1]"这两个词有 2 个共同义位，它们是：(1) 醜恶、不好；(2) 相貌醜陋。

醜

《说文·九上》："醜，可恶也。从鬼，酉声。"（189 页）段注："非真鬼也，以可恶，故从鬼。"（436 页）"醜"的本义由巫界鬼的可恶表示抽象义的可恶。词义引申指醜恶、不好；再具体到人的长相则指相貌醜陋、难看。

恶[1]

《说文·十下》："恶，过也。从心，亚声。"（221 页）又，《十四下》："亚，醜也。象人局背之形。"（307 页）段注："此亚之本义，亚与恶音义皆同。……《史记》卢绾孙他之封恶谷，《汉书》作亚谷；宋时玉印曰周恶夫印，刘原甫以为即条侯亚父。"（738 页）从段注，"亚"、"恶"是两个字记录同一个词。古音同在五部，因而其词义相通。"亚"以人局背的样子表示"醜恶、不好"；"恶"从心，亚声，亚亦会意，以人心之恶渊表示坏、不好。"恶"词义引申指人的相貌丑陋。

在"醜恶、不好"这一义位上，"醜"具体表述的是行为坏、不好，词义轻一些；在"醜恶、不好"这一义位上，"恶[1]"具体表述的是行为邪恶不正，甚至恶劣，词义重一些。如：

(1) 故乃孩提有识，三公、三少固明孝仁礼义以道习

之，逐去邪人，不使见恶行。(《贾谊传》，2248)

例句中"恶行"指的是"邪人"的作为，他们的不良行为对太子来说，影响会极坏，所以太子的师傅们从太子的"孩提"时代起，就用礼义教习他，同时赶走他身边的这些邪恶之人。"恶"表述的是行为邪恶不正。

(2) 式曰："非独羊也，治民亦犹是矣。以时起居，恶者辄去，毋令败群。"(《公孙弘卜式兒宽传》，2626)

例句中"恶者"指的是羊群中的可恶者，它们随时可造出事端，败坏同类。"恶者"即所谓"败类"，也就是例句中的"败群"者。"恶"表述的是邪佞。

在"相貌丑陋"这一义位上，"丑"具体表述的是长相不好；"恶"具体表述的是长相很丑、难看到有些让人不堪。如：

故女无美恶，入宫见妒；士无贤不肖，入朝见嫉。(《贾邹枚路传》，2346)

例句中"恶"与"美"反义对举，指与美丽相对的另一类。考察秦汉文献，我们发现表述"相貌丑陋、难看"义，多用"恶"，而且常常"恶"与"美"反义对举。如：

(1) 阳子之宋，宿于逆旅。逆旅人有妾二人，其一人美，其一人恶，恶者贵而美者贱。阳子问其故，逆旅小子对曰："其美者自美，吾不知其美也；其恶者自恶，吾不知其恶也。"(《庄子·山木第二十》①)

(2) 夫上不及尧、舜，下不及商均，美不及西施，恶不若嫫母，此教训之所谕也，而芳泽之所施。(《淮南子·修务训》②)

---

① 郭庆藩：《庄子集释》，王孝鱼点校，中华书局1961年版，第699页。
② 何宁：《淮南子集释》，中华书局1998年版，第1331页。

5.6.2 反义词情况

丑—善

《汉书》中，在"丑恶、不好"这一义位上，"丑"的反义词是"善"。如：

(1) 陈馀使张同、夏说说齐王荣，曰："项王为天下宰不平，今尽王故王于丑地，而王群臣诸将善地，逐其故主赵王，乃北居代，馀以为不可。闻大王起兵，且不听不义，愿大王资馀兵，使击常山，以复赵王，请以国为扞蔽。"齐王许之，因遣兵往。(《陈胜项籍传》，1811)

恶—善

《汉书》中，在"丑恶、不好"这一义位上，"恶"的反义词是"善"。如：

(2) 及齐王田荣叛楚，馀乃使夏说说田荣曰："项羽为天下宰不平，尽王诸将善地，徙故王王恶地，今赵王乃居代！愿王假臣兵，请以南皮为扞蔽。"(《张耳陈馀传》，1838)

丑—好

《汉书》中，在"相貌丑陋"这一义位上，"丑"的反义词是"好"。如：

(1) 陛下诚深察愚臣之言，致惧天地之异，长思宗庙之计，改往反过，抗湛溺之意，解偏驳之爱，奋乾刚之威，平天覆之施，使列妾得人人更进，犹尚未足也，急复益纳宜子妇人，毋择好丑，毋避尝字，毋论年齿。推法言之，陛下得

继嗣于微贱之间，乃反为福。(《谷永杜邺传》，3452—3453)

恶—美

《汉书》中，在"相貌丑陋"这一义位上，"恶"的反义词是"美"。如：

(2) 故女无美恶，入宫见妒；士无贤不肖，入朝见嫉。(《贾邹枚路传》，2346)

表示"相貌丑陋、难看"义，古带汉语中常常"美"、"恶"反义对举；或者"好"、"丑"反义对举。由于"好"、"恶"连用还表示"喜好和厌恶"义，所以表示长相漂亮和丑陋这一对相反意义就选择了"美"与"丑"这两个词。现代汉语中"美"与"丑"已固定用来表述两个相对的概念或范畴。表示"长相的漂亮"义的"美"与"好"既可单独使用也可作为词素出现在"美丽"、"好看"这些词语中，而表示"相貌丑陋、难看"义一般只单用"丑"或用合成词"丑陋"或仿"好看"造"难看"。

5.6.3　词的结合能力不同

丑、恶[1]

《汉书》中，在使用"丑恶、不好"这一义位时，"丑"可与其同义词"恶"并列使用，如："丑恶之辞也"；也可与其反义词"善"出现于对应的位置上，如："今尽王故王于丑地，而王群臣诸将善地"。"丑"的后面与之搭配的词有：辞（丑恶之辞）、地（今尽王故王于丑地）。"恶"除了具有"丑"一样的结合能力外，"恶"常常用作定语，后面与之搭配的词有：少年（发三辅及郡国恶少年吏有告劾亡者）、行（不使见恶行）、名（今被恶名而死）。

《汉书》中，在使用"相貌丑陋"这一义位时，"醜"可与其同义词"恶"并列使用，如："或形貌醜恶"；也可与其反义词"好"出现于并列使用，如："毋择好醜"。"醜"的词义所指向的用作主语的名词有：民（民多被刑，或形貌醜恶）、妇人（急复益纳宜子妇人，毋择好醜）。"恶"也可与其反义词"美"出现并列使用，如："女无美恶"。"恶"的词义所指向的用作主语的名词有：女（女无美恶）。

"丑（醜）"在文献中常用作形容词的意动用法，表示"以……为丑事"，即"以……为耻"。如：

> 初，齐王田荣怨项羽，谋举兵畔之，劫齐士，不与者死。齐处士东郭先生、梁石君在劫中，强从。及田荣败，二人醜之，相与入深山隐居。（《蒯伍江息夫传》，2166）

5.7 恶[1]、硗、薄

5.7.1 词义的具体所指不同

《汉书》中，"恶"、"硗"、"薄"这 3 个词有 1 个共同义位，即"土地贫瘠"义。

恶[1]

《说文·十下》："恶，过也。从心，亚声。"（221 页）"恶"的本义是指坏、不好，用于表述"田、地、土"，则指土地贫瘠。

硗

《说文·九下》："硗，磬石也。从石，尧声。"（195 页）"硗"的本义指坚硬的石头，词义引申指土壤坚硬贫瘠。《汉书·

贾邹枚路传》："地之硗者，虽有善种，不能生焉；江皋河濒，虽有恶种，无不猥大。"颜师古注："硗，埆，瘠薄也。硗音口交反。"《补注》先谦曰："注埆字疑衍。"① 《说文》没有收"埆"字，《石部》收了"确"字："确，磐石也。"（195 页）"确"与"硗"同训。段注："确即今之埆字。……《丘中有麻》传曰'丘中，硗埆之处也'，硗埆谓多石瘠薄。"（451 页）由此可知："埆"是"确"的后起字，与"硗"同义，指土地贫瘠。王先谦《补注》疑颜注"埆"为衍字是不妥的，颜意以"确（埆）"训"硗"，二者同义，都表示土地瘠薄。

这里我们还注意到毛传指"丘中硗埆之处"用的是"墝埆"两个字，"埆"即为"确"，"墝"与"硗"什么关系呢？《说文》没有"墝"字，《广韵·肴韵》："墝，墝埆，瘠土。"②

我们考察"墝"与"硗"在文献中的使用情况：

"墝"在《十三经》中没有用例，《诸子》中"墝"出现 8 次，其词义都是指土地瘠薄，如：

>　《荀子·儒效》："相高下，视墝肥，序五种，君子不如农人。"杨倞注："墝，薄田也。"③

"硗"在《十三经》中仅有 1 个用例：

>　"虽有不同，则地有肥硗，雨露之养、人事之不齐也。"（《孟子·告子上》）

赵岐注："硗，薄也。"④

"硗"在《诸子》文献中有 5 个用例，如：

>　圣人剡木为舟，剡木为楫，以通四方之物，使泽人足乎

---

①　王先谦：《汉书补注》，中华书局 1983 年版，第 1090 页。

②　《宋本广韵》，北京市中国书店 1982 年版，第 138 页。

③　王先谦：《荀子集释》，中华书局 1988 年版，第 122 页。

④　焦循：《孟子正义》，中华书局 1987 年版，第 761 页。

木，山人足乎鱼，馀衍之财有所流，故丰膏不独乐，硗确不独苦。虽遭凶年饥岁，禹汤之水旱，而民无冻饿之色。故生不乏用，死不转尸，夫是之谓乐。"（《韩诗外传》）[1]

"硗"的词义都是指瘠薄之地。

通过考察"硗"、"墝"在文献中的使用情况，我们发现这两个词的词义相同，出现时代差别不大。若从它们的构形上分析，二者都为形声字，从尧取声，形符从石从土差别不大，所以它们应该属于异构字关系，同于"确"与"埆"，而"墝"、"埆"晚于"硗"、"确"，更能体现其词义与"田、地、土"的密切关系。

查阅《说文》段注，可以看到"硗"下段注："与《土部》之'墩'音义同。'墩'下曰'硗也'。"（451 页）；"确"下段注："與《土部》之'墝'音义同。"（451 页）"硗"与"墩"、"确"与"墝"属于形符声符都不同的异构字。形符从石从土差别不大，兼表义的声符从尧、从敫、从崔、从乔是否有什么关系？章太炎在《文始九·宵部》分析"高""垚"时认为"此二同字"，"垚为准初文，又变易为尧，高也。……凡长为高，上见为高，登进为高，材杰为高。长为高，挚乳于鸟为翘，尾长毛也。……上见为高即尸之义，挚乳为崔，高至也。……登进为高，挚乳为乔，放也。乔又变易为敫，游也。…为敫，光景流也。（高明义）…材杰为高，挚乳为侨，高也"。"'夭'挚乳为乔，高而曲也。""尧、敫、崔"皆由"高"挚乳变易而来；"乔"虽由"夭"挚乳而来但有"高"义，所以它们都属于宵部。[2] 因此这四个字连同"墝"与"碻"（《说文》不收）为异构字，音义

---

① 韩婴：《四部丛刊初编（九）·韩诗外传》，上海书店 1989 年据商务印书馆 1926 年版重印，卷三，第 11 页。

② 章太炎：《章太炎全集（七）》，上海人民出版社 1999 年版，第 395 页。

皆同。

薄

《说文·一下》："薄，林薄也。从艸，溥声。"（23页）
"溥"、"迫"同源，"薄"的本义指草木密集丛生处。段注："林
木相迫不可入曰薄，引申凡相迫皆曰薄。……相迫则无间可入，
凡物之单薄不厚者亦无间可入，故引申为厚薄之薄。"（41页）
"薄"的词义引申表示"土地贫瘠"义。

在"土地贫瘠"这一义位上，"恶"、"硗"、"薄"的词义具
体所指不同。"硗"具体表述的是地土少或土质干硬而不长五谷；
"薄"侧重于田地土少、荒芜；"恶"泛指地贫。如：

> 地之硗者，虽有善种，不能生焉；江皋河濒，虽有恶
> 种，无不猥大。昔者夏商之季世，虽关龙逢、箕子、比干
> 之贤，身死亡而道不用。文王之时，豪俊之士皆得竭其
> 智，刍荛采薪之人皆得尽其力，此周之所以兴也。故地之
> 美者善养禾，君之仁者善养士。（《贾邹枚路传》，2329—
> 2330）

例句中，"硗"地与"江皋河濒"相对，"善种"与"恶种"
相对，"不能生"与"无不猥大"相对，说明如果地很贫瘠，即
使有良种照样不能生长，而"江皋河濒"经过河流的经年冲积作
用，土厚肥沃，即使不好的种子也能长得高大、茂盛。"硗"表
述的是地干、土少。

5.7.2 反义词情况

硗—肥、饶

《汉书》中，在"土地贫瘠"这一义位上，"硗"的反义词有

"肥"。如：

(1) 若山林薮泽原陵淳卤之地，各以肥硗多少为差。有赋有税。(《食货志上》，1120)

"硗"表示土地贫瘠，与"肥"反义并用。《说文·四下》："肥，多肉也。从肉、卩。"肉多则臃肿、下垂，"肥"的词义特点是厚、多、润，"肥、脂、腴、膏"与"肥、美、厚、大"常常出现在上下文中；"硗"的词义特点是硬、少、干。

"硗"的反义词还有"饶"。如：

(2) 春正月，诏曰："间者岁比不登，民多乏食，夭绝天年，朕甚痛之。郡国或硗陿，无所农桑系畜；或地饶广，荐草莽，水泉利，而不得徙。其议民欲徙宽大地者，听之。"(《景帝纪》，139)

薄—沃

"薄"的反义词还有是"沃"。如：

(3) 良曰："雒阳虽有此固，其中小，不过数百里，田地薄，四面受敌，此非用武之国。夫关中左殽函，右陇蜀，沃野千里，南有巴蜀之饶，北有胡苑之利，阻三面而固守，独以一面东制诸侯。诸侯安定，河、渭漕輓天下，西给京师；诸侯有变，顺流而下，足以委输。此所谓金城千里，天府之国。刘敬说是也。"于是上即日驾，西都关中。(《张陈王周传》，2032—2033)

(4) 唯卓氏曰："此地狭薄。吾闻岷山之下沃野，下有蹲鸱，至死不饥。民工作布，易贾。"乃求远迁。(《货殖传》，3690)

5.7.3　词的结合能力不同

恶[1]

《汉书》中，在使用"恶"的"田地或土质瘠薄"这一义位时，"恶"的词义所指向的用作主语的名词有：田（是田恶也）、土（其地形下而土疏恶）；"恶"的后面与之搭配的词有：地（临晋民愿穿洛以溉重泉以东万余顷故恶地）。

硗

在使用"硗"的"田地或土质瘠薄"这一义位时，"硗"都与其反义词"肥"、"饶"、"美"并列连用或出现于对应的位置或上下文，如："各以肥硗多少为差"、"郡国或硗狭，无所农桑系畜；或地饶广，荐草莽，水泉利，而不得徙"、"地之硗者"与下文"地之美者"，这种表述突出强调了"硗"表述的是"土地"的另一特性：土质瘠薄。由于这一词义是"硗"的本义，所以文献中具体表述地之瘠薄时使用"硗"。

薄

在使用"薄"的"田地瘠薄"这一义位时，"薄"的词义所指向的用作主语的名词有：地（赵、中山地薄人众）、（地薄民贫）、（此地狭薄），田地（田地薄）。"薄"都作"地"的谓语，表示其特性：瘦瘠、干硬、荒芜。"薄地"的"不毛"如同"瘦人"的"枯黄"，给人的感觉是单薄而寒苦的。

5.8 肥、沃、饶、膏、腴、良、美、善

5.8.1 词义的具体所指不同

《汉书》中，"肥"、"沃"、"饶"、"膏"、"腴"、"良"、"美"、"善"这8个词有1个共同义位，即"田地肥沃"义。

肥

《说文·四下》："肥，多肉也。从肉卪。"（90页）"肥"的本义指肥胖、脂肪多，可以用于形容动物如"肥马"，也可以形容人，如：

> 平为人长大美色，人或谓平："贫何食而肥若是?"（《张陈王周传》，2038）

表示"土地肥沃"是"肥"的引申义。"肥"的词义特点是：大、多、润。在表示土地特性对立的两个方面"肥沃"和"瘠薄"时，相对于"硗"所突出的田地中土质的"硬、薄、干"，"肥"所突出的是土质的"柔、厚、润"。所谓"肥田、肥地"，这些田地一定是在地势较低、山的南面朝阳且能够灌溉的地方。阳光和水是庄稼生长茂盛所必需的条件，但最根本的还是土壤要肥厚、柔软。《说文·十三下》："壤，柔土也。"（286页）段注："……某氏注《尚书》曰'无块曰壤'；《周礼·草人》'坟壤用麋，勃壤用狐'，郑云'坟壤润解，勃壤粉解'。《释名》曰'壤，瀼也，肥濡意也'。按言物性之自然，壤异乎坚土，言人功，则凡土皆得而壤之。壤与柔弱双声。"（638页）"壤"作名词指"熟土"，作动词指通过人力把"生土"即"坚土"加工处理使之柔软和缓适宜耕种。从整地到耕种需要很多道工序，土"壤"且

有"墒"才可播种。在肥田上精耕细作，秋来一定会丰收。《汉书》中，在"田地肥沃"这一义位上，"肥"具体表述的是熟地土质肥厚、雨水充足。如：

> 巴、蜀、广汉本南夷，秦并以为郡，土地肥美，有江水沃野，山林竹木疏食果实之饶。（《地理志下》，1645）

例句中"肥美"是指"天府之国"的巴、蜀之地，这里"有江水沃野"，所以物产富饶。"肥"表述的是田地土质肥厚、雨水充足。

沃

《说文·十一上》："沃，溉灌也。从水，芺声。"（233页）段注："自上浇下曰沃，故下文云'浇者，沃也'。《周礼》、《左传》皆言'沃盥'是也。……隶作沃。"（555页）段玉裁认为"沃"是古"芺"字的隶体，其本义为浇灌，与同一部下的"浇"浑言为一，析言则有大小之别，即段注所谓"沃为浇之大，浇为沃之细"。"沃"词义引申指"沃土"，即段注所说"水沃则土肥，故云沃土"。《汉书》中，在"田地肥沃"这一义位上，"沃"具体表述的是田地油润、光泽、肥盛。如：

> （1）始皇之初，郑国穿渠，引泾水溉田，沃野千里，民以富饶。（《地理志下》，1642）

> （2）秦以为然，卒使就渠。渠成而用（溉）注填阏之水，溉舄卤之地四万余顷，收皆亩一钟。于是关中为沃野，无凶年，秦以富强，卒并诸侯，因名曰郑国渠。（《沟洫志》，1678）

这两个例句说的是同一件事，即郑国渠给秦国带来"沃野千里"、民富国强。而这千里沃野，原本是大片的"舄卤之地"，只因"郑国穿渠，引泾水溉田"，才成为"沃野"。"沃"表述的是田地油润、光泽、肥盛。

饶

《说文·五下》："饶，饱也。从食，尧声。"（108 页）"饶"的本义指饱，由此引申指余、剩，再引申指多、丰富。"饶"作形容词表述"地"，指土地肥沃。《汉书》中，在"田地肥沃"这一义位上，"饶"具体表述的是土多、肥、足。《汉书》中，"饶"常常与"肥"同义连文，表示土地肥沃。如：

（1）蹻至滇池，方三百里，旁平地肥饶数千里，以兵威定属楚。（《西南夷两粤朝鲜传》，3838）

（2）都护治乌垒城，去阳关二千七百三十八里，与渠犁田官相近，土地肥饶，于西域为中，故都护治焉。（《西域传上》，3874）

膏、腴

《说文·四下》："膏，肥也。从肉，高声。"（87 页）段注："按肥当作脂。……膏谓人脂……脂专谓物。"（169 页）"膏"的本义指油脂，"膏"、"脂"同义，只是有指称对象的不同。表示"土地肥沃"是"膏"的引申义，在这一义位上"膏"的词义特点是指土壤的细腻、润泽。《汉书》中"膏"表示"土地肥沃"义有 14 个例句，其中两例"膏"单用即"土膏"、"膏壤"，其余12 个例句都是"膏"、"腴"连用表示土地肥沃。《说文·四下》："腴，腹下肥也。从肉，臾声。"（88 页）"腴"的本义指腹下的肥肉，肉肥则油脂厚，"腴"词义引申指油脂，用来表述"地"，则指"土地肥沃"，其词义特点也是突出土壤的细腻、润泽、肥厚。"腴"在《汉书》中没有单用的，都是与"膏"连用，表示"土地肥沃"这一意义。"膏"、"腴"在《汉书》中的用例如：

（1）由此滋骄，治宅甲诸第，田园极膏腴，市买郡县器物相属于道。前堂罗钟鼓，立曲旃；后房妇女以百数。诸奏珍物狗马玩好，不可胜数。（《窦田灌韩传》，2380）

师古曰："膏腴，谓肥厚之处。"

（2）其山出玉石，金、银、铜、铁，豫章、檀、柘，异类之物，不可胜原，此百工所取给，万民所印足也。又有秔稻梨栗桑麻竹箭之饶，土宜姜芋，水多蛙鱼，贫者得以人给家足，无饥寒之忧。故鄠镐之间号为土膏，其贾亩一金。今规以为苑，绝陂池水泽之利，而取民膏腴之地，上乏国家之用，下夺农桑之业，弃成功，就败事，损耗五谷，是其不可一也。（《东方朔传》，2849）

例句中"土膏"指土肥美，即下文的"膏腴之地"，所以这种地的价格"亩一金"。"膏"表述土壤细腻、润泽、肥厚。

（3）遣尚书大夫赵并使劳北边，还言五原北假膏壤殖谷，异时常置田官。乃以并为田禾将军，以戍卒屯田北假，以助军粮。（《王莽传中》，4125）

师古曰："膏壤，言其土肥美也。"

良、善

《说文·五下》："良，善也。从富省，亡声。"（111页）又，《三上》："譱（善），吉也。从誩从羊，此与義美同意。"（58页）段注："《口部》曰'吉，譱（善）也'，《我部》曰'義与善同意'，《羊部》曰'美与善同意'。"（102页）"善、義、美"三字皆从"羊"，"羊，祥也"（《说文·四上》，78页），所以"良"与"善"的本义都是指吉善、美好。它们用来表述"田"、"地"，才有"田地肥好"的意义。在"田地肥好"这一义位上，"善"与"良"都是概括某处田好。如：

（1）初，汝南旧有鸿隙大陂，郡以为饶，成帝时，关东数水，陂溢为害。方进为相，与御史大夫孔光共遣掾行视，以为决去陂水，其地肥美，省堤防费而无水忧，遂奏罢之。及翟氏灭，乡里归恶，言方进请陂下良田不得而奏罢陂云。（《翟方进传》，3440）

（2）孝惠时，吕太后用事，欲王诸吕，畏大臣及有口者。贾自度不能争之，乃病免。以好畤田地善，往家焉。（《郦陆朱刘叔孙传》，2114）

美

《说文·四上》："美，甘也。从羊从大。"（78 页）段注："《甘部》曰'美也'，甘者，五味之一，而五味之美皆曰甘。引伸之凡好皆谓之美。"（146 页）羊肉味道鲜美，"羊大则肥美"，所以"美"的本义是美味可口。词义引申，对"田""地"而言，则指土地肥沃。"美"在表述"田地肥沃"这一义位上，词义特点是肥厚而润泽。如：

> 故轮台东捷枝、渠犁皆故国，地广，饶水草，有溉田五千顷以上，处温和，田美，可益通沟渠，种五谷，与中国同时孰。（《西域传下》，3912）

例句中的"美田"，既可以灌溉，又有充足的阳光，所以在它上面播种的五谷一定会丰熟。"美"具体表述的是田地肥厚、润泽。

5.8.2 反义词情况

肥、饶、美—硗

《汉书》中，在表示"田地肥沃"这一义位上，"肥"、"饶"、

"美"的反义词都是"硗"。如:

(1) 若山林薮泽原陵淳卤之地,各以肥硗多少为差。有赋有税。(《食货志上》,1120)

(2) 春正月,诏曰:"间者岁比不登,民多乏食,天绝天年,朕甚痛之。郡国或硗陜,无所农桑系畜;或地饶广,荐草莽,水泉利,而不得徙。其议民欲徙宽大地者,听之。"(《景帝纪》,139)

(3) 地之硗者,虽有善种,不能生焉;江皋河濒,虽有恶种,无不猥大。昔者夏商之季世,虽关龙逢、箕子、比干之贤,身死亡而道不用。文王之时,豪俊之士皆得竭其智,刍荛采薪之人皆得尽其力,此周之所以兴也。故地之美者善养禾,君之仁者善养士。(《贾邹枚路传》,2329—2330)

沃—薄

《汉书》中,在表示"田地肥沃"这一义位上,"沃"的反义词都是"薄"。如:

(4) 良曰:"雒阳虽有此固,其中小,不过数百里,田地薄,四面受敌,此非用武之国。夫关中左殽函,右陇蜀,沃野千里,南有巴蜀之饶,北有胡苑之利,阻三面而固守,独以一面东制诸侯。诸侯安定,河、渭漕輓天下,西给京师;诸侯有变,顺流而下,足以委输。此所谓金城千里,天府之国。刘敬说是也。"于是上即日驾,西都关中。(《张陈王周传》,2032—2033)

(5) 唯卓氏曰:"此地狭薄。吾闻岷山之下沃野,下有蹲鸱,至死不饥。民工作布,易贾。"乃求远迁。(《货殖传》,3690)

5.8.3 词的结合能力不同

肥

《汉书》中，在使用"肥"的"田地肥沃"这一义位时，"肥"常常与"饶"、"美"同义连言，如："土地肥美"、"关中阻山带河，四塞之地，肥饶"、"地肥饶"、"今京师土地肥饶"、"厥壤肥饶"，构成"肥饶"、"肥美"这样的词语，其表达效果：（1）加强表示"土地肥沃"的意味；（2）增强语言的韵律美，如"地美"就没有"其地肥美"在表达上显得雍容。"肥"也可以与其反义词并列使用，如："各以肥硗多少为差"。"肥"的词义所指向的用作主语的名词有：土地（土地肥美、今京师土地肥饶）、地（地肥饶）、壤（厥壤肥饶）。

沃

在使用"沃"的"田地肥沃"这一义位时，"沃"的后面与之搭配的词是：野（沃野千里）、（于是关中为沃野）、（吾闻岷山之下沃野），"沃"用于表述"野"。

饶

在使用"饶"的"田地肥沃"这一义位时，"饶"常常与"肥"同义连言，如："不爱珍器重宝肥饶之地"、"地肥饶"、"旁平地肥饶数千里"、"土地肥饶"；也可以与其反义词"硗"出现在对应的位置上，如："郡国或硗陋，无所农桑系畜；或地饶广，荐草莽，水泉利，而不得徙"。"饶"的词义所指向的用作主语的名词有：地（地肥饶、旁平地肥饶数千里、或地饶广）、土地（土地肥饶）；"饶"的后面与之搭配的词是：地（不爱珍器重宝肥饶之地）。"饶"表述的对象是"地"。

膏、腴

在使用"膏"的"田地肥沃"这一义位时，"膏"常常与"腴"同义连言，考察《汉书》中在这一义位上的用例，"膏"单用的仅有 2 例，"腴"单用的没有用例，14 个例句中有 12 个都是"膏"、"腴"连用即构成"膏腴"，共同表述"土地肥沃"义。可以说，《汉书》时代，"膏腴"已经凝结成为一个合成词了。如："东割膏腴之地"、"居天下之膏腴"、"田园极膏腴"。"膏"的词义所指向的用作主语的名词有：田园（田园极膏腴）、土（故鄠鄗之间号为土膏）；"膏"的后面与之搭配的词有：地（东割膏腴之地）、壤（还言五原北假膏壤殖谷），可见"膏"主要就土壤的肥厚、润泽而言。

良

在使用"良"的"田地肥沃"这一义位时，"良"的后面与之搭配的词是：田（邪径败良田）、（多规良田）、（言方进请陂下良田不得而奏罢陂云），"良"用于表述"田"。

美

在使用"美"的"田地肥沃"这一义位时，"美"常常与"肥"同义连言，如："时至而去，则填淤肥美"、"地肥美"。"美"的词义所指向的用作主语的名词有：地（地肥美）、土地（土地广美）、田（田美）；"美"的后面与之搭配的词有：田（得美田且二十余万顷）、地（今虏亡其美地荐草），"美"用于表述"田"、"地"。

善

在使用"善"的"田地肥沃"这一义位时,"善"的词义所指向的用作主语的名词是:田地(以好時田地善)。

5.9 美、甘、旨

5.9.1 词义的具体所指不同

《汉书》中"美"、"甘"、"旨"这 3 个词有一个共同义位,即"美味可口"义。

美

《说文·四上》:"美,甘也。从羊大。"(78 页)段注:"《甘部》曰'美也',甘者,五味之一,而五味之美皆曰甘。"(146 页)"美"的本义取"羊大则肥美"为"味道好","美"、"甘"互训,同指"美味可口"。

甘

《说文·五上》:"甘,美也。从口含一。一,道也。"(100 页)段注:"食物不一而道则一,所谓味道之腴也。"(202 页)甲骨文"甘"与小篆同,"在口中增一画,象口中嚼物之形。甘的本义就是美味。凡嚼美味必慢慢地细细地嚼,方可品味"。[1]"甘"在"六书"构形中有人以为是会意字,有人以为是指事字。我们以为"甘"是合体会意字,从口从一,"一"是表意符号,

---

① 尹黎云:《汉字字源系统研究》,中国人民大学出版社 1998 年版,第 88 页。

表示口中所含之物之形，许说牵强，段又附会迎合之。我们应该依据最早的古文字，参考现代学者的研究成果，佐证于出土材料，以便科学地考察这些常用汉字的意义。

旨

《说文·五上》："旨，美也。"（101 页）"旨"的本义是"美味可口"，同于"甘"、"美"，只是造字意图不同罢了。

"美"、"甘"、"旨"3 个词都表示"美味好吃"义，"美"在表述食物鲜香的同时还要涉及食物制作的精致、考究；"甘"在表述美味的同时重在其甜味，《汉书》中"甘"、"旨"常泛指食物美味可口。如：

（1）凡著书者，为众人之所好也，美味期乎合口，工声调于比耳。（《扬雄传》，3576）

例句中，"美味"对应"工声"，"美"表述食物味道鲜美，同时突出其制作的精致、考究。

（2）夫寒之于衣，不待轻暖；饥之于食，不待甘旨；饥寒至身，不顾廉耻。（《食货志上》，1131）

师古曰："旨，美也。"

"甘"、"旨"同义连文，泛指美味。

5.9.2 反义词情况

美—殨

《汉书》中，在"美味可口"这一义位上，"美"的反义词是"殨"。如：

悝曰："冒顿单于得汉美食好物，谓之殨恶，单于不来明甚。"（《公孙刘田王杨蔡陈郑传》，2891）

《说文·四下》："殠，腐气也。"（85 页）段注："《广韵》曰
'腐臭也'。按臭者，气也，兼芳殠言之。今字专用臭而殠废矣。"
（163 页）"臭"指气味，包括好闻的即"芳"香的，如《周易·
系辞上》："子曰：'君子之道，或出或处，或默或语。二人同心，
其利断金。'同心之言，其臭如兰。"① 也包括不好闻的即"殠"
恶的，"殠"指腐气即不好闻的气味。在词义的发展演变中"臭"
的词义缩小了，专指气味中不好闻的即"殠"所表示的腐气，
"臭"通行而"殠"废止不用。《汉书》中多古字古训，班固这里
用了表示味道不好的"殠"的本字本训。《说文·十上》："臭，
禽走臭而知其迹者犬也。从犬从自。"（205 页）甲骨文字形与小
篆同，以犬自（鼻）会意，臭即是齅，今作嗅。"臭"本作动词，
表示嗅闻气味，词性引申作名词，表示气味，后来才有"臭气"
一词，上古文献一般用"恶臭"来表示，如：

> 《周礼·天官冢宰第一》："宫人掌王之六寝之修，为其
> 井匽，除其不蠲，去其恶臭，共王之沐浴。"②

该例中，"美食好物"对"殠恶"，"殠"对应于"美食"指
味道臭恶、不好的食物，"殠"由表述嗅觉"通感"来表述味觉，
其反义词"美"则相当于今天口语所说的香甜。

5.9.3 词的结合能力不同

美

《汉书》中，在使用"美"的"美味好吃"这一义位时，

---

① 李学勤：《十三经注疏·周易正义》，北京大学出版社 1999 年版，第 276—
277 页。

② 孙诒让：《周礼正义》，中华书局 1987 年版，第 417—422 页。

"美"可与其词义相关的词"好"并列使用，如："衣食好美矣"、"好衣美食"、"美食好物"；"美"的词义所指向的用作主语的名词有：瓜（瓜美）、食（衣食好美）；"美"的后面与之搭配的词有：瓜（生美瓜）、食（美食好物、好衣美食）、味（美味期乎合口），"美"用于表述食物或其味道。"美味"、"美食"至今还活跃在口语中。

甘、旨

在使用"甘"、"旨"的"美味好吃"这一义位时，"甘"、"旨"可与其词义相关的词并列使用，如："民嫄甘食好衣"、"和旨便人"；"甘"、"旨"还可以同义连言，如："口非恶旨甘"、"饥之于食，不待甘旨"。"甘"的后面与之搭配的词有：食（甘食好衣）。"甘旨"还可以形容词名词化，指代美食；"和旨"指代美酒。《汉书》中，"旨"代美酒，是沿用《诗经》的例句，是一种仿古。春秋时期表述美酒的主流词语是"旨酒"、"甘酒"，后世它们都逐渐让位于当时并不起眼但经过历史的沉积而焕发生命活力的词语"美酒"；"甘食"也被"美食"取代。

"甘"作形容词表示"美味好吃"义还有意动用法，如：

> 故其父兄之教不肃而成，子弟之学不劳而能，各安其居而乐其业，甘其食而美其服，虽见奇丽纷华，非其所习，辟犹戎翟之与于越，不相入矣。（《货殖传》，3680）

例句中"甘其食"，"甘"形容词后带宾语"食"，"甘"活用为动词后与其宾语"食"之间含有主语认为宾语具有形容词所表示的性质或状态，即认为吃的食物是美味可口的。

5.10　美、休、吉、嘉、善、臧[1]、令、淑、懿、俊、灵、修、好[2]、谠

5.10.1　词义的具体所指不同

《汉书》中，"美、休、吉、嘉、善、臧[1]、令、淑、懿、俊、灵、修、好[2]、谠"这14个词有1个共同义位，即"美、善"义。

美

"美"的本义指美味好吃，"引申之凡好皆谓之美"（段注）。表示"美、善"义是"美"的引申义。《汉书》中，在"美、善"这一义位，"美"具体表述的是吉善而完美。如：

> 时宣帝养于掖廷，号皇曾孙，与延年中子铊相爱善，延年知曾孙德美，劝光、安世立焉。（《杜周传》，2665）

例句中"德美"指宣帝的品行纯正、仁慈、美好。

休

《说文·六上》："休，息止也。从人依木。"（125页）甲骨文"休"象人依靠在树下歇息的样子。"休"的本义是指休息，词义引申表示"美、善"义。《汉书》中，在"美、善"这一义位，"休"具体表述的是美好而盛大。如：

> 复遣中大夫至京师上书言："窃见孝武皇帝躬圣道，孝宗庙，慈爱骨肉，和集兆民，德配天地，明并日月，威武洋溢，远方执宝而朝，增郡数十，斥地且倍，封泰山，禅梁父，巡狩天下，远方珍物陈于太庙，德甚休盛，请立庙郡

国。"(《武五子传》,2751)

例句中"德甚休盛",赞美汉武帝的功德极其善美、盛大。上文历数其伟绩,最后一句"德甚休盛"概括有力,"请立庙郡国"这一请求就变得合理而自然。

吉

《说文·二上》:"吉,善也。从士、口。"(33 页)"吉"甲骨文作"🔨"或省作"🔨",非"从士、口",象句兵形,即古代的矛。"《国语·越语下》'兵者,凶器也'。偃武修文,善莫大焉。置矛于筌卢,措而不用,这是偃武修文的体现,故吉有'善'义。"[1] "吉"的本义是"善"。《汉书》中,在"美、善"这一义位,"吉"具体表述的是吉祥、善好的方面。如:

> 每有吉祥嘉应,数褒赏丞相。(《公孙刘田王杨蔡陈郑传》,2886)

例句中,"吉祥"是指一种吉祥、善好的征兆,与"嘉应"意思相同。古人把上天的这种祥和的征兆与人事联系在一起,所以每当这个时候,要论功嘉奖当政者。"吉祥"此时尚未凝结成一个合成词,可看作是一个偏正结构,指善的征兆。

嘉

《说文·五上》:"嘉,美也。"(102 页)段注:"见《释诂》又曰'嘉,善也'。《周礼》'以嘉礼亲万民',郑曰'嘉,善也',所以因人心所善者而为之制。按《誩部》曰'囍,吉也';《羊部》曰'美与善同意'。"(205 页)从段注,"嘉、美、善、吉"还有"祥"(参见"美"、"善"字下段注)5 个词辗转相训是为同义词。

---

① 尹黎云:《汉字字源系统研究》,中国人民大学出版社 1998 年版,第 210 页。

"嘉"的本义表示"美、善"。《汉书》中，在"美、善"这一义位，"嘉"具体表述的是美好，在用例中词义较概括，不仅可以表述抽象的美，还可以修饰具体的东西，表述物的美。如：

（1）其举敦厚有行义能直言者，冀闻切言嘉谋，匡朕之不逮。（《成帝纪》，317）

（2）今幸赖陛下德泽，间者风雨时，甘露降，神芝生，蓂荚、朱草、嘉禾、休征同时并至。（《王莽传》，4050）

善

"善"的本义是"吉"，"美与善同义"，所以"善"指吉指美。《汉书》中，在"美、善"这一义位，"善"具体表述的是和善、仁爱。如：

夫福善之门莫美于和睦，患咎之首莫大于内离。（《宣元六王传》，3322）

例句中，"和睦"即是大"善"、大"美"、大"福"。"善"表述的是和善、仁爱。

臧[1]

《说文·三下》："臧，善也。"（66 页）段注："《释诂》、《毛传》同，按子郎、才郎二反，本无二字。凡物善者必隐于内也。以从艸之藏为臧匿字始于汉末，改易经典不可从也。"（118 页）"臧"的本义是"善"，表示"臧匿"义是其引申义。考察《十三经》，发现尚无此用例，所以段氏认为"始于汉末"。若是汉末以前的文献中出现此用例，则这些文献的真伪就要注意，所谓"改易经典不可从也"。《汉书》中"臧"表示"臧匿"义一类的用法很多，但仍然保存有"臧"的古义，即"善"的用例。在"美、善"这一义位，"臧"具体表述的是德行的谨厚。如：

　　皇后其刻心秉德，毋违先后之制度，力谊勉行，称顺妇道，减省群事，谦约为右，其孝东宫，毋厥朔望，推诚永究，爰何不臧！养名显行，以息众讙，垂则列妾，使有法焉。皇后深惟毋忽！（《外戚传》，3981）

　　"爰何不臧"意思是于何事而不善，即事事都善好。"臧"表述的是秉德而行为谨慎、仁厚。

令

　　《说文·九上》："令，发号也。"（187页）段注："《号部》曰'号者，嗁也'；《口部》曰'嗁者，号也'，发号者发其号嗁以使人也，是曰令；《人部》曰'使者，令也'；义相转注。引申为律令、为时令。《诗》笺曰'令，善也'，按诗多言令，毛无传。古文《尚书》言灵，见《般庚》《多士》《多方》。《般庚》正义引《释诂》'灵，善也'，葢今本《尔雅》作令，非古也。凡令训善者，灵之假借字也。"（430页）"令"的本义是发布号令，甲骨文为"⻎"，是个会意字，上面的"𠓛"表示一个盒盖之类下覆的东西，下面是一个曲膝俯就的人即"卩"，二者合体会意即为"发号"义。"令"表示"善"义，是作为"灵"的假借字才有的。王念孙在《广雅疏证·释诂上》"休、祥、吉……灵，善也"条下曰："灵者，《多士》云'丕灵承帝事'，《多方》云'不克灵承于旅'，皆谓善也；《鄘风·定之方中》篇'灵雨既零'，郑笺云'灵，善也'；又《般庚》'吊由灵'，《传》云'灵，善也'，《正义》以为《尔雅·释诂》文，今《尔雅》灵作令，则灵、令同声同义。《庄子·逍遥游》篇'夫列子御风而行，泠然善也'，灵、泠义亦相近。"[1] 王氏疏证与段注相互印证，都说明

---

　　① 王念孙：《广雅疏证》，中华书局1983年版，第9页。

"令"表示"善"是其假借义。

"灵"的繁体为"靈","靈"是"靈"的异体字。《说文·一上》："靈，靈巫，以玉事神，从玉，霝声。"（13页）段注以为"靈巫也"，"靈"字为"未删者也"，"靈"的本义为古时楚人跳舞降神的巫，即"楚人名巫爲靈"。天神地祇之间通阴阳的是扮神弄鬼的阴阳人"巫"。"巫"在充满神灵崇拜的先民生活中扮演着重要的角色。他们具有一种神秘的本领——"通天"，遇着凶事，他们可以用法术"降神"以逢凶化吉。"靈"这个词就引申出"美、善"义。《汉书》中，在"美、善"这一义位，"灵（靈）"具体表述的是神示的好而灵验的东西。

（1）若乃灵瑞符应，又可略闻矣。初刘媪任高祖而梦与神遇，震电晦冥，有龙蛇之怪。（《叙传》，4211）

例句中的"灵瑞"，即指刘媪之梦，这是神示的一种祥瑞。

（2）惟汉十世，将郊上玄，定泰畤，雍神休，尊明号，同符三皇，录功五帝，恤胤锡羡，拓迹开统。于是乃命群僚，历吉日，协灵辰，星陈而天行。（《扬雄传》，3523）

师古曰："历选吉日而合善时也。"

（3）谨以令月吉日，亲率群公诸侯卿士，奉上皇太后玺绶，以当顺天心，光于四海焉。"（《元后传》，4033）

这2个例句中，"吉日、灵辰"与"令月吉日"意思相同，指吉祥的时辰。古人事事占卜，敬奉诸方神灵，足见一种神秘的力量。表示"美、善"义是"灵"的本字本义，而"令"是"灵"的同音借字。"令"的这一借义在《汉书》中使用的很多。

淑

《说文·十一上》："淑，清湛也。从水，叔声。"（231页）段注："《释诂》曰'淑，善也'，此引申之义。"（550页）又，

《说文·八上》："俶，善也。从人，叔声。"（163 页）段注："按《释诂》、《毛传》皆曰'淑，善也'，盖叚借之字，其正字则俶也。淑者，水之清湛也。自淑行而俶之本义废矣。"（370 页）按段注：表示"善"义，本字应该是"俶"；"淑"的本义是指水的清澈，表示"善"是"淑"作为"俶"的借字而有的假借义，由于"俶"当"始"讲，后来其借字"淑"通行而本字"俶"废而不用。《尔雅·释诂上》："淑，善也。"郝懿行《义疏》："淑者，俶之叚音也。"① 《汉书》中，在"美、善"这一义位，"淑"具体表述的是"有德之善"，即品德贤淑、善美。如：

（1）宜乡侯参鞠躬履方，择地而行，可谓淑人君子，然卒死于非罪，不能自免，哀哉！谗邪交乱，贞良被害，自古而然。（《冯奉世传》，3308）

例句中"淑人"指的是德行方直、善美的人，与"君子"、"贞良"意义一致。

（2）今太后资质淑美，慈爱宽仁，诸侯莫不闻，而少以田猎纵欲为名，于以上闻，亦未宜也。唯观览于往古，全行乎来今，令后姬得有所法则，下臣有所称诵，臣敞幸甚！（《赵尹韩张两王传》，3220）

例句中"淑美"与"慈爱宽仁"语义互见，"淑"表述的是贤淑仁惠。

懿

《说文·十下》："懿，专久而美也。"（214 页）段注："嫥者，壹也。《释诂》、《诗·烝民》传皆曰'懿，美也'，《周书》谥法曰'柔克为懿，温柔圣善曰懿'。许益之以专久者，为其字

---

① 郝懿行：《尔雅义疏》，北京市中国书店 1982 年版，第 13 页。

从壹也。专壹而后可久，可久而后美。"（496 页）段氏遵从《说文》，发挥"姝久而美"。"懿"的本义为"美"，主要指人的"德"而言，重在其外在表现，即孔子所谓的"文"；而与其同义的"淑"，重在人的内质的美善。《汉书》中有"资质淑茂"、"资质淑美"、"贞淑之行"；有"明圣显懿之德"。另外，"淑"一般陈述对象指有教养的女性，如《汉书》中言"后妃、太后"；以及贤良君子如"太守堪、宜乡侯"；而"懿"主要涉及对象是"君王"。如：

（1）今太后资质淑美，慈爱宽仁，诸侯莫不闻，而少以田猎纵欲为名，于以上闻，亦未宜也。唯观览于往古，全行乎来今，令后姬得有所法则，下臣有所称诵，臣敞幸甚！（《赵尹韩张两王传》，3220）

（2）是故刘氏承尧之祚，氏族之世，著乎《春秋》。唐据火德，而汉绍之，始起沛泽，则神母夜号，以章赤帝之符。由是言之，帝王之祚，必有明圣显懿之德，丰功厚利积累之业，然后精诚通于神明，流泽加于生民，故能鬼神所福飨，天下所归往，未见运世无本，功德不纪，而得屈起在此位者也。（《叙传上》，4208）

俊

《说文·八上》："俊，材千人也。"（162 页）"俊"的本义指才智超群的人。词义引申有"美"义。《汉书》中，在"美、善"这一义位，"俊"具体表述的是德才兼备。如：

通曰："然则求臣亦犹是也，彼东郭先生、梁石君，齐之俊士也，隐居不嫁，未尝卑节下意以求仕也。愿足下使人礼之。"（《蒯伍江息夫传》，2166）

例句中"俊士"，指德才兼美的人。《汉书》中"俊"或修饰

"土"或修饰"德"如"俊德烈烈",都是表述"善美"义。到近代口语及文学作品如杂剧和小说中,"俊"才由指"俊美之才"演变为指"人的长相漂亮"。

修

《说文·九上》:"修,饰也。从彡,攸声。"(185页)"修"的本义表示"修饰",段注:"不去其尘垢不可谓之修,不加以缛采不可谓之修。"(424页)物经过修饰、人经过修行自然都变美好了,所以"修"词义引申表示"美、善"义。《汉书》中,在"美、善"这一义位,"修"多就人的德、行、义方面而言,主要指经过刻苦的研习从身到道的全面修养而达到的修成,如:

(1)光禄庆忌行义修正,柔毅敦厚,谋虑深远。(《赵充国辛庆忌传》,2997)

例句中"行义修正"是指德行经过修养,去其不善(如垢),变得纯净笃一、美善而方直。"行义修正"与"柔毅敦厚"语义互见。

(2)为人性倨,少礼,面折,不能容人之过。合己者善待之,不合者弗能忍见,士亦以此不附焉。然好游侠,任气节,行修洁。(《张冯汲郑传》,2317)

例句中,"行修洁"与"行秽"义相反。"修"主要指经过长期的,特别是慎重于独处时的修炼而养成的德行美善与洁净。

好

《说文·十二下》:"好,美也。从女、子。"(261页)段注:"好本谓女子,引申为凡美之称。凡物之好恶引申为人情之好恶。本无二音而俗强别其音。"(618页)"好"的甲骨文构形与小篆同,但字形说解诸家不一。不过,对于"好"本义是指"女子貌美"，各家意见一致。"好"的词义引申可以泛指"美、善"，《汉书》中，在"美、善"这一义位上，"好"具体表述的是质量或品质优良。如：

> 初，天子发书《易》，曰"神马当从西北来"。得乌孙马好，名曰："天马"。（《张骞李广利传》，2693）

例句中的"马好"到以至于称为"天马"、"神马"，足见出这乌孙马，品种何其优良！今天在口语中我们称赞某物好，也常说"神了"、"天成"。

黨与说

"黨"在《汉书》中出现 167 次，主要表示"朋党、党羽"义，没有表示"美、善"义的用例，表示此意义《汉书》用"说"，"黨"与"说"什么关系呢？《广雅·释诂一》"黨，善也。"王念孙《疏证》："黨者，《逸周书·祭公》解云'王拜手稽首黨言'，汉《张平子碑》云'黨言允谐'，《孟子·公孙丑》篇'禹闻善言则拜'，赵岐注引《皋陶谟》'禹拜说言'，今本作昌言，《史记·夏纪》作美言，黨说昌声近义同。"[1] 王氏认为"黨"本表示"善"义，"说"是"黨"的同音借字。《荀子·非相》："文而致实，博而黨正，是士君子之辩者也。"杨倞注："黨与说同，谓直言也。"王先谦《集解》引郝懿行曰："……黨说古今字。说言即昌言，谓善言也。"[2] 先谦认同郝氏："黨"、"说"为古今字。《说文新附》："说，直言也。从言，黨声。"（57 页）《说文诂林》引郑珍《说文新附考》："汉以后止行直言之义

---

① 王念孙：《广雅疏证》，中华书局 1983 年版，第 9 页。
② 王先谦：《荀子集解》，中华书局 1988 年版，第 88 页。

矣。"① "说"汉以后只表示"善言"义。《汉书》中都用"说",如:

> 上曰:"苟不若此,此图何戒?"伯曰:"'沈湎于酒',微子所以告去也;'式号式呼',《大雅》所以流连也。《诗》《书》淫乱之戒,其原皆在于酒。"上乃喟然叹曰:"吾久不见班生,今日复闻谠言!"(《叙传上》,4201)
> 师古曰:"谠言,善言也,音黨。"

5.10.2 反义词情况

嘉—怨

《汉书》中,"嘉"的反义词是"怨"。如:

> (1)嘉耦曰妃,怨耦曰仇,古之命也。(《五行志》,1378)

吉—凶

"吉"的反义词是"凶"。如:

> (2)星者,金之散气,其本曰人。星众,国吉,少则凶。汉者,亦金散气,其本曰水。星多,多水,少则旱,其大经也。(《天文志》,1292—1293)
> (3)古者三代命祀,祭不越望,吉凶祸福,不是过也。国主山川,山崩川竭,亡之征也,美恶周必复。(《五行志下之上》,1456)

---

① 丁福保:《说文解字诂林》,中华书局 1988 年版,第 3171 页。

善—醜、恶

"善"的反义词有"醜"或"恶"。如:

(4) 项王为天下宰不平,今尽王故王于醜地,而王群臣诸将善地,逐其故主赵王,乃北居代,馀以为不可。(《陈胜项籍传》,1811)

(5) 项羽为天下宰不平,尽王诸将善地,徙故王王恶地,今赵王乃居代!(《张耳陈馀传》,1838)

(6) 千秋材知未必能过人也,以其销恶运,遏乱原,因衰激极,道迎善气,传得天人之祐助云。(《武五子传》,2771)

臧—否

"臧"的反义词是"否"。如:

(7) 然当时在朝,常趋和承意,不敢甚斥臧否。(《张冯汲郑传》,2324)

修—秽

"修"的反义词是"秽"。如:

(8) 行秽祀丰,犹不蒙祐;德修荐薄,吉必大来。(《郊祀志下》,1262)

5.10.3 词的结合能力的不同

美

《汉书》中,在使用"美"的"美、善"这一义位时,"美"的词义所指向的用作主语的名词有:意(知明而意美)、德(延年知曾孙德美）；"美"的后面与之搭配的词有：祥（数有美祥）、德（河西大将军窦融嘉其美德）。

休

在使用"休"的"美、善"这一义位时，"休"可与其同义词或词义相关的词并列使用或出现于对当的位置上，如："洪业休德"、"德甚休盛"、"休徵嘉应"、"美若休德"、"令问休誉"、"休烈盛美"、"盛德休光"。"休"的词义所指向的用作主语的名词有：德（德甚休盛）；"休"的前面与之搭配的词有：先帝（先帝之洪业休德、先帝休烈）、祖宗（祖宗之休典）、陛下（盛德休光）；"休"的后面与之搭配的词有：德（洪业休德、美若休德、盛德休光）、烈（先帝休烈、休烈盛美）、徵（休徵嘉应）、祥（厥维休祥）、典（祖宗之休典）、誉（令问休誉）。可见，"休"主要用于表述（颂扬）先帝、祖宗、国君的德、业、典章盛美或用于表述一种吉祥的征兆或美好的声誉。

吉

在使用"吉"的"美、善"这一义位时，"吉"可与其同义词或词义相关的词并列使用或出现于对当或对应的位置上，如："吉祥嘉应"、"令月吉日"、"申以福应，吉瑞累仍"、"灵既享，锡吉祥，芒芒极，降嘉觞"。"吉"的后面与之搭配的词有：祥（锡吉祥、吉祥嘉应）、月日（择吉月日）、日（令月吉日）、瑞（吉瑞累仍），"吉"主要用于表述上天对人事的一种美好的、祥善的应徵或吉利的日子。

嘉

在使用"嘉"的"美、善"这一义位时，"嘉"可与其同义词出现于对当的位置上，如："休征嘉应"、"吉祥嘉应"、"嘉荐令芳"、"嘉禾、休征"。"嘉"的后面与之搭配的词有：瑞（获蒙嘉瑞）、祥（屡获嘉祥）、应（卒亡嘉应、休征嘉应）、符（五德嘉符）、气（蒙嘉气、获丰年）、祉（咸获嘉祉）、谋（切言嘉谋、忠言嘉谋）、荐（嘉荐令芳）、禾（嘉禾）、耦（嘉耦曰妃）、道（明德嘉道），"嘉"表述的对象很广泛。

善

在使用"善"的"美、善"这一义位时，"善"可与其同义词出现在同一句子中，如："夫福善之门莫美于和睦"；也可与其反义词出现于对应的位置上，如："今尽王故王于丑地，而王群臣诸将善地"、"尽王诸将善地，徙故王王恶地"。"善"的后面与之搭配的词有：祥（议者以为善祥）、地（而王群臣诸将善地）、气（道迎善气）、事（此正义善事）。

臧[1]

在使用"臧[1]"的"美、善"这一义位时，"臧[1]"常常受否定副词"不"的修饰，如："厥有愆不臧"、"爰何不臧"，这些句子都出现在非常正式的文体中。

令

在使用"令"的"美、善"这一义位时，"令"可与其同义词出现于对当的位置上，如："嘉荐令芳"、"令月吉日"。"令"的后面与之搭配的词有：闻（幼有令闻）、问（令问不忘）、称（以为曲阳非令称）、德（明著祖宗之令德）、芳（嘉荐令芳）、月（令月吉日）。

灵

在使用"灵"的"美、善"这一义位时,"灵"可与其同义词或词义相关的词并列使用,如:"何性命之淑灵"、"若乃灵瑞符应"、"柯叶汇而灵茂";也可与其同义词出现于对应的位置上,如:"历吉日,协灵辰"。"灵"的后面与之搭配的词有:瑞(灵瑞符应)、辰(协灵辰);"灵"的词义所指向的用作主语的名词有:性命(性命之淑灵)。

淑

在使用"淑"的"美、善"这一义位时,"淑"可与其同义词或词义相关的词并列使用,如:"资质淑茂"、"贞淑之行"、"今太后资质淑美"。"淑"的词义所指向的用作主语的名词有:资质(资质淑茂、今太后资质淑美);"淑"的前面与之搭配的词有:后妃(后妃有贞淑之行)、太后(今太后资质淑美);"淑"的后面与之搭配的词有:行(故后妃有贞淑之行)、问(淑问扬乎疆外)。"淑"主要用于表述有身份地位的女性的资质、品行淑美、慈惠。

懿

在使用"懿"的"美、善"这一义位时,"懿"可与其同义词或词义相关的词并列使用,如:"惟懿惟央"、"明圣显懿之德";"懿"的后面与之搭配的词有:德(明圣显懿之德)。

俊

在使用"俊"的"美、善"这一义位时,"俊"的后面与之搭配的词有:士(齐之俊士也、俊士亦俟明主以显其德)、德

（俊德烈烈）。"俊"主要用于表述德行及其有德的"士"。

修

在使用"修"的"美、善"这一义位时，"修"可与其词义相关的词并列使用，如："行修洁"、"行义修正"、"经明行修"、"道德修明"。"修"的词义所指向的用作主语的名词有：德（德修荐薄）、行（行修洁、内行修、行义修正、经明行修）、道德（道德修明）；"修"的后面与之搭配的词有：士（贤良修洁博习之士）、名（微感心攸通修名）。"修"主要用于表述人的德与行。

好

在使用"好²"这个词的"美、善"义位时，"好"的词义所指向的用作主语的名词有：马（得乌孙马好）、物（或物好）；"好"的后面与之搭配的词有：衣（民媮甘食好衣）。"好"用于表述具体物。

谠

在使用"谠"这个词的"美、善"义时，"谠"的后面与之搭配的词只有：言（谠言）。

《汉书》中"美"、"嘉"都有意动用法，如：

> 乐以治内而为同，礼以修外而为异；同则和亲，异则畏敬；和亲则无怨，畏敬则不争。揖让而天下治者，礼、乐之谓也。二者并行，合为一体。畏敬之意难见，则著之于享献、辞受，登降、跪拜；和亲之说难形，则发之于诗歌咏言，钟石管弦。盖嘉其敬意而不及其财贿，美其欢心而不流其声音。故孔子曰："礼云礼云，玉帛云乎哉？乐云乐云，钟鼓云乎哉？"此礼乐之本也。（《礼乐志》，1028—1029）

例句中，"嘉其敬意"与"美其欢心"中的"嘉"与"美"处于上下句对当的位置，是同义词而且作为形容词后面都带有宾语成分，并与其宾语之间含有主语认为宾语怎么样的意思，这时都是意动用法。

5.11　美、都¹、令、好²、佳、丽、妦（忲）、媚、妙、姣、冶、妖

5.11.1　词义的具体所指不同

《汉书》中，"美、都¹、令、好²、佳、丽、妦（忲）、媚、妙、姣、冶、妖"这 12 个词有 1 个共同义位，即"美丽、漂亮"义。

美

《说文·四上》："美，甘也。"（78 页）段注："《甘部》曰'美也'，甘者，五味之一，而五味之美皆曰甘，引申之凡好皆谓之美。"（146 页）又，《十二下》："媄，色好也。"（260 页）从《说文》，表述"漂亮、好看"义，本字是"媄"，而"美"表示美味好吃，后来借用"美"字，"美"行而"媄"废。《汉书》中，在"美丽、漂亮"这一义位上，"美"相对于"恶"（醜）而言，指人的相貌美好，不论男女都可以用这个词来形容。如：

　　故女无美恶，入宫见妒；士无贤不肖，入朝见嫉。（《贾邹枚路传》，2346）

例句中，"美"相对于"恶"，指女子貌美、有姿色。

都[1]

《说文·六下》:"都,有先君之旧宗庙曰都。从邑,者声。"(131页)段注:"《左传》曰'凡邑有宗庙先君之主曰都,无曰邑'……按据杜氏释例,大曰都,小曰邑。"(283页)"都"的特点是"大",大则"盛"、则"美","都"词义引申表示"美盛"义。"都"用来表述人,突出所描述对象"美好、闲雅"的气度。如:

> 是时,卓王孙有女文君新寡,好音,故相如缪与令相重而以琴心挑之。相如时从车骑,雍容闲雅,甚都。及饮卓氏弄琴,文君窃从户窥,心说而好之,恐不得当也。既罢,相如乃令侍人重赐文君侍者通殷勤。文君夜亡奔相如,相如与驰归成都。(《司马相如传》,2530)

张揖曰:"甚得都士之节也。"韦昭曰:"都邑之容也。"师古曰:"都,闲美之称也。张说近之。《诗·郑风·有女同车》之篇曰'洵美且都',《山有扶苏》之篇又云'不见子都',则知都者,美也。韦言都邑,失之远矣。"

例句中,"都"与"雍容闲雅"语义互见,突出相如儒雅而洒脱的风流气度。有了这样的气度,再加上弹得一手好琴以及"别有用心"的挑逗,"好音"的文君又如何不芳心驿动?《汉书》中"都"的另一个用例也在本传中,司马相如在其《子虚赋》中描写青琴、虙妃两位美丽的女神:"绝殊离俗,妖冶闲都"。这里把女神超凡脱俗、妖媚闲雅的美与韵再现出来。

从这两个例子可以看出,在"美丽、漂亮"这一义位上,"都"表述的是美好、雍容、闲雅,突出的是"闲"与"雅"。

令

"令"，表示"美好"是其假借义，常修饰"色"组成"令色"表示"美好的姿容"，如：

> 侍中驸马都尉董贤本无葭莩之亲，但以令色谀言自进，赏赐亡度，竭尽府藏，并合三第尚以为小，复坏暴室。（《王贡两龚鲍传》，3092）

师古曰："令，善也。谀，谄也。"

例句中，"令色"指美好的姿容。《论语》中有"色难"，是说子女侍奉父母能做到内心恭恭敬敬、表现在脸上和颜悦色是很难的一件事。在上古汉语中，"脸"和"面"所指是不同的，"脸"是古代女子搽胭脂的地方，这个地方是表情变化最集中的地方。"色"就是指"脸"这一部位的表情，"令色"表述董贤的美丽，联系《汉书·佞幸传》描述董贤"为人美丽自喜"，二意正吻合。

好²

《说文·十二下》："好，媄也。"（从段注本）段注："好本谓女子，引申为凡美之称。"（618页）又，《说文·十二下》："媄，色好也。"（260页）段注："按凡美恶字可作此。"（618页）可见，"美"表示女子相貌好看，本字应该是"媄"。"好"的本义指女子美丽。

《汉书》中，在"美好、漂亮"这一义位上，"好"多用来形容女子貌美，具体表述的是容貌美好，看起来赏心悦目。如：

（1）夫人曰："所以不欲见帝者，乃欲以深托兄弟也。我以容貌之好，得从微贱爱幸于上。夫以色事人者，色衰而爱弛，爱弛则恩绝。上所以挛挛顾念我者，乃以平生容貌也。今见我毁坏，颜色非故，必畏恶吐弃我，意尚肯复追思

闵录其兄弟哉!"(《外戚传》,3952)

(2)上思念李夫人不已,方士齐人少翁言能致其神。乃夜张灯烛,设帷帐,陈酒肉,而令上居他帐,遥望见好女如李夫人之貌,还幄坐而步。又不得就视,上愈益相思悲感,为作诗曰:"是邪,非邪?立而望之,偏何姗姗其来迟!"令乐府诸音家弦歌之。(《外戚传》,3952)

例(1)中"好"是用来表述李夫人的容貌的。夫人容貌美好,不幸早逝,武帝思念不已,遂有方士导演出这一幕凄美的情殇剧。汉武帝乃一代著名天子,雄才大略,功绩卓著,为一小女子竟情痴到做方士剧中的"性情男孩",也许真的是情到深处吧?从中我们可以想见这位夫人"容貌之好"好到什么程度。

佳

《说文·八上》:"佳,善也。从人,圭声。"(162页)段注:"《广韵》曰'佳,善也',又曰'好也',又曰'大也'……《淮南·说林训》曰'佳人不同体,美人不同面,而皆说于目'。"(368页)"佳"的本义是指女子美丽,同于"好",两个词析言在于一个着重于形体身材,一个着重于容貌。《汉书》中"佳"在这一义位上的用例都是用来形容女子美丽漂亮的,主要表述女子形体的美。如:

延年侍上起舞,歌曰:"北方有佳人,绝世而独立,一顾倾人城,再顾倾人国。宁不知倾城与倾国,佳人难再得!"上叹息曰:"善!世岂有此人乎?"平阳主因言延年有女弟,上乃召见之,实妙丽善舞。(《外戚传》,3951)

例句中的"佳人"就是后来令武帝迷恋的李夫人,而李夫人的确是妙丽善舞,"佳"具体表述的是女子形体身材美好。

丽

《说文·十上》："麗，旅行也。鹿之性见食急则必旅行。从鹿，丽声。"（203 页）李孝定《甲骨文字集释·第十》："'丽声'之丽，诸家以为即此字之古文是也。麗既以古文为声，则从鹿必属后起。窃谓丽之本义训两训耦，麗字从鹿，当为鹿之旅行之专字，二者本非一字。"[1] 依据李氏看法，"麗"是后起字，专表"旅行"义；"丽"的本义是"双、对"，词义引申表示"美好"。《汉书》中，"丽"表示"美好"义，主要用于男性，突出其外表壮丽、俊美。如：

> 是时，上颇知太子惶恐无他意，乃大感寤，召见千秋。至前，千秋长八尺余，体貌甚丽，武帝见而说之，谓曰："父子之间，人所难言也，公独明其不然。此高庙神灵使公教我，公当遂为吾辅佐。"立拜千秋为大鸿胪。（《公孙刘田王杨蔡陈》，2883—2884）

例句中"体貌甚丽"与"千秋长八尺余"语义互见，"丽"表述千秋身材高大，壮丽俊美。

妩

《说文·十二下》："妩，媚也。从女，无声。"（260 页）"媚，说也。从女，眉声"（260 页）段注"妩"下："《上林赋》'妩媚纤弱'，李善引《埤仓》曰'妩媚，悦也'。按妩、媚可分用。"（618 页）"妩"、"媚"都表示女子身姿美好、婉约动人。《汉书》中，"妩""媚"同义连文，用"妩媚纤弱"描写神女体

---

① 李孝定：《甲骨文字集释（全八册）》，"中研院史语所"出版，1970 年再版，第 3069 页。

态美好、楚楚动人。如：

> 若夫青琴虑妃之徒，绝殊离俗，妖冶闲都，靓庄刻饰，便嬛绰约，柔桡嬛嬛，妩媚纤弱，曳独茧之褕袘，眇阎易以恤削，便姗嫳屑，与世殊服，芬芳沤郁，酷烈淑郁，皓齿粲烂，宜笑的皪，长眉连娟，微睇绵藐，色授魂予，心愉于侧。（《司马相如传》，2571）

妙

《说文·四上》："眇，一目小也。从目从少，少亦声。"（73页）段注依《易》改为"小目也"，并且认为"《说文》无妙字，眇即妙也"。（135页）依段说，"眇"就是"妙"字，由目小引申泛指小，表示"美好、美妙"义也是其引申义。《汉书》中，在"美好、漂亮"这一义位上，"妙"具体表述的是美好中蕴涵的神妙、精致。如：

> 平阳主因言延年有女弟，上乃召见之，实妙丽善舞。由是得幸，生一男，是为昌邑哀王。（《外戚传》，3951）

例句中"妙丽善舞"是描述李夫人的，"妙"表述女子曼妙迷人。

姣

《说文·十二下》："姣，好也。从女，交声。"（261页）段注："姣谓容体壮大之好也……《方言》云'自关而东河泲之间凡好谓之姣。"（618页）"姣"是个方言词，指貌美。"姣"字构形中的声符"交"亦表义，突出所描写对象身材长大、美好。如：

> 初，帝姑馆陶公主号窦太主，堂邑侯陈午尚之。午死，主寡居，年五十余矣，近幸董偃。始偃与母以卖珠为事，偃

年十三，随母出入主家。左右言其姣好，主召见，曰："吾为母养之。"因留第中，教书计相马御射，颇读传记。(《东方朔传》，2853)

该句了描写董偃形容"姣好"，表述当时只有十三岁的他身材长大、相貌美好，因而能为帝姑馆陶公主相中而被宠养。

冶

《说文·十一下》："冶，销也。从仌，台声。"（240 页）"冶"的本义指冶炼金属，女子经过精心、刻意妆饰会变得更加靓丽、明媚，光彩照人，魅力四射令人眩晕。"冶"词义引申指女子艳丽、妖媚、迷人。《说文》没有收"妖"字，唐玄应《一切经音义》卷一引《三苍》："妖，妍也。"①"妖"与"冶"在"美好、漂亮"这一义位上常常同义连用，具体表述女子傲雅自得、庄饰鲜明，具有一种惊心动魄的美。"冶"突出其妍美非生成乃妆饰之功。如：

> 若夫青琴虑妃之徒，绝殊离俗，妖冶闲都，靓庄刻饰，便嬛绰约，柔桡嬛嬛，妩媚纤弱，曳独茧之褕袘，眇阎易以恤削，便姍嫳屑，与世殊服，芬芳沤郁，酷烈淑郁，皓齿粲烂，宜笑的皪，长眉连娟，微睇绵藐，色授魂予，心愉于侧。(《司马相如传》，2571)

例句中"妖冶"与"靓庄刻饰"语义互见，突出神女把自己刻意妆饰得靓丽迷人。"妖冶闲都"表述神女傲雅自得、飘逸脱俗的样子，其美色再加上"微睇绵藐"，足以让人失魂落魄，所谓"色授魂予"。

---

① 慧琳：《一切经音义》，上海古籍出版社 1986 年版，第 768 页。

5.11.2　反义词情况

美—恶

《汉书》中，在"美好、漂亮"这一义位上，"美"的反义词是"恶"。如：

　　（1）故女无美恶，入宫见妒；士无贤不肖，入朝见嫉。（《贾邹枚路传》，2346）

好—丑

《汉书》中，在"美好、漂亮"这一义位上，"好"的反义词是"丑"。如：

　　（2）陛下诚深察愚臣之言，致惧天地之异，长思宗庙之计，改往反过，抗湛溺之意，解偏驳之爱，奋乾刚之威，平天覆之施，使列妾得人人更进，犹尚未足也，急复益纳宜子妇人，毋择好丑，毋避尝字，毋论年齿。（《谷永杜邺传》，3452）

5.11.3　词的结合能力不同

美

《汉书》中，在使用"美"的"相貌美好"这一义位时，"美"可与其同义词并列使用，如："为人美丽自喜"；也可与其反义词并列使用，如："故女无美恶"。"美"的词义所指向的用作主语的名词有：不疑状貌（不疑状貌甚美）、女（女无美恶）、贤（贤传漏在殿下，为人美丽自喜），"美"表述的对象既可以是女性也可以是男性。"美"还可以受副词"甚"修饰，如："不疑状貌甚美"。

都

在使用"都"的"美好、娴雅"这一义位时,"都"可与其同义词或词义相关的词并列使用,如:"雍容闲雅,甚都"、"妖冶闲都"。"都"的词义所指向的用作主语的名词有:相如(相如时从车骑,雍容闲雅,甚都)、二妃(妖冶闲都);"都"表述的对象既可以是女性也可以是男性。"都"还可以受副词"甚"修饰,如:"甚都"。

令

在使用"令"的"美好"这一义位时,"令"的后面与之搭配的词是:色(以令色谀言自进)。

好

在使用"好"的"貌美"这一义位时,"好"常与其同义词"美"、"姣"并列使用,如:"故曰'燕燕尾涎涎','美好貌也'、"长而美好"、"左右言其姣好";也可与其反义词"丑"并列使用,如:"急复益纳宜子妇人,毋择好丑"。"好"的词义所指向的用作主语的词有:女子(长而美好)、其(左右言其姣好)、妇人(毋择好丑)、容貌(容貌之好);"好"的后面与之搭配的词有:女(又多取好女至数千人)、(即求好女以为妻)、(遥望见好女如李夫人之貌)。"好"表述的对象是女性。

佳

在使用"佳"的"美好"这一义位时,"佳"常与"丽"或"侠"同义并用,如"佳丽"、"丽佳"、"佳侠",都指"美丽的女子"。"佳"形容词用作名词,以其词义的特点指代有此特点的人。"佳"还用作定语,中心词是"人",如"佳人",也指"美丽的女子"。

丽

在使用"丽"的"美好"这一义位时,"丽"可与其同义词并列使用,如:"招致妖丽"、"夫佳丽珍怪固顺于耳目"、"实妙丽善舞"、"为人美丽自喜"。"丽"作谓语,其词义所指向的用作主语的词有:容貌(容貌壮丽、容貌甚丽)、体貌(体貌甚丽),贤(贤传漏在殿下,为人美丽自喜)、(延年)女弟(实妙丽善舞)。可见,"丽"单用作谓语,表述的对象都是男性;"丽"用于描写女性时,前面常有表述女性特点的词与之结合,如"妖丽"、"妙丽"。

妖

在使用"妖"的"姿态美好"这一义位时,"妖"与"媚"结合,如描写神女"妖媚纤弱";"妖(怃)"还可以形容女性的眉毛,如"眉怃"。

妙

在使用"妙"的"美好、美妙"这一义位时,"妙"与"丽"同义连用,如"妙丽善舞"。

姣

在使用"姣"的"美好"这一义位时,"姣"与"好"同义连文,如描写董偃仪貌"姣好"。

冶、妖

在使用"冶"、"妖"的表示女子"艳丽迷人"这一义位时，"妖"与"冶"同义连文，如描写神女"妖冶闲都"。

总之，"美、都[1]、令、好[2]、佳、丽、妩（怃）、媚、妙、姣、冶、妖"这 12 个词中"好、佳、妩（怃）、媚、妙、冶、妖"主要用于表述女性的美丽；"都、令、丽、姣"主要用于表述男性；"美"这个词的使用对象宽泛。

5.12　富、赡、厚、实、给、足、饶、羡、殷

5.12.1　词义的具体所指不同

《汉书》中，"富"、"赡"、"厚"、"实"、"给"、"足"、"饶"、"羡"、"殷"这 9 个词有一个共同义位，即"富裕、富足"义。

富

《说文·七下》："富，备也。一曰厚也。"（150 页）又，《三下》："葡，具也。"（70 页）段注："具，供置也。人部曰'备，慎也'，然则防备字当作备，全具字当作葡，义同而略有区别，今则专用备而葡废矣。"（128 页）"富"的本义是指物的丰满，由此引申出"丰富、众多"的意义，词义再进一步引申有"富裕、富足"义。在"富裕、富足"这一义位上，"富"具体表述的是存储丰富，财物多而集中。如：

> 其十二月羽猎，雄从。以为昔在二帝三王，宫馆台榭沼池苑囿林麓薮泽财足以奉郊庙，御宾客，充庖厨而已，不夺百姓膏腴谷土桑柘之地。女有余布，男有余粟，国家殷富，

上下交足，故甘露零其庭，醴泉流其唐，凤皇巢其树，黄龙游其沼，麒麟臻其囿，神爵栖其林。（《扬雄传上》，3540）

"国家殷富"，其中"殷""富"同义词并列使用，与下文"上下交足"互文，又与上文"财足"呼应，表达了当时国家殷实富足、以至于出现诸多祥瑞的状况。

赡

《说文新附·贝部》："赡，给也。"（131页）《说文·十三上》"给，相足也。"（273页）段注："相足者，彼不足此足之也。"（647页）"给"的本义是指供给使人足用，"赡"的本义也是指以财物供给人，这一词义具体表述的是有足够的财物自足且有余剩来给人，由此引申出"富裕、富足"义。在"富裕、富足"这一义位上，"赡"具体表述的是财物自足且有余剩来给人。如：

太子之亡也，东至湖，臧匿泉鸠里。主人家贫，常卖屦以给太子。太子有故人在湖，闻其富赡，使人呼之而发觉。吏围捕太子，太子自度不得脱，即入室距户自经。（《武五子传》，2746）

师古曰："赡，足也。"

"其富赡"意思是说太子故人富足，与上文太子寄居的"主人家贫"形成对比；而太子当时派人唤他也是想得其赡给。文中"富""赡"同义词并列使用，具体表述富足的意思。

厚

"厚薄"之"厚"的本字为"垕"，《说文·五下》："垕，厚也。"（111页）段注："厚当作笃。……今字厚行而垕废矣。凡经典垕薄字皆作厚。"（229页）《尔雅·释诂下》："笃，厚也。"

邢疏：“皆重厚也。”①"厚"的本义是指丰厚、众多，由此引申出"富裕、富足"义。在"富裕、富足"这一义位上，"厚"具体表述的是财富量大、量重。如：

（1）故逮文、景四五世间，流民既归，户口亦息，列侯大者至三四万户，小国自倍，富厚如之。子孙骄逸，忘其先祖之艰难，多陷法禁，陨命亡国，或亡子孙。（《高惠高后文功臣表》，528）

师古曰："言其赀财亦稍富厚，各如户口之多也。"

（2）故其男不耕耘，女不蚕织，衣必文采，食必粱肉；亡农夫之苦，有仟伯之得。因其富厚，交通王侯，为过吏势，以利相倾；千里游敖，冠盖相望，乘坚策肥，履丝曳缟。此商人所以兼并农人，农人所以流亡者也。（《食货志上》，1132）

《汉书》中，"厚"在"富裕、富足"这一义位上，常常与"富"并列使用（4.12.3 例举的 5 个用例都是"富""厚"同义连文），表足财富量大、量重。

实

《说文·七下》："實，富也。从宀从貫，貫，货贝也。"（150页）段注："以货物充于屋下是为實。"（340页）"实"的本义是指富裕，这一词义具体表述的是财物富多、堆积充盈。如：

（1）食足货通，然后国实民富，而教化成。（《食货志上》，1117）

（2）孝景时，吴、楚七国反，景帝往来东宫间，天下寒心数月。吴、楚已破，竟景帝不言兵，天下富实。今自陛下

---

① 李学勤：《十三经注疏·尔雅注疏》，北京大学出版社 1999 年版，第 35 页。

兴兵击匈奴，中国以空虚，边大困贫。由是观之，不如和亲。(《张汤传》，2641—2642)

《汉书》中，"实"在"富裕、富足"这一义位上，常常与"富"并列使用(前例举的 5 个用例中有 4 个都是"富""实"同义连文或出现于对当的位置，剩余的 1 例是"充""实"并列使用)，表述财物富多、堆积充盈。

给、足

《说文·十三上》："给，相足也。"(273 页)段注："相足者，彼不足此足之也。"(647 页)"给"的本义是指供给使足用。《说文·二下》："足，人之足也，在下。从口、止。"(45 页)"足"的本义是指脚，古与"止(趾)"同，词义引申指完足，《说文》"给"下段注："足居人下，人必有足而后体全，故引申为完足。"(647 页)用于形容人们的生活用度，"足"具体表述的是日常用度够且有余，与"给"同义，"给"侧重于指日常用度，"足"更偏重于指财物。如：

(1)世祖受命中兴，拨乱反正，改定京师于土中。即位三十年，四夷宾服，百姓家给，政教清明，乃营立明堂、辟雍。(《礼乐志》，1035)

师古曰："给，足也，言家家皆足。"

(2)臣闻秦始并天下之时，其主不及三王，而臣不及其佐，然功力不迟者，何也？地形便，山川利，财用足，民利战。(《爰盎晁错传》，2296)

(3)王者躬行道德，承顺天地，博爱仁恕，恩及行苇，籍税取民不过常法，宫室车服不逾制度，事节财足，黎庶和睦，则卦气理效，五征时序，百姓寿考，庶中蕃滋，符瑞并降，以昭保右。(《谷永杜邺传》，3467)

饶

《说文·五上》:"饶,饱也。"(108 页)段注:"饶者,甚饱之词也。引申为凡甚之称。"(221 页)"甚"义即是很多、过多。又,《五上》:"馀,饶也。"(108 页)可见,"饶"具体表述的是足够且有余,常与"足"同义连用,一般用来指资财用度。如:

(1) 于是商贾中家以上大氐破,民媮甘食好衣,不事畜臧之业,而县官以盐铁缗钱之故,用少饶矣。(《食货志下》,1170)

(2) 负戒其孙曰:"毋以贫故,事人不谨。事兄伯如事乃父,事嫂如事乃母。"平既取张氏女,资用益饶,游道日广。(《张陈王周传》,2038—2039)

(3) 窃见安汉公自初束脩,值世俗隆奢丽之时,蒙两宫厚骨肉之宠,被诸父赫赫之光,财饶势足,亡所诎意,然而折节行仁,克心履礼,拂世矫俗,确然特立:恶衣恶食,陋车驽马,妃匹无二,闺门之内,孝友之德,众莫不闻;清静乐道,温良下士,惠于故旧,笃于师友。(《王莽传》,4054)

羡

《说文·八下》:"羡,贪欲也。"(180 页)段注:"《大雅》:无然歆羡。《毛传》云:无是贪羡。此羡之本义也。假借为衍字,如《大雅》:及尔游羡,《传》曰:羡,溢也。《周礼》:以其余为羡。郑司农云:羡,饶也。皆是。"(414 页)从段注:"羡"是"衍"的借字,《说文·十一上》:"衍,水朝宗于海也。"(229 页)段注:"海淖之来,旁推曲畅,两厓渚涘之间不辨牛马,故曰衍。引申为凡有余之义,假羡字为之。"(546 页)"衍"的引申义指有余,与"饶"同义。如:

大农上盐铁丞孔仅、咸阳言："山海，天地之臧，宜属少府，陛下弗私，以属大农佐赋。愿募民自给费，因官器作煮盐，官与牢盆。浮食奇民欲擅斡山海之货，以致富羡，役利细民。其沮事之议，不可胜听。敢私铸铁器煮盐者，釱左趾，没入其器物。郡不出铁者，置小铁官，使属在所县。"（《食货志下》，1165—1166）

师古曰："羡，饶也。""羡"借作"衍"，与"富"同义词并列使用，表述丰裕、有余义。

殷

《说文·八上》："殷，作乐之盛称殷。"（170 页）段注："此殷之本义也……引申之为凡盛之称，又引申之为大也，又引申之为众也，又引申之为正也、中也。"（388 页）从段注，"殷"引申指盛大、盛多，词义进一步引申指富裕、富足义。在"富裕、富足"这一义位上，"殷"具体表述的是盛、多、足。《汉书》中"殷"都与"富"同义词并列使用，我们前（4.12.9）所例举的6 个用例，都是"殷富"连用，表述富裕义。如：

（1）梁孝王虽以爱亲故王膏腴之地，然会汉家隆盛，百姓殷富，故能殖其货财，广其宫室车服。然亦僭矣。怙亲亡厌，牛祸告罚，卒用忧死，悲夫！（《文三王传》，2220）

（2）遭值文、景玄默，养民五世，天下殷富，财力有余，士马强盛。（《西域传》），3928）

5.12.2 反义词情况

富—贫、乏、困

《汉书》中"富"的反义词有"贫"、"乏"、"困"，如：

（1）商君遗礼义，弃仁恩，并心于进取，行之二岁，秦俗日败。故秦人家富子壮则出分，家贫子壮则出赘。（《贾谊传》，2244）

（2）今欲令民量粟以赎罪，如此则富者得生，贫者独死，是贫富异刑而法不一也。（《萧望之传》，3275）

（3）往者周罔解结，群鹿争逸，离为十二，合为六七，四分五剖，并为战国。士无常君，国亡定臣，得士者富，失士者贫，矫翼厉翮，恣意所存，故士或自盛以橐，或凿坏以遁。是故驺衍以颉亢而取世资，孟轲虽连蹇，犹为万乘师。（《扬雄传下》，3567）

（4）富者木土被文锦，犬马余肉粟，而贫者裋褐不完，唅菽饮水。（《货殖传》，3682）

（5）孝，人行之所先也。观本行于乡党，考功能于官职，达观其所举，富观其所予，穷观其所不为，乏观其所不取，近观其所为主，远观其所主。孔子曰："视其所以，观其所由，察其所安，人焉廋哉？"取人之术也。（《杜周传》，2674）

（6）以临万货，以调盈虚，以收奇羡，则官富实而末民困，六矣。（《食货志下》，1156）

（7）孝景时，吴、楚七国反，景帝往来东宫间，天下寒心数月。吴、楚已破，竟景帝不言兵，天下富实。今自陛下兴兵击匈奴，中国以空虚，边大困贫。由是观之，不如和亲。（《张汤传》，2641—2642）

5.12.3　词的结合能力不同

富

《汉书》中，在使用"富"的"富裕、富足"这一义位时，

"富"常常与其同义词或与其词义相关的词并列使用，如："小国自倍，富厚如之"、"至于家给，既庶且富"、"食足货通，然后国实民富"、"以致富羡"、"沃野千里，民以富饶"、"国富民众，行珍宝，赂诸侯"、"与内厚富而外为诡服以钓虚誉者殊科"、"竟景帝不言兵，天下富实"、"太子有故人在湖，闻其富赡，使人呼之而发觉"、"女有余布，男有余粟，国家殷富，上下交足"、"则国给民富而颂声作"、"多赍珍宝、猛兽，欲视饶富"；"富"也可与其反义词出现在上下文对应的位置上，如："故秦人家富子壮则出分，家贫子壮则出赘"、"如此则富者得生，贫者独死"、"得士者富，失士者贫"、"富者木土被文锦，犬马余肉粟，而贫者裋褐不完，唅菽饮水"、"达观其所举，富观其所予，穷观其所不为，乏观其所不取"、"官富实而末民困"、"吴、楚已破，竟景帝不言兵，天下富实。今自陛下兴兵击匈奴，中国以空虚，边大困贫"。"富"的词义所指向的作主语的名词或名词性词组有：列侯与小国（列侯大者至三四万户，小国自倍，富厚如之）、民（国实民富）、（民以富饶）、（则国给民富而颂声作）、浮食奇民（浮食奇民欲擅斡山海之货，以致富羡）、国（国富民众）、百姓（则百姓富）、家（秦人家富子壮则出分）、天下（天下富实）、国家（国家殷富），可见，"富"的主语都是一个具有概括性的集体名词；"富"还可与"者"结合，构成"者"字词组，表示"富裕的人"，充当句子的主语成份，如："富者得生，贫者独死"、"富者木土被文锦，犬马余肉粟，而贫者裋褐不完，唅菽饮水"。

赡

《汉书》中，在使用"赡"的"富裕、富足"这一义位时，"赡"可与其同义词"富"并列使用，如："闻其富赡"。"赡"前面的成分有：百姓（百姓未赡）、其（其富赡），它们在句子中充当兼语："朕闵百姓未赡"、"（太子）闻其富赡"。

厚

《汉书》中，在使用"厚"的"富裕、富足"这一义位时，"厚"常常与其同义词"富"或与其词义相关的词并列使用，如："富厚如之"、"因其富厚，交通王侯"、"与内厚富而外为诡服以钓虚誉者殊科"、"厚具饶给之，以览视汉富厚焉"、"其使见汉人众富厚"。"厚"的词义所指向的作主语的名词有：汉（以览视汉富厚焉）、（其使见汉人众富厚）；"厚"可与"者"结合，构成"者"字词组，在句中作介词"与"的宾语，如："与内厚富而外为诡服以钓虚誉者殊科"。

实

《汉书》中，在使用"实"的"富裕、富足"这一义位时，"实"常常与其同义词"富"或与其词义相关的词并列使用，如："食足货通，然后国实民富"、"则官富实而末民困"、"天下富实"、"郡中皆有蓄积，吏民皆富实"、"百姓稍益充实"。"实"的词义所指向的作主语的名词有：民（国实民富）、官（官富实）、天下（天下富实）、吏民（吏民皆富实）、百姓（百姓稍益充实），可见，"实"的主语都是一个具有概括性的集体名词。

给、足

《汉书》中，在使用"给"、"足"的"富裕、富足"这一义位时，"给"、"足"常常出现于对当的位置上，如："欲望百姓俭节，家给人足"、"则民人给家足，都鄙廪庾尽满，而府库余财"、"贫者得以人给家足，无饥寒之忧"、"要曰强本节用，则人给家足之道也"、"故天下家给人足，颂声并作"；"给"、"足"还可与其同义词并列使用，如："国用饶给"、"人皆以为不治产业而饶给"、"国给民富"、"国用饶足"、"百姓洽足"。"给"、"足"的词义所指向的作主语的名词或名词性词组有：家、人（家给人足）、（人给家足）、（家给）、（而民可家足），百姓家（百姓家给），民人、家（民人给家足），天下家、人（天下家给人足），国（国给民富），国用（国用饶给）、（国用饶足），衣食（衣食足而知荣辱），财或财用（财用足）、（事节财足），上下（上下交足）。"给"、"足"的主语多数是家、国、人，其实指的是这些对象所属的财物、用度。

饶

《汉书》中，在使用"饶"的"富裕、富足"这一义位时，"饶"可与其同义词"富"、"足"并列使用，如："民以富饶"、"国用饶足"、"财饶势足"；"饶"的词义所指向的作主语的名词或名词性词组有：县官（而县官以盐、铁、缗钱之故，用少饶矣）、天下用（天下用饶）、民（民以富饶）、国用（国用饶足）、资用（资用益饶）、相如（与卓氏婚，饶于财）、赐（七十子之徒，赐最为饶）、财（财饶势足）。"饶"的主语是指财物、用度。"饶"可以被副词修饰，如："用少饶矣"、"资用益饶"、"赐最为饶"。

羡

《汉书》中，在使用"羡"的"富裕、富足"这一义位时，"羡"可与其同义词"富"并列使用，如："浮食奇民欲擅斡山海之货，以致富羡"，"羡"的词义所指向的作主语的名词性词组是：浮食奇民（浮食奇民欲擅斡山海之货，以致富羡）。

殷

《汉书》中，在使用"殷"的"富裕、富足"这一义位时，"殷"都与其同义词"富"及其词义相关的词并列使用，如："是以海内殷富"、"郡以殷富"、"人众殷富"、"然会汉家隆盛，百姓殷富"、"天下殷富"、"国家殷富，上下交足"、"以此巴、蜀殷富"、"天下殷富，财力有余"；"殷"的词义所指向的作主语的名词或名词性词组有：海内（海内殷富）、郡（郡以殷富）、齐临淄（齐临淄十万户，市租千金，人众殷富）、百姓（百姓殷富）、天下（天下殷富）、国家（国家殷富）、巴、蜀（以此巴、蜀殷富）。

5.13 富、庶、厚、众、多、夥、群、丛、盛²、豐、猥、穰、缛、蕃

5.13.1 词义的具体所指不同

《汉书》中，"富"、"庶"、"厚"、"众"、"多"、"夥"、"群"、"丛"、"盛²"、"豐"、"猥"、"穰²"、"缛"、"蕃"这 14 个词有 1 个共同义位，即"众多、丰富"义；另外，"豐"、"穰¹"这 2 个词还有 1 个共同义位，即"丰收"义。

1. 在"丰富、众多"这一义位上，"富"、"庶"、"厚"、"众"、"多"、"夥"、"群"、"丛"、"盛²"、"豐"、"猥"、"穰²"、"缛"、"蕃"词义的具体所指不同。

富

"富"的本义是指物的丰满，由此引申出"丰富、众多"的意义。如：

中国之人以亿计，地方万里，居天下之膏腴，人众车舆，万物殷富，政由一家，自天地剖判未始有也。（《郦陆朱刘叔孙传》，2112）

"万物殷富"，其中"殷"的本义是指作乐之盛，词义引申指盛、大、多；"富"词义引申指丰富、众多，"殷"、"富"同义词并列使用，表述当时天下富庶的状态。

庶

《说文·九下》："庶，屋下众也。"（193页）"庶"的本义是指众多。在"丰富、众多"这一义位上，"庶"具体表述的是物品众多，各种各样。如：

（1）以为神祇功德至大，虽修精微而备庶物，犹不足以报功，唯至诚为可，故上质不饰，以章天德。（《郊祀志下》，1256）

（2）窃闻明王即位，正五事，建大中，以承天心，则庶徵序于下，日月理于上；如人君淫溺后宫，般乐游田，五事失于躬，大中之道不立，则咎徵降而六极至。（《谷永杜邺传》，3443—3444）

师古曰："庶，众也。徵，证也。"

（3）王者躬行道德，承顺天地，博爱仁恕，恩及行苇，籍税取民不过常法，宫室车服不逾制度，事节财足，黎庶和睦，则卦气理效，五征时序，百姓寿考，庶中蕃滋，符瑞并降，以昭保右。（《谷永杜邺传》，3467）

师古曰："庶，众也。中，古草字也。蕃，多也。"

厚

"厚"的本义是指丰厚、众多，在"丰厚、众多"这一义位上,"厚"具体表述的是分量大、分量重。

(1) 故功多者赏厚,功少者赏薄。如此,敛民财以顾其功,而民不恨者,知与而安己也。(《爰盎晁错传》,2294)

(2) 是故刘氏承尧之祚,氏族之世,著乎《春秋》。唐据火德,而汉绍之,始起沛泽,则神母夜号,以章赤帝之符。由是言之,帝王之祚,必有明圣显懿之德,丰功厚利积累之业,然后精诚通于神明,流泽加于生民,故能鬼神所福飨,天下所归往,未见运世无本,功德不纪,而得屈起在此位者也。(《叙传上》,4208)

以上2个例句中"功多者赏厚"、"丰功厚利","赏"、"利"之"厚"与"功"之"多"、"丰"紧紧相关,"厚"与"多"、"丰"语义互见,构成同义关系,"厚"表述的是赏赐的分量大、分量重和多而大的利益。

众

《说文·八上》:"众,多也。从㐺、目,众意。"(169页)"众"是个会意字,以虚数"三"表示"数量多"。在"众多"这一义位上,"众"具体表述的是数量众多。如:

(1) 沛父老诸母故人日乐饮极欢,道旧故为笑乐。十余日,上欲去,沛父兄固请。上曰:"吾人众多,父兄不能给。"乃去。(《高帝纪下》,74)

例句中"人众多"与"不能给"语义互见,说明人的数量太多,沛父兄不能供给食宿。

(2) 三年春正月,诏曰:"农,天下之本也。黄金珠玉,饥不可食,寒不可衣,以为币用,不识其终始。间岁或不登,意为末者众,农民寡也。其令郡国务劝农桑,益种树,可得衣食物。吏发民若取庸采黄金珠玉者,坐臧为盗。二千

石听者,与同罪。"(《景帝纪》,152—153)

(3) 四年春正月,诏曰:"夫《洪范》八政,以食为首,斯诚家给刑错之本也。先帝劝农,薄其租税,宠其强力,令与孝弟同科。间者,民弥惰怠,乡本者少,趋末者众,将何以矫之? 方东作时,其令二千石勉劝农桑,出入阡陌,致劳来之。《书》不云乎? '服田力啬,乃亦有秋。' 其勖之哉!"(《成帝纪》,314)

"末者众,农民寡"与"乡本者少,趋末者众"表达的意思是相同的,古代社会以农为本,从事农业生产的人即农民的数量多,就有可能出现穰岁、丰年,即五谷丰登的大年;否则,事末者即从事工商业的人数量多,就会"岁或不登"。

(4) 天下至大,万事至众,祖业至重,诚不可以佚豫为,不可以奢泰持也。唯陛下忍无益之欲,以全众庶之命。(《杜周传》,2672)

"万事至众","万"充分说明事情极"众"即数量众多,二者语义互见。

多

《说文·七上》:"多,重也。"(142 页)段注:"緟者,增益也,故为多。"(316 页)"多"的本义是指增加、加重,增加后事物的数量就会变多,所以引申出"丰富、众多"的意义。在"丰富、众多"这一义位上,"多"具体表述的是增加、累积而多,而且还有可能继续增加、累积而变得更多。如:

自孝文更造四铢钱,至是岁四十余年,从建元以来,用少,县官往往即多铜山而铸钱,民亦盗铸,不可胜数。钱益多而轻,物益少而贵。(《食货志下》,1163)

"钱益多"的意思是钱更增多,这种结果与"县官"认为国家金山多而大肆铸钱以及下民盗铜偷偷铸钱的行为密切相关，而且由于这种现象"不可胜数"，钱还可以无限累积、增加，使其数量变得更大、更多，即"钱益多"。

夥

《说文·七上》："夥，齐谓多为夥。"（142 页）段注："《方言》曰：'大物盛多，齐宋之郊、楚魏之际曰夥。'"（316 页）"夥"是个方言词，《汉书》中"夥"的两个用例或是出自于楚人语，或是齐、楚人语。如：

> 陈胜王凡六月。初为王，其故人尝与佣耕者闻之，乃之陈，叩宫门曰："吾欲见涉。"宫门令欲缚之。自辩数，乃置，不肯为通。胜出，遮道而呼涉。乃召见，载与归。入宫，见殿屋帷帐，客曰："夥，涉之为王沈沈者！"楚人谓多为夥，故天下传之，"夥涉为王"，由陈涉始。（《陈胜项籍传》，1794—1795）

"夥"下段注："《史記·陈胜世家》曰："楚人謂多为夥，陈胜，楚人，在楚言楚也。"《汉书·陈胜传》中仍然采用楚人方言。

群

《说文·四上》："群，辈也。"（78 页）段注："……朋也，类也，此辈之通训也。《小雅》：谁谓尔无羊？三百维群。《犬部》曰：羊为群，犬为独。引申为凡类聚之称。"（146 页）"群"的本义是指羊群，词义引申指聚在一起的人或物，这些聚在一起的人或物能称之为"群"，一定数量众多且有某方面的共性，所以"群"引申指多、众多。在"众多"这一义位上，"群"具体表述的是具有同一特点或同一类特征的人或物的数量多。如：

(1) 臣闻三代所以丧亡者，皆繇妇人群小，湛湎于酒。
(《五行志下之下》，1511)

"群小"指众小人，"妇人群小"在封建时代统治阶级那里都属于"难养"的一类，与之为伍，必然导致亡国丧命之灾。"群"表述这样一类祸国殃民的人数量众多。

(2) 夫举吴兵以訾于汉，譬犹蝇蚋之附群牛，腐肉之齿利剑，锋接必无事矣。(《贾邹枚路传》，2362)

"群牛"指的是众牛，它们属于同一类物，"群"表述牛的数量多。

丛

《说文·三上》："丛，聚也。"(58 页)"丛"的本义是聚集，聚集一定是众多东西簇拥在一起，所以词义引申指众多、繁杂。在"众多"这一义位上，"丛"具体表述的是事物多而杂。如：

> 张汤以知阿邑人主，与俱上下，时辩当否，国家赖其便。赵禹据法守正。杜周从谀，以少言为重。张汤死后，罔密事丛，以浸耗废，九卿奉职，救过不给，何暇论绳墨之外乎！(《酷吏传》，3676)

师古曰："丛谓众也。"

"事丛"与"罔密"语义互见，因为法网过密，狱讼之事多而繁杂，以至于九卿虽极其敬业也"救过不给"，更无暇论及法外之事。

盛

《说文·五上》："盛，黍稷在器中以祀者也。"(104 页)段注："……引伸为凡丰满之称。今人分平、去，古不分也。"(211页)"盛"的本义是指把用来祭祀的黍稷盛放在器皿中，词义引申指丰满、众多。古音不分平、去。在"丰满、众多"这一义位上，"盛"具体表述的是东西多而满、盈，有极至的意味。如：

> （1）宫室苑囿府库之臧已侈，百姓訾富虽不及文景，然天下户口最盛矣。（《食货志上》，1143）

"盛"前面有表示程度最高级的副词"最"修饰，表述当时天下人口极多，突出"盛"的多而满。

> （2）初许后起微贱，登至尊日浅，从官车服甚节俭，五日一朝皇太后于长乐宫，亲奉案上食，以妇道共养。及霍后立，亦修许后故事。而皇太后亲霍后之姊子，故常竦体，敬而礼之。皇后辇驾侍从甚盛，赏赐官属以千万计，与许后时悬绝矣。（《外戚传上》，3968）

"皇后辇驾侍从甚盛"意思是说皇后的车驾多而且侍从人员也很多，有一种声势浩大的气派。"赏赐官属以千万计"以及具有总结性的"与许后时悬绝"的"悬绝"都突出了"盛"的极多，程度副词"甚"也加强了"盛"的词义。

豐

《说文·五上》："豐，豆之豐满者也。"（103 页）段注："谓豆之大者也，引伸之凡大皆曰豐。"（208 页）"豐"的本义是指豆器大，词义引申指大、多、满。在"丰富、众多"这一义位上，"豐"具体表述的是多而满，与"盛"意义相同。如：

> "东邻杀牛，不如西邻之瀹祭"，言奉天之道，贵以诚质大得民心也。行秽祀豐，犹不蒙祐；德修荐薄，吉必大来。（《郊祀志下》，1262）

"祀豐"的意思是说祭祀的供品多、丰富、齐全，与下文"荐薄"即祭祀的供品少、不全形成对比，"豐"表述多而满。

猥

《说文·十上》："猥，犬吠声。"（204 页）《慧琳音义》卷二
"猥杂"注引《说文》："猥，众犬吠也。"[1] 众犬齐吠，其声音一
定多而杂乱。"猥"词义引申指众多、杂乱。《说文·二上》"哭"
下段注："窃谓从犬之字，如狡、獝、狂、默、猝、猥、姍、狠、
犷、状、獳、狎、狃、犯、猜、猛、犹、铑、狟、戾、独、狩、
臭、獎、献、类、犹卅字皆从犬，而移以言人。"（63 页）

在"众多"这一义位上，"猥"具体表述的是众多而烦
杂。如：

(1) 闻禹治河时，本空此地，以为水猥，盛则放溢，少
稍自索，虽时易处，犹不能离此。（《沟洫志》，1696）

师古曰："猥，多也。"

"水猥"的意思是水多，"猥"含有"大而乱"义，所以大禹
治水时，"盛则放溢，少稍自索"。

(2) 严尤奏言："貉人犯法，不从驺起，正有它心，宜
令州郡且尉安之。今猥被以大罪，恐其遂畔，夫馀之属必有
和者。匈奴未克，夫馀、秽貉复起，此大忧也。"（《王莽传
中》，4130）

师古曰："猥，多也，厚也。被，加也。"

"今猥被以大罪"意思是貉人本来就犯法，现在若多多地加
以大罪，恐怕会引起貉人判离。"猥"作状语，表示多多地。能
够构成大罪，一定是许多繁琐的罪行累积而成。"猥"表述的是
众多而烦杂。

---

[1]　慧琳：《一切经音义》，上海古籍出版社 1986 年版，第 101 页。

穰

《说文·七上》："穰，黍豢已治者。"（145 页）"穰"的本义是指禾黍脱粒后的茎穗，词义引申指禾谷年收。

"穰"又有"众多"义。《广雅·释诂二上》："膙，盛也。"王念孙疏证："膙，方言。膙，盛也。秦晋或曰膙，梁益之间，凡人言盛，及其所爱，伟其肥胅謂之膙。膙，与盛同。……《汉书·张敞传》'长安中浩穰'，颜师古注云'穰，盛也，音人掌反'。膙、嬢、壤、穰，并通。……凡《诗》言'降福穰穰'、'丰年穰穰'、'零露瀼瀼'，皆盛多之意，义与膙相近也。"[1]"穰"、"膙"音同义通。在"众多"这一义位上，"穰"具体表述的是盛多、极多，常常"穰穰"连用。如：

（1）京兆典京师，长安中浩穰，于三辅尤为剧。郡国二千石以高弟入守，及为真，久者不过二三年，近者数月一岁，辄毁伤失名，以罪过罢。唯广汉及敞为久任职。（《赵尹韩张两王传》，3222）

师古曰："浩，大也。穰，盛也。言人众之多也。"

"穰"与表示"大而多"的"浩"并列使用，与后面句子中"尤为剧"语义互见，更突出了"穰"所表述的"盛多"义。

（2）炎感黄龙兮，熛讹硕麟，选巫咸兮叫帝阍，开天庭兮延群神。傧暗蔼兮降清坛，瑞穰穰兮委如山。（《扬雄传上》，3532）

师古曰："穰穰，多也。""穰穰"与"委如山"语义互见。

---

① 王念孙：《广雅疏证》，中华书局 1983 年版，第 53 页。

缛

《说文·十三上》："缛，繁采色也。"（274页）"缛"的本义是指繁密的彩色装饰，词义引申指繁多。在"众多"这一义位上，"缛"具体表述的是数量多而繁琐，包含有"厚、重"义。如：

> 崔发、张邯说莽曰："德盛者文缛，宜崇其制度，宣视海内，且令万世之后无以复加也。"（《王莽传下》，4161—4162）

师古曰："文，礼文也。缛，繁也，音辱。""缛"与"盛"语义互见，"德盛者"宜"文缛"，方合于孔子的"文质彬彬"，应用于统治者，"宜崇其制度，宣视海内，且令万世之后无以复加也"。

蕃

《说文·一下》："蕃，艸茂也。"（27页）又，《说文·一下》："茂，艸丰盛。"（22页）草木茂密丛生则丰盛，词义引申指丰富、众多。在"丰富、众多"这一义位上，"蕃"具体表述的是多而且会滋生出更多。如：

> （1）今农事弃捐而采铜者日蕃，释其未耨，冶熔炊炭；奸钱日多，五谷不为多。（《食货志下》，1155）

师古曰："蕃，多也。音扶元反。"

> （2）孝武皇帝大圣通明，始建上下之祀，营泰畤于甘泉，定后土于汾阴，而神祇安之，飨国长久，子孙蕃滋，累世遵业，福流于今。（《郊祀志下》，1259）

师古曰："蕃音扶元反。"

> （3）盖闻上古至治，画衣冠，异章服，而民不犯；阴阳

和，五谷登，六畜蕃，甘露降，风雨时，嘉禾兴，朱中生，山不童，泽不涸；麟凤在郊薮，龟龙游于沼，河洛出图书；父不丧子，兄不哭弟；北发渠搜，南抚交阯，舟车所至，人迹所及，跂行喙息，咸得其宜。（《公孙弘卜式兒宽传》，2613—2614）

师古曰："蕃，多也。音扶元反。"

例句中"今农事弃捐而采铜者日蕃"意思是现在放弃农业生产而从事采铜铸钱的人一天天多起来；"子孙蕃滋"意思是子孙繁衍渐多；"六畜蕃"意思是六畜不断繁殖增多。"蕃"表述的是多而且会滋生出更多。

2. 在"丰收"这一义位上，"豐"、"穰¹"词义的具体所指不同。

豐

"豐"由"丰富、众多"又可以引申出"庄稼丰收"义。在"丰收"这一义位上，"豐"具体表述的是年、谷产量大、多。如：

勤身极思，忧劳未绥，故国奢则视之以俭，矫枉者过其正，而朕不身帅，将谓天下何！夙夜梦想，五谷豐孰，百姓家给，比皇帝加元服，委政而授焉。（《王莽传上》，4050）

"五谷豐孰"与"百姓家给"语义互见，"豐"表述的是谷物产量大、多。

穰

"穰"引申指"禾谷丰收"。在"丰收"这一义位上，"穰"是从总体上表述丰收义，表意具有概括性。如：

（1）世之有饥穰，天之行也，禹、汤被之矣。（《食货志上》，1129）

师古曰:"穰,豐也,音人常反。"

(2) 宣帝即位,用吏多选贤良,百姓安土,岁数丰穰,谷至石五钱,农人少利。(《食货志上》,1141)

5.13.2 反义词情况

厚—薄

《汉书》中,"厚"的反义词是"薄"。如:

(1) 故功多者赏厚,功少者赏薄。如此,敛民财以顾其功,而民不恨者,知与而安已也。(《爰盎晁错传》,2294)

众—少、寡

《汉书》中,"众"的反义词有"少"、"寡"。如:

(2) 四年春正月,诏曰:"夫《洪范》八政,以食为首,斯诚家给刑错之本也。先帝劭农,薄其租税,宠其强力,令与孝弟同科。间者,民弥惰怠,乡本者少,趋末者众,将何以矫之? 方东作时,其令二千石勉劝农桑,出入阡陌,致劳来之。《书》不云乎?'服田力啬,乃亦有秋。'其勖之哉!"(《成帝纪》,314)

(3) 星者,金之散气,其本曰人。星众,国吉,少则凶。汉者,亦金散气,其本曰水。星多,多水,少则旱,其大经也。(《天文志》,1292—1293)

(4) 楚兵常胜,功冠诸侯安,诸侯兵皆服属楚者,以布数以少败众也。(《韩彭英卢吴传》,1882)

(5) 主上有败,则因而挺之矣;主上有患,则吾苟免而已,立而观之耳;有便吾身者,则欺卖而利之耳。人主将何便于此? 群下至众,而主上至少也,所托财器职业者粹于群

下也。俱亡耻，俱苟妄，则主上最病。(《贾谊传》，2257)

(6) 今兹陇西之吏，赖社稷之神灵，奉陛下之明诏，和辑士卒，底厉其节，起破伤之民以当乘胜之匈奴，用少击众，杀一王，败其众而大有利。非陇西之民有勇怯，乃将吏之制巧拙异也。(《爰盎晁错传》，2278—2279)

(7) 三年春正月，诏曰："农，天下之本也。黄金珠玉，饥不可食，寒不可衣，以为币用，不识其终始。间岁或不登，意为末者众，农民寡也。其令郡国务劝农桑，益种树，可得衣食物。吏发民若取庸采黄金珠玉者，坐臧为盗。二千石听者，与同罪。"(《景帝纪》，152—153)

(8) 信并兼之法，遂进取之业，天下大败；众掩寡，智欺愚，勇威怯，壮陵衰，其乱至矣。是以大贤起之，威震海内，德从天下。(《贾谊传》，2244)

多—少

《汉书》中，"多"的反义词是"少"。如：

(9) 自孝文更造四铢钱，至是岁四十余年，从建元以来，用少，县官往往即多铜山而铸钱，民亦盗铸，不可胜数。钱益多而轻，物益少而贵。(《食货志下》，1163)

(10) 时，汉关中兵益出，食多，羽兵食少。汉王使侯公说羽，羽乃与汉王约，中分天下，割鸿沟而西者为汉，东者为楚，归汉王父母妻子。已约，羽解而东。(《陈胜项籍传》，1817)

(11) 绛、灌等或谗平曰："平虽美丈夫，如冠玉耳，其中未必有也。闻平居家时盗其嫂；事魏王不容，亡而归楚；归楚不中，又亡归汉。今大王尊官之，令护军。臣闻平使诸将，金多者得善处，金少者得恶处。平，反复乱臣也，愿王

察之。"(《张陈王周传》，2040—2041)

(12)建元二年，郎中令王臧以文学获罪皇太后。太后以为儒者文多质少，今万石君家不言而躬行，乃以长子建为郎中令，少子庆为内史。(《万石卫直周张传》，2195)

(13)其行赏也，非虚取民财妄予人也，以劝天下之忠孝而明其功也。故功多者赏厚，功少者赏薄。如此，敛民财以顾其功，而民不恨者，知与而安己也。(《爰盎晁错传》，2294)

盛—少

《汉书》中，"盛"的反义词是"少"。如：

(14)闻禹治河时，本空此地，以为水猥，盛则放溢，少稍自索，虽时易处，犹不能离此。(《沟洫志》，1696)

豐—薄

《汉书》中，在"丰富、众多"这一义位上，"豐"的反义词是"薄"。如：

(15)"东邻杀牛，不如西邻之瀹祭"，言奉天之道，贵以诚质大得民心也。行秽祀豐，犹不蒙祐；德修荐薄，吉必大来。(《郊祀志下》，1262)

穰—饥

《汉书》中，在"丰收"这一义位上，"穰"的反义词是"饥"。如：

(16)世之有饥穰，天之行也，禹、汤被之矣。(《食货志上》，1129)

5.13.3 词的结合能力不同

富

《汉书》中，在使用"富"的"丰富、众多"这一义位时，"富"与"殷"及其词义相关的词并列使用，如：

> 中国之人以亿计，地方万里，居天下之膏腴，人众车舆，万物殷富，政由一家，自天地剖判未始有也。（《郦陆朱刘叔孙传》，2112）

"富"的词义所指向的作主语的名词是：万物。

庶

《汉书》中，在使用"庶"的"众多"这一义位时，"庶"主要用来作定语，它所连接的中心词有：事（庶事草创）、（庶事理），物（虽修精微而备庶物），徵（庶徵序于下），草（庶中蕃滋）。

厚

《汉书》中，在使用"厚"的"众多"这一义位时，"厚"可与其同义词或词义相关的词并列使用或出现于对当或对应的位置上，如："功多者赏厚"、"身宠而载高位，家温而食厚禄"、"尊官厚禄"、"丰功厚利积累之业"；"厚"可与其反义词出现于对应的位置上，如："功多者赏厚，功少者赏薄"。"厚"的词义所指向的用作主语的名词是：赏（功多者赏厚）；"厚"作定语，它所连接的中心词有：禄（家温而食厚禄）、（尊官厚禄），利（丰功厚利积累之业）。可见，"厚"的词义与赏赐、利禄相关，指赏赐、利禄的丰厚。

众

《汉书》中，在使用"众"的"众多"这一义位时，"众"可与其同义词"多"、"蕃"或词义相关的词并列使用或与其同义词出现于对当或对应的位置上，如："吾人众多"、"婚姻之礼废，则夫妇之道苦，而淫辟之罪多；乡饮之礼废，则长幼之序乱，而争斗之狱蕃；丧祭之礼废，则骨肉之恩薄，而背死忘先者众"、"星众，国吉，少则凶。汉者，亦金散气，其本曰水。星多，多水，少则旱，其大经也"、"祥多者其国安，异众者其国危"、"盗贼众多"、"天下至大，万事至众，祖业至重"；"众"可与其反义词出现于对当或对应的位置上，如："末者众，农民寡"、"乡本者少，趋末者众"、"以少败众"、"众掩寡"、"群下至众，而主上至少"、"用少击众"。"众"的词义所指向的作主语的名词或名词性词组是：秦兵（秦兵尚众）、吾人（吾人众多）、末者（末者众）、趋末者（趋末者众）、背死忘先者（背死忘先者众）、财物（卜林财物众）、星（星众）、盗贼（盗贼众多）、群下（群下至众）、万事（万事至众）、钱、帛、珠玉财物（钱、帛、珠玉财物甚众），这些作主语的名词或名词性词组都是指人和物。《汉书》中，在使用"众"的"众多"这一义位时，"众"主要充当谓语成份，其前面还可以有副词修饰，如："秦兵尚众"、"群下至众"、"万事至众"、"财物甚众"。

多

《汉书》中，在使用"多"的"众多"这一义位时，"多"可与其同义词"众"、"蕃"或词义相关的词并列使用或与其同义词出现于对当的位置上，如："婚姻之礼废，则夫妇之道苦，而淫辟之罪多；乡饮之礼废，则长幼之序乱，而争斗之狱蕃；丧祭之

礼废，则骨肉之恩薄，而背死忘先者众"、"今律令烦多而不约"、
"功多者赏厚"、"陛下左侧谗人众多"、"羌虏盛多"；"多"常常
与其反义词对举，如："钱益多而轻，物益少而贵"、"食多，羽
兵食少"、"金多者得善处，金少者得恶处"、"太后以为儒者文多
质少"、"故功多者赏厚，功少者赏薄"。"多"的词义所指向的用
作主语的名词或名词性词组是：人（相人多矣）、背死忘先者
（背死忘先者众）、律令（律令烦多而不约）、钱（钱益多而轻）、
食（食多）、功（功最多）、金（金多者得善处）、文（文多质
少）、功（功多者赏厚）、谗人（谗人众多）、鼠（第中鼠暴多）、
羌虏（羌虏盛多）、凤皇神爵（凤皇神爵数集郡国，颍川尤多），
这些作主语的名词或名词性词组都是指人和物。《汉书》中，在
使用"多"的"众多"这一义位时，"多"主要充当谓语成份，
其前面还可以有副词修饰，如："钱益多"、"功最多"、"鼠暴
多"、"颍川尤多"。

夥

在使用"夥"的"众多"这一义位时，"夥"可与其同义词
"众"并列使用，在句中充当谓语成分，主语是"万物"，如：
"鱼鳖讙声，万物众夥。"

群

《汉书》中，在使用"群"的"众多"这一义位时，"群"与
"庶"用法相同，主要用来作定语，它所连接的中心词有：鸟
（群鸟从之）、小（皆谇妇人群小）、牛（譬犹蝇蚋之附群牛）、事
（减省群事）、贤（受群贤之筹画），这些被修饰、限定的词都是
指人或物。

丛

《汉书》中，在使用"丛"的"众多"这一义位时，"丛"与其词义相关的词并列使用，如："罔密事丛"，"丛"的词义所指向的作主语的名词是：事。

盛

《汉书》中，在使用"盛²"的"众多"这一义位时，"盛²"可与其同义词"多"并列使用，如："羌虏盛多"。"盛²"在句中用来充当谓语成份，受副词修饰，如："天下户口最盛矣"、"天以圣人之资奉大王也甚盛"、"宾客甚盛"、"单于民众益盛"、"赠送甚盛"、"皇后辇驾从甚盛"，"盛²"的词义所指向的用作主语的名词或名词性词组是：天下户口（天下户口最盛矣）、水（盛则放溢）、奉大王的（天以圣人之资奉大王也甚盛）、宾客（宾客甚盛）、羌虏（羌虏盛多）、单于民众（单于民众益盛）、赠送（赠送甚盛）、皇后辇驾从（皇后辇驾从甚盛），这些作主语的名词或名词性词组都是指人和物。

豐

《汉书》中，在使用"豐"的"丰富、众多"这一义位时，"豐"可与其反义词"薄"出现于对应的位置上，如："行秽祀豐，犹不蒙祐；德修荐薄，吉必大来"，"豐"在句中用来充当谓语成分，其词义所指向的用作主语的名词或名词性词组是：乱狱（乱狱滋豐）、祀（行秽祀豐）。

狠

《汉书》中，在使用"狠"的"众多"这一义位时，"狠"作谓语，主语是"水"，如："以为水猥"；"猥"还可以用作状语，如："今猥被以大罪"。

穰

《汉书》中，在使用"穰"的"众多"这一义位时，"穰"可重叠或与其词义相关的词并列使用，如："长安中浩穰"、"瑞穰穰兮委如山"。

缛

《汉书》中，在使用"缛"的"众多"这一义位时，"缛"用作谓语，其词义所指向的用作主语的名词是：文（德盛者文缛）。

蕃

《汉书》中，在使用"蕃"的"众多"这一义位时，"蕃"可与其同义词或与其词义相关的词并列使用或与其同义词出现于对应的位置上，如："无乃百姓之从事于末以害农者蕃，为酒醪以靡谷者多，六畜之食焉者众与？"、"婚姻之礼废，则夫妇之道苦，而淫辟之罪多；乡饮之礼废，则长幼之序乱，而争斗之狱蕃；丧祭之礼废，则骨肉之恩薄，而背死忘先者众"、"是以罔密而奸不塞，刑蕃而民愈嫚"、"今农事弃捐而采铜者日蕃，释其耒耨，冶熔炊炭；奸钱日多，五谷不为多。""蕃"在句中用来充当谓语成分，其词义所指向的作主语的名词或名词性词组是：百姓之从事于末以害农者（百姓之从事于末以害农者蕃）、争斗之狱（争斗之狱蕃）、百姓（百姓蕃滋）、刑（刑蕃而民愈嫚）、采铜者（采铜者日蕃）、子孙（子孙蕃滋）、六畜（六畜蕃）、五谷（五谷蕃孰），这些作主语的名词或名词性词组都是指人和物。

豐

《汉书》中，在使用"豐"的"丰收"这一义位时，"豐"可与其同义词或与其词义相关的词并列使用，如："今年豐茂未报"、"则年谷豐昌"、"五谷豐孰"；"豐"用作谓语，其词义所指向的用作主语的名词有：年（今年豐茂未报）、年谷（年谷豐昌）、五谷（五谷豐孰）；"豐"用作定语，它所连接的中心词是：年（今京师虽未为豐年）。可见，"豐"表述的是年、谷即庄稼、收成的产量大、多。

穰

《汉书》中，在使用"穰"的"丰收"这一义位时，"穰"可与其同义词"豐"并列使用，如："岁数丰穰"、"岁丰穰则充其礼"，其词义所指向的用作主语的名词是：岁（岁数丰穰）、（岁丰穰则充其礼）；"穰"还可与其反义词"饥"并列使用，如："世之有饥穰"。

5.14 奢、侈、泰、靡[1]

5.14.1 词义的具体所指不同

《汉书》中，"奢"、"侈"、"泰"、"靡[1]"只有1个共同义位，即"奢侈、浪费"义。

奢、侈

《说文·十下》："奢，张也。从大，者声。"（215页）段注："张者，施弓弦也。引申凡充裕之称。"（497页）《说文·十下》：

"夸，奢也。从大，于声。"（213页）段注："奢者，张也。叠韵同义。"（492页）"奢"、"夸"都从大，其词义特点都有"大、开、满"义。《说文·八上》："侈，掩胁也。从人，多声。一曰奢泰也。"（从段注本）段注："掩者掩盖其上，胁者胁制其旁。凡自多以陵人曰侈，此侈之本义也。一曰奢泰也，泰字依韵会本补。奢者，张也。泰者，滑也。凡传云汰侈者即许书之泰字。……今上义废而此义独行矣。"（379页）按：段氏以为"侈"的本义指"掩胁"，即自高自大、盛气凌人，今只保留于方言吴语中，而"侈"指"奢泰"是其通行义。"侈"与"奢"同义，表示"奢侈、浪费"义。《汉书》中，在"奢侈、浪费"这一义位上，"侈"与"奢"具体表述的是用度方面没有节制、挥霍，追求华贵享受，造成浪费，与"俭""约"相对。如：

（1）方今世俗奢僭罔极，靡有厌足。公卿列侯亲属近臣，四方所则，未闻修身遵礼，同心忧国者也。或乃奢侈逸豫，务广第宅，治园池，多畜奴婢，被服绮縠，设钟鼓，备女乐，车服嫁娶葬埋过制。（《成帝纪》，324—325）

（2）今陛下以城中为小，图起建章，左凤阙，右神明，号称千门万户；木土衣绮绣，狗马被缋罽；宫人簪玳瑁，垂珠玑；设戏车，教驰逐，饰文采，丛珍怪；撞万石之钟，击雷霆之鼓，作俳优，舞郑女。上为淫侈如此，而欲使民独不奢侈失农，事之难者也。（《东方朔传》，2858）

以上 2 个例句把天子、公卿列侯亲属近臣的豪华生活铺陈无余，在上者如此挥霍享受，却希望百姓躬耕南亩、节衣缩食。"奢侈"与"俭节"相对。

泰

《说文·十一上》："泰，滑也。"（237页）段注："字从水，水在手中，下潚甚利也。与辵部达字义近，皆他达切。《周易》：'泰，通也；否，塞也。'……滑之意也。滑则宽裕自如，故引申为纵泰。如《论语》'泰而不骄'是也。又引申为泰侈，如《左传》之'汏侈'；《西京赋》之'心侈体泰'是也。汏即泰之隶省。"（565 页）"泰"的本义光滑，词义引申表示"通达、通畅"，再引申为"放纵、无节制"，用于表述用度方面则为"泰侈"，即"奢侈、浪费"。在"奢侈、浪费"这一义位上，"泰"具体表述的是大肆挥霍、浪费至极点。《汉书》中，"泰"与"奢"同义连用，共同表述"奢侈、浪费"义。如：

（1）武帝虽有攘四夷广土斥境之功，然多杀士众，竭民财力，奢泰亡度，天下虚耗，百姓流离，物故者半。（《眭两夏侯京翼李传》，3156）

汉武帝的奢侈生活，我们可以从上例（2）中约略看到。这种"奢泰亡度"造成天下财力匮竭，百姓流离失所。"泰"与"奢"同义连用，表述大肆挥霍、浪费至极点。

靡

《说文·十一下》："靡，披靡也。从非，麻声。"（依段注本）段注："披各本作披，今正。披靡叠韵字。'旗'下曰：'旌旗披靡也。'《项羽传》：'汉军皆披靡'，颜师古、张守节皆普彼反，盖其字本作披，从木，析也，写者讹从手。披靡，分散下垂之皃。……凡物分散则微细，引申之谓精细可喜曰靡丽。……又与亡字、无字皆双声，故谓无曰靡。"（583 页）"靡"的本义指散乱、倒下，由此引申有"细靡"义。凡物细靡者必奢，所以"靡"有"侈靡"义。《周礼·地官·司市》："以政令禁物靡而均市。"郑玄注引郑司农云："靡，谓侈靡也。"① 在"奢侈"这一义位上，"靡"具体表述的是不必要地消耗、浪费，相对于正常的、有节制的花费。《汉书》中，"靡"常与"侈"、"奢"同义连文。如：

(1) 又郡国辐凑，浮食者多，民去本就末，列侯贵人车服僭上，众庶放效，羞不相及，嫁娶尤崇侈靡，送死过度。（《地理志下》，1642—1643）

(2) 禁止嫁娶送终奢靡，务出于俭约。（《循吏传》，3642）

人生的两件大事"嫁娶、送终"，花费钱财是正常的事情，但要有度，不可过分，造成浪费。"侈靡"与"过度"意思一样，"奢靡"与"俭约"意思相反，"靡"表述的是不必要地消耗、浪费，相对于正常的、有节制的花费。

5.14.2 反义词情况

《汉书》中，"奢""侈""泰""靡"多与"俭""约""节"出现在上下文中，《说文·八上》："俭，约也。从人，金声。"（165 页）段注："约者，缠束也。俭者不敢放侈之意。"（376 页）又，《五上》："节，竹约也。"（95 页）段注："约，缠束也。竹节如缠束之状。……引申为节省、节制、节义字。"（189 页）"俭""约""节"三个词都有"约束、节制"义，而"奢""侈"组词都有"张大、放纵"义，与这一组词正好意义相反，表示开支、用度超过必要，造成物力、财力的浪费。另外，"恭"、"俭"常常连用与"侈靡"对举，"恭"也有"约束、节制、俭约"义。《说文·十下》："恭，肃也。"（218 页）段注："肃者，持事振敬

---

① 孙诒让：《周礼正义》，中华书局 1987 年版，第 1056 页。

也"（503页）"恭"的本义指肃敬，肃敬则收敛、不敢张放，与"奢"、"侈"的"张大、放纵"相反，有"俭约"义。又"恭"、"俭"常常连用，"恭"相因生义，也表示开支、用度节俭。

《汉书》中，"奢"、"侈"、"泰"、"靡"的反义词有"俭"、"约"、"节"。如：

（1）见国家承武帝奢侈师旅之后，数为大将军光言："年岁比不登，流民未尽还，宜修孝文时政，示以俭约宽和，顺天心，说民意，年岁宜应。"（《杜周传》，2664）

（2）遂见齐俗奢侈，好末技，不田作，乃躬率以俭约，劝民务农桑，令口种一树榆，百本薤、五十本葱、一畦韭，家二母彘、五鸡。（《循吏传》，3640）

（3）庆忌居处恭俭，食饮被服尤节约，然性好舆马，号为鲜明，唯是为奢。（《赵充国辛庆忌传》，2997）

（4）制度泰奢，刑罚泰深，赋敛泰重，宜以俭约先下。（《王贡两龚鲍传》，3081）

（5）方今世俗奢僭罔极，靡有厌足。公卿列侯亲属近臣，四方所则，未闻修身遵礼，同心忧国者也。或乃奢侈逸豫，务广第宅，治园池，多畜奴婢，被服绮縠，设钟鼓，备女乐，车服嫁娶葬埋过制。吏民慕效，浸以成俗，而欲望百姓俭节，家给人足，岂不难哉！（《成帝纪》，324—325）

（6）至高祖、孝文、孝景皇帝，循古节俭，宫女不过十余，厩马百余匹。孝文皇帝衣绨履革，器亡琱文金银之饰。后世争为奢侈，转转益甚，臣下亦相放效，衣服履绔刀剑乱于主上，主上时临朝入庙，众人不能别异，甚非其宜。（《王贡两龚鲍传》，3069—3070）

（7）莽群兄弟皆将军五侯子，乘时侈靡，以舆马声色佚游相高，莽独孤贫，因折节为恭俭。（《王莽传》，4039）

（8）唯陛下正后妾，抑女宠，防奢泰，去佚游，躬节俭，亲万事，数御安车，由辇道，亲二宫之饔膳，致晨昏之定省。（《杜周传》，2672）

（9）禁止嫁娶送终奢靡，务出于俭约。（《循吏传》，3642）

5.14.3 词的结合能力不同

奢

《汉书》中，在使用"奢"的"奢侈"这一义位时，"奢"常常与其同义词或词义相关的词并列使用，如："或乃奢侈逸豫"、"然俗奢侈，不以蓄聚为意"、"而欲使民独不奢侈失农"、"遂见齐俗奢侈"、"惟世俗奢泰文巧"、"方今世俗奢僭罔极"、"值世俗隆奢丽之时"、"嫁娶送死奢靡"。据统计，《汉书》中，"奢侈"连用的有25例，"奢泰"连用的有8例，"奢靡"连用的有3例。"奢"还可以与其反义词出现在上下文中，如："庆忌居处恭俭，食饮被服尤节约，然性好舆马，号为鲜明，唯是为奢"、"制度泰奢，刑罚泰深，赋敛泰重，宜以俭约先下"、"遂见齐俗奢侈，好末技，不田作，乃躬率以俭约"、"至高祖、孝文、孝景皇帝，循古节俭，……后世争为奢侈"。"奢"的词义所指向的用作主语的名词或名词性词组有：世俗（方今世俗奢僭罔极、惟世俗奢泰文巧、遂见齐俗奢侈、值世俗隆奢丽之时、然俗奢侈）、养生（养生大奢）、民（而欲使民独不奢侈失农）、制度（制度泰奢）；"奢"可以受副词修饰，如：太（泰、大）（制度泰奢、养生大奢）、不（视民不奢、而欲使民独不奢侈失农）。

侈

在使用"侈"的"奢侈"这一义位时，"侈"常常与其同义词或词义相关的词并列使用，如："贵戚五侯定陵、富平外戚之家淫侈过度"、"嫁娶尤崇侈靡，送死过度"、"富者奢侈羡溢"、"殚天下之财以奉淫侈"、"反以靡丽为右，奢侈为务"、"奢侈玉食"；还可以与其反义词出现在上下文中，如："莽群兄弟皆将军五侯子，乘时侈靡，以舆马声色佚游相高，莽独孤贫，因折节为恭俭"。"侈"的词义所指向的用作主语的名词或名词性词组有：贵戚五侯定陵、富平外戚之家（贵戚五侯定陵、富平外戚之家淫侈过度）、富者（富者奢侈羡溢）、人民用财（今天下人民用财侈靡）、天下（天下奢侈）、莽群兄弟（莽群兄弟皆将军五侯子，乘时侈靡）。

泰

在使用"泰"的"奢侈"这一义位时，"泰"常常与其同义词"奢"并列使用，如："戒秦建止奢泰"、"防奢泰"、"奢泰亡度"、"奢泰难供，以故民困国虚"；还可以与其反义词出现在对应的位置上，如："防奢泰，去佚游，躬节俭，亲万事"。"泰"的词义所指向的用作主语的名词或名词性词组有：秦建止（秦建止奢泰）、武帝（奢泰亡度）。

靡

在使用"靡"的"奢侈"这一义位时，"靡"常常与其同义词或词义相关的词并列使用，如："嫁取送死奢靡"、"嫁娶尤崇侈靡，送死过度"、"奢言淫乐而显侈靡"、"省庖厨，去侈靡"、"好声色，上侈靡"；还可以与其反义词出现在并列的句子中，如："禁止嫁娶送终奢靡，务出于俭约"。"靡"的词义所指向的用作主语的名词或名词性词组有：晋公族子孙（太原、上党又多晋公族子孙，以诈力相倾，矜夸功名，报仇过直，嫁取送死奢靡）、人民用财（今天下人民用财侈靡）、天下俗（今天下俗贪财贱义，好声色，上侈靡）。

5.15　羸、瘦、瘠、臞

5.15.1　词义的具体所指不同

《汉书》中，"羸"、"瘦"、"瘠"、"臞"只有 1 个共同义位，即"瘦弱"义。

羸

《说文·四上》："羸，瘦也。"（78 页）段注："引申为凡瘦之称。"（146 页）

瘦

《说文·七下》："瘦，臞也。"（155 页）段注："《肉部》曰：'臞，少肉也……今字作瘦。'"（351 页）

瘠

《说文》"瘠"作"膌"，在《肉部》。《说文·四下》："膌，瘦也。"（88 页）段注："《疒部》曰：瘦，臞也。许欲令其义错见也。膌亦作瘠，瘦亦作膄。凡人少肉则脊以历历然。故其字从脊。"（171 页）

臞

《说文·四下》："臞，少肉也。"（88 页）段注："《釋言》：臞，瘠也。《周禮》注：瘠，臞也。"（171 页）

"羸"、"瘦"、"瘠"、"臞"这 4 个词的本义都是指瘦弱少肉。在"瘦弱"这一义位上，"羸"具体表述的是人或动物不仅瘦而且弱，更突出的是其"弱病"。如：

> 汉军破城，食至多，然士自载不足以竟师，强者尽食畜产，羸者道死数千人。（《西域传》，3913）

"羸者"指瘦弱的士兵。句中"羸"与"强"反义对举，"羸"的词义重心是指"弱"。

在"瘦弱"这一义位上，"瘦"具体表述的是瘦削，指人瘦时包含有因内心忧虑而变得面容憔悴、形体枯小甚至有些脱形的意味。"瘦"使用的范围较广泛。如：

（1）庆，则子也。薨，子寿成嗣，坐为太常牺牲瘦免。（《萧何曹参传》，2013）

（2）后上朝东官，太后泣曰："帝间颜色瘦黑，班侍中本大将军所举，宜宠异之，益求其比，以辅圣德。宜遣富平侯且就国。"上曰："诺。"（《叙传上》，4202）

在"瘦弱"这一义位上，"瘠"具体表述的是人体或动物干瘪、少肉。如：

> 圣王在上而民不冻饥者，非能耕而食之，织而衣之也，为开其资财之道也。故尧、禹有九年之水，汤有七年之旱，而国亡捐瘠者，以畜积多而备先具也。（《食货志上》，1130）

在"瘦弱"这一义位上，"臞"具体表述的是人的面容清瘦。

> 相如以为列仙之儒居山泽间，形容甚臞，此非帝王之仙意也，乃遂奏《大人赋》。（《司马相如传下》，2592）

师古曰："臞，瘠也。"

5.15.2 反义词情况

羸—肥、强

《汉书》中，"羸"的反义词有"肥"、"强"，如：

（1）至晋阳，闻信与匈奴欲击汉，上大怒，使人使匈奴。匈奴匿其壮士肥牛马，徒见其老弱及羸畜。（《郦陆朱刘叔孙传》，2121）

（2）汉军破城，食至多，然士自载不足以竟师，强者尽食畜产，羸者道死数千人。（《西域传》，3913）

5.15.3 词的结合能力不同

羸

《汉书》中，在使用"羸"的"瘦弱"这一义位时，"羸"可与其同义词"瘦"、"弱"以及义相关的词并列使用，如："（万骑）多羸瘦"、"见其羸弱"、"徒见其老弱及羸畜"；"羸"可与其反义词反义对举，如："匈奴匿其壮士肥牛马，徒见其老弱及羸畜"、"匿其精兵，见其羸弱"、"强者尽食畜产，羸者道死数千人"。"羸"可以作定语，修饰名词"畜"；"羸"可以指代具有其所表述的这一特征的人或动物，如"见其羸弱"，"羸弱"指代那些瘦弱的兵士；"羸"作谓语，主语是：万骑（万骑多羸瘦）；"羸"还可以与"者"结合，构成"者"字词组，表示"瘦弱的人"（羸者道死数千人）。

瘦

《汉书》中，在使用"瘦"的"瘦弱"这一义位时，"瘦"可与其同义词"羸"以及词义相关的词并列使用，如："虏马羸瘦"、"帝间颜色瘦黑"。"瘦"的词义所指向的作主语的词有：牺牲（坐为太常牺牲瘦免）、安世（安世瘦惧）、虏马（虏马羸瘦）、马（马多瘦）、颜色（帝间颜色瘦黑），"瘦"可以用于人或动物。

瘠

《汉书》中，在使用"瘠"的"瘦弱"这一义位时，"瘠"前面与之搭配的词是"捐"，"捐瘠"再与"者"结合，构成"者"字词组，表示"被捐弃而瘦病的人"。

臞

《汉书》中，在使用"臞"的"瘦弱"这一义位时，"臞"的主语是：形容（列仙之儒居山泽间，形容甚臞），"臞"还可以受程度副词"甚"修饰。

5.16　怯、懦(愞)、弱、软(耎)、㥍(荏)、脆

5.16.1　词义的具体所指不同

《汉书》中，"怯"、"懦（愞）"、"弱"、"软（耎）"、"㥍（荏）"、"脆"这 6 个词有 1 个共同义位，即"软弱、怯弱"义。

《说文·十上》："㹤，多畏也。从犬，去声。恸，杜林说㹤从心。"（205 页）段注："本谓犬，假借谓人。……今字皆用伯山说也。"（475 页）依《说文》，表示"怯懦、畏惧"义，本来

是从犬会意，古人从日常生活中观察"犬"的特性而造"猰"，从心之"怯"是"猰"之重文。"猰"从犬多畏进而引申指人多畏，今字从杜林说用为"怯"。"怯"的本义指怯懦、畏惧。

懦（愞）

《说文·十下》："懦，驽弱者也。从心，需声。"（220 页）段注："愞，驽弱也。乃乱切，十四部。此篆各本作懦，从心，需声，人朱切，乃浅人所改，今正。……本乃乱切，音转为乃过切。……因形近或讹为懦，再讹为儒。其始尚分愞、懦为二字二音……皇云学士是其分别井然，而转写愞讹为懦……凡经传愞字皆讹作懦，不可胜正。……今无不作懦者。盖需、奭二声古分别画然，需声在古音四部人于切，奭声在古音十四部乃乱切，而自张参以来改奭为需，不能諟正。"（508 页）表示"驽弱"义，本字为"愞"（乃乱切），"愞"与"懦"本为二字二音，因形近"愞"讹为"懦"。"懦"音乃过切，与"愞"之乃乱切的转音乃过切同。《汉书》中，"愞"与"懦"这 2 个字都使用了，如：

（1）明年秋，馀善闻楼船请诛之，汉兵留境，且往，乃遂发兵距汉道，号将军驺力等为"吞汉将军"，入白沙、武林、梅领，杀汉三校尉。是时，汉使大司农张成、故山州侯齿将屯，不敢击，却就便处，皆坐畏懦诛。（《西南夷两粤朝鲜传》，3861—3862）

（2）秋，匈奴入雁门，太守坐畏愞弃市。（《武帝纪》，204）

如淳曰："军法，逗留畏懦者要斩。愞音如掾反。"师古曰："又音乃馆反。"

这 2 个用例中"坐畏懦诛"与"坐畏愞弃市"句式相同，"畏愞"（或"畏懦"）是两个同义词连用，其中"愞"讹作

"懦"。

弱

《说文·九上》："弱，橈也。"（185 页）段注："橈者，曲木也。引申为凡曲之称。直者多强，曲者多弱。"（425 页）"弱"的本义是以曲木表示"柔曲"义，词义引申指软弱。

软（㜠）

《说文·十下》："㜠，稍前大也。从大，而声，读若畏偄。"（215 页）段注："谓若偄也，而沇切，十四部。古凡㜠声字皆在十四部。需声字皆在四部。后人多乱之。"（499 页）《说文·八上》："偄，弱也。从人从㜠。"（166 页）段注："古假㜠爲偄……部㜠读若畏偄，二字义近音同。奴乱切，十四部，又奴货切，音之转也。○偄亦而沇切，俗作輭，讹作軟。"（377—378 页）从段注我们可以看出："㜠"与"偄"是同音假借关系，"㜠"作为"偄"的借字而有"弱"义；"輭"是"偄"的俗体，"輭"讹作"軟"。

㮣（茬）

《说文·一下》："茬，桂茬蘇。"（15 页）"茬"本指一种植物，当"弱"讲，本字应是"㮣"，二字同音假借。《说文·六上》："㮣，弱兒。"（118 页）段注："《小雅》、《大雅》皆言茬染柔木。毛曰：茬染，柔意也。《论语》：色厉而内茬。孔曰：茬，柔也。按此茬皆当作㮣。桂茬谓蘇也，经典多假茬而㮣废矣。"（294 页）从段注，表述"弱"义，本字"㮣"废而借字"茬"行。

脆

《说文·四下》："脆，小㜠易断也。"（90 页）段注："作脆者，误也。"（176 页）"脆"的异构字为"膬"，《说文·四下》：
"膬，耎易破也。"（90 页）段注："按脆、膬葢本一字异体，
《篇》、《韵》皆云膬同脆。"（176 页）"脆"的本义是指软的，引
申指软弱。

在"软弱、怯弱"这一义位上，"怯"词义突出人的胆怯、
畏惧，这种"胆怯、畏惧"事先已经产生。如：

范阳令宜整顿其士卒以守战者也，怯而畏死，贪而好富
贵，故欲以其城先下君。（《蒯伍江息夫传》，2159）

例句中，"而"连接"怯"与"畏死"，二者是递进关系，
"畏死"进一步突出了"怯"的词义特征。

在"软弱、怯弱"这一义位上，"懦（愞）"词义重心在突出
人的懦弱，如：

（1）明年秋，馀善闻楼船请诛之，汉兵留境，且往，乃
遂发兵距汉道，号将军驺力等为"吞汉将军"，入白沙、武
林、梅领，杀汉三校尉。是时，汉使大司农张成、故山州侯
齿将屯，不敢击，却就便处，皆坐畏懦诛。（《西南夷两粤
朝鲜传》，3861—3862）

（2）文、景间，安孙遂字伯纪，处东平陵，生贺，字翁
孺。为武帝绣衣御史，逐捕魏郡群盗坚卢等党与，及吏畏懦
逗遛当坐者，翁孺皆纵不诛。（《元后传》，4013）

（3）秋，匈奴入雁门，太守坐畏愞弃市。（《武帝纪》，
204）

以上 3 个例句中，"懦（愞）"都是与"畏"并列使用，表示
人的懦弱。

在"软弱、怯弱"这一义位上，"弱"具体表述的是人的性
格或对待事情的态度是软弱无力的。如：

（1）白发，衰年之象，体尊性弱，难理易乱。（《五行

志下之上》，1476)

（2）疾病且死，戒其诸子曰："丈夫为吏，正坐残贼免，追思其功效，则复进用矣。一坐软弱不胜任免，终身废弃无有赦时，其羞辱甚于贪污坐臧。慎毋然！"（《酷吏传》，3675)

（3）大夏本无大君长，城邑往往置小长，民弱畏战，故月氏徙来，皆臣畜之，共禀汉使者。（《西域传》，3891)

在"软弱、怯弱"这一义位上，"软（耎）"具体表述的是人的性格或对待事情的态度是软弱苟且的。如：

（1）古者大臣有坐不廉而废者，不谓不廉，曰"簠簋不饰"；坐污秽淫乱男女亡别者，不曰污秽，曰"帷薄不修"；坐罢软不胜任者，不谓罢软，曰"下官不职"。故贵大臣定有其罪矣，犹未斥然正以呼之也，尚迁就而为之讳也。（《贾谊传》，2257)

师古曰："罢，废于事也。软，弱也。罢读曰疲。"

（2）仆虽怯耎欲苟活，亦颇识去就之分矣，何至自湛溺累绁之辱哉！且夫臧获婢妾犹能引决，况若仆之不得已乎！所以隐忍苟活，函粪土之中而不辞者，恨私心有所不尽，鄙没世而文采不表于后也。（《司马迁传》，2735)

师古曰："耎，柔弱也，音人阮反。"

在"软弱、怯弱"这一义位上，"桀（茬）"具体表述的是人内心的茬弱。如：

勋吏二千石，幸得奉使，不遵礼仪，轻谩宰相，贱易上卿，而又诎节失度，邪谄无常，色厉内茬。堕国体，乱朝廷之序，不宜处位。（《翟方进传》，3414)

"内茬"指内心的茬弱、胆怯，与"色厉"即外表的严厉形成鲜明的对照。人内心越是软弱，就越发需要在外表大造声势，给自己壮胆。"茌"表述的是内心的茌弱。

在"软弱、怯弱"这一义位上,"脆"具体表述的是与"坚"所指的"强硬"相反的"软弱"一面。如:

> 《诗》曰:'武王载旆,有虔秉钺,如火烈烈,则莫我敢遏。'言以仁谊绥民者,无敌于天下也。若齐之技击,得一首则受赐金。事小敌脆,则偷可用也;事钜敌坚,则焕然离矣。(《刑法志》,1086)

5.16.2 反义词情况

怯—悍、勇

《汉书》中,"怯"的反义词有"悍"、"勇"。如:

(1)捎云精白者,其将悍,其士怯。(《天文志》,1297)

(2)今仆不幸,蚤失二亲,无兄弟之亲,独身孤立,少卿视仆于妻子何如哉?且勇者不必死节,怯夫慕义,何处不勉焉!仆虽怯耎欲苟活,亦颇识去就之分矣,何至自湛溺累绁之辱哉!(《司马迁传》,2733)

(3)故天下之士云合归汉,争进奇异,知者竭其策,愚者尽其虑,勇士极其节,怯夫勉其死。合天下之知,并天下之威,是以举秦如鸿毛,取楚若拾遗,此高祖所以亡敌于天下也。(《杨胡朱梅云传》,2917—2918)

茌—厉

《汉书》中,"茌"的反义词是"厉"。如:

(4)勋吏二千石,幸得奉使,不遵礼仪,轻谩宰相,贱易上卿,而又讪节失度,邪诡无常,色厉内茌。堕国体,乱朝廷之序,不宜处位。(《翟方进传》,3414)

《汉书》中，"脆"的反义词是"坚"。如：

（5）《诗》曰："武王载斾，有虔秉钺，如火烈烈，则莫我敢遏。"言以仁谊绥民者，无敌于天下也。若齐之技击，得一首则受赐金。事小敌脆，则媮可用也；事钜敌坚，则焕然离矣。（《刑法志》，1086）

5.16.3 词的结合能力不同

怯

《汉书》中，在使用"怯"的"软弱、怯弱"这一义位时，"怯"可与其同义词"弱"或词义相关的词并列使用，如："怯弱之形见"、"怯而畏死"；可与其反义词"悍"、"勇"出现在对文中，如："其将悍，其士怯"、"勇者不必死节，怯夫慕义"、"勇士极其节，怯夫勉其死"。"怯"作谓语，其词义所指向的作主语的名词有：士（其士怯）、韩信（虽长大，好带刀剑，怯耳）和（以为怯）、范阳令（怯而畏死）；"怯"作定语，修饰的中心词有：夫（怯夫）、形（怯弱之形）。由此可见，"怯"是就人的品行而言的。

懦（愞）

《汉书》中，在使用"懦（愞）"的"软弱、怯弱"这一义位时，"懦（愞）"常与"畏"并列使用，如："坐畏懦诛"、"吏畏懦逗留当坐"、"太守坐畏愞弃市"，"懦（愞）"的词义所指向的作主语的名词有：张成、山州侯齿（大司农张成、故山州侯齿将屯，不敢击，却就便处，皆坐畏懦诛）、吏（吏畏懦逗留当坐者）、太守（太守坐畏愞弃市）；"愞"还可与其词义相关的词出现在同一结构中，如："小夫愞臣"，"愞"作定语，修饰"臣"。

弱

《汉书》中，在使用"弱"的"软弱、怯弱"这一义位时，"弱"可与其同义词"软"、"怯"或词义相关的词并列使用，如："软弱不任职"、"一坐软弱不胜任免"、"怯弱之形见"、"星靡怯弱"、"御史大夫贾延堕弱不任职"、"太子为人仁弱"。"弱"的词义所指向的用作主语的名词有：性（体尊性弱）、贾延（御史大夫贾延堕弱不任职）、扈商（广汉太守扈商者，大司马车骑将军王音姊子，软弱不任职）、丈夫（一坐软弱不胜任免）、民（民弱畏战）、星靡（星靡怯弱）、太子（太子为人仁弱），"弱"的主语都是指代人。

软（耎）

《汉书》中，在使用"软（耎）"的"软弱、怯弱"这一义位时，"软（耎）"可与其同义词"弱"、"怯"或词义相关的词并列使用，如："软弱不任职"、"一坐软弱不胜任免"、"坐罢软不胜任者"、"仆虽怯耎欲苟活"、"坐耎弱不胜任免"；"软（耎）"的词义所指向的用作主语的名词有：大臣（坐罢软不胜任者）、扈商（软弱不任职）、丈夫（一坐软弱不胜任免）、仆（仆虽怯耎欲苟活）、伯（坐耎弱不胜任免），"软（耎）"的主语都是指代人。

桨（荏）

《汉书》中，在使用"桨（荏）"的"软弱、怯弱"这一义位时，"荏"与其反义词"厉"对举："色厉内荏"。

脆

《汉书》中，在使用"脆"的"软弱、怯弱"这一义位时，

"脃"与其反义词"坚"对举:"事小敌脃,则媮可用也;事钜敌
坚,则焕然离矣"。

5.17 卑、微、细、贱、下

5.17.1 词义的具体所指不同

《汉书》中,"卑"、"微"、"细"、"贱"、"下"这5个词有一
个共同义位:即"卑贱、卑下"义。另外,"卑"、"下"这2个
词还有一个共同义位:即"(地势)低下"义。

1. 在"卑贱、卑下"这一义位上,"卑"、"微"、"细"、
"贱"、"下"词义的具体所指不同。

卑

《说文·三下》:"卑,贱也,执事者。从ナ甲。"(依段注本)
段注:"古者尊又而卑ナ,故从ナ在甲下,甲象人头。"(116页)
"卑"的本义以劳力指卑贱。在"卑贱、卑下"这一义位上,
"卑"具体表述的是人的社会地位低下,与"尊"相对。如:

> 夫卑贱者习知尊贵者之一旦吾亦乃可以加此也,非所以
> 习天下也,非尊尊贵贵之化也。夫天子之所尝敬,众庶之所
> 尝宠,死而死耳,贱人安宜得如此而顿辱之哉!(《贾谊
> 传》,2256)

微、细

《说文·八上》:"𢼸,眇也。"(依段注本)段注:"眇者,小
也,引申为凡细之称。"(374页)《说文·八下》:"尾,微也。"
(175页)段注:"微当作𢼸。𢼸,细也。"(402页)可见,"𢼸

(微)"的本义是细，即"细微、细小"义，词义引申指人的出身和地位卑微。《说文·十三上》："细，散也。"（272 页）"细"的本义也是指细微、细小，词义引申指人的出身卑微。在"卑贱、卑下"这一义位上，"微"与"细"常常连用，具体表述的是人的出身卑微。如：

（1）诸侯王皆曰："大王起于细微，灭乱秦，威动海内。又以辟陋之地，自汉中行威德，诛不义，立有功，平定海内，功臣皆受地食邑，非私之也。大王德施四海，诸侯王不足以道之，居帝位甚实宜，愿大王以幸天下。"（《高帝纪下》，52）

（2）初，宣帝宠姬张婕妤男淮阳宪王好政事，通法律，上奇其才，有意欲以为嗣，然用太子起于细微，又早失母，故不忍也。（《韦贤传》，3112—3113）

贱

《说文·六下》："贱，贾少也。"（131 页）段注："贾，今之价字。"（282 页）"贱"的本义是指价钱低，词义引申指人的出身贫贱和地位低下。在"卑贱、卑下"这一义位上，"贱"具体表述的是因财物少而引起的社会地位低下。古代贵族眼中，"贫"与"贱"是紧密联系在一起的，而且从事体力劳动的行业，被称作"贱业"。如：

（1）秦始乱之时，吏之所先侵者，贫人贱民也；至其中节，所侵者富人吏家也；及其末涂，所侵者宗室大臣也。是故亲疏皆危，外内咸怨，离散逋逃，人有走心。（《爰盎晁错传》，2296）

（2）君平卜筮于成都市，以为"卜筮者贱业，而可以惠众人。有邪恶非正之问，则依蓍龟为言利害。与人子言依于孝，与人弟言依于顺，与人臣言依于忠，各因势导之以善，从吾言者，已过半矣。"裁日阅数人，得百钱足自养，则闭肆下帘而授《老子》。(《王贡两龚鲍传》，3056)

下

《说文·一上》："下，底也。"(7 页)段注："底当作氐。……上，高也；下，氐也；高、氐亦正相反相对。"(2 页)"下"的本义指低，词义引申指人的出身和地位低下、卑贱。在"卑贱、卑下"这一义位上，"下"具体表述的是相对于高高在上的统治者而居于社会底层的小民地位低下。如：

> 臣闻动民以行不以言，应天以实不以文。下民微细，犹不可诈，况于上天神明而可欺哉！天之见异，所以敕戒人君，欲令觉悟反正，推诚行善。(《蒯伍江息夫传》，2184)

例句中"下"与"微细"同义词并列使用，"下民"指地位卑贱的小民。

2. 在"(地势)低下"这一义位上，"卑"、"下"词义的具体所指不同

卑

在"(地势)低下"这一义位上，"卑"具体表述的是低矮、在下位。如：

> 天子既令设祠具，至东泰山，东泰山卑小，不称其声，乃令祠官礼之，而不封焉。(《郊祀志下》，1246)

下

在"(地势)低下"这一义位上，"下"具体表述的是地形低下。如：

（1）臣窃按视遮害亭西十八里，至淇水口，乃有金堤，高一丈。自是东，地稍下，堤稍高，至遮害亭，高四五丈。往六七岁，河水大盛，增丈七尺，坏黎阳南郭门，入至堤下。（《沟洫志》，1695）

（2）王莽时，征能治河者以百数，其大略异者，长水校尉平陵关并言："河决率常于平原、东郡左右，其地形下而土疏恶。闻禹治河时，本空此地，以为水猥，盛则放溢，少稍自索，虽时易处，犹不能离此。上古难识，近察秦汉以来，河决曹、卫之域，其南北不过百八十里者，可空此地，勿以为官亭民室而已。"（《沟洫志》，1696—1697）

5.17.2 反义词情况

卑—尊

《汉书》中，在"卑贱、卑下"这一义位上，"卑"的反义词是"尊"。如：

（1）夫卑贱者习知尊贵者之一旦吾亦乃可以加此也，非所以习天下也，非尊尊贵贵之化也。夫天子之所尝敬，众庶之所尝宠，死而死耳，贱人安宜得如此而顿辱之哉！（《贾谊传》，2256）

贱—贵

《汉书》中，在"卑贱、卑下"这一义位上，"贱"的反义词是"贵"。如：

（2）今陛下弃万乘之至贵，乐家人之贱事；厌高美之尊称，好匹夫之卑字；崇聚票轻无谊之人，以为私客；置私田于民间，畜私奴车马于北宫；数去南面之尊，离深宫之固，挺身独与小人晨夜相随，乌集醉饱吏民之家，乱服共坐，涸肴亡别，闵勉遁乐，昼夜在路。典门户奉宿卫之臣执干戈守空宫，公卿百寮不知陛下所在，积数年矣。（《五行志中之上》，1368）

（3）博为人廉俭，不好酒色游宴。自微贱至富贵，食不重味，案上不过三杯，夜寝早起，妻希见其面。（《薛宣朱博传》，3407）

（4）武叩头啼曰："不杀儿，自知当死；杀之，亦死！"即因客奏封事，曰："陛下未有继嗣，子无贵贱，唯留意！"（《外戚传下》，3991）

下—上

《汉书》中，在"卑贱、卑下"这一义位上，"下"的反义词是"上"。如：

（5）臣闻动民以行不以言，应天以实不以文。下民微细，犹不可诈，况于上天神明而可欺哉！天之见异，所以敕戒人君，欲令觉悟反正，推诚行善。（《蒯伍江息夫传》，2184）

下—高

《汉书》中，在"（地势）低下"这一义位上，"下"的反义词是"高"。如：

臣窃按视遮害亭西十八里，至淇水口，乃有金堤，高一丈。自是东，地稍下，堤稍高，至遮害亭，高四五丈。往六七岁，河水大盛，增丈七尺，坏黎阳南郭门，入至堤下。（《沟洫志》，1695）

5.17.3 词的结合能力不同

卑

《汉书》中，在使用"卑"的"卑贱、卑下"这一义位时，"卑"常常与其反义词"尊"并列使用，如："以尊卑次起上寿"、"不以卑临尊"；"卑"也与其同义词并列使用，如："夫卑贱者习知尊贵者之一旦吾亦乃可以加此也"。"卑"作谓语，其作主语的名词是：位（臣寻位卑术浅）。"卑"与"贱"连用后再与"者"结合构成"者"字词组，表示"卑贱的人"。如："夫卑贱者习知尊贵者之一旦吾亦乃可以加此也"。

微、细

《汉书》中，在使用"微"和"细"的"卑贱、卑下"这一义位时，"微"常常与其同义词"细"并列使用，如："大王起于细微"、"帝起细微"、"然用太子起于细微"，"微"也可与其同义词"眇"、"贱"并列使用，如："朕微眇时"、"又戾后起于微贱"、"微贱亡德之人不可以奉宗庙"、"自微贱至富贵"。"微"和"细"与介词"于"结合，在句中用作补语，用作句子主语的名词是：大王（大王起于细微）、帝（帝起细微）、太子（太子起于细微）、朕（朕微眇时）、戾后（戾后起于微贱）、朱博（自微贱至富贵）。"微贱"作定语修饰的名词是：人（微贱亡德之人）。

贱

《汉书》中，在使用"贱"的"卑贱、卑下"这一义位时，"贱"常常与其同义词"卑"、"微"及其词义相关的词并列使用，如："农夫已贫贱矣"、"婢妾贱人"、"贫人贱民"、"虽卑贱徒步往过，定国皆与钧礼"、"家世微贱"、"二千石益轻贱"；也可与其反义词"贵"并列使用或对举，如："子无贵贱"、"贱商人，商人已富贵矣；尊农夫，农夫已贫贱"、"齐万乘之至贵，乐家人之贱事"。"贱"的词义所指向的用作主语的名词是：农夫（农夫已贫贱）、臣（以臣为贱）、吾（吾老且贱）、士（士在己左，愈贫贱）、家（家世微贱）、二千石（二千石益轻贱）、子（子无贵贱）；"贱"作定语，后面与之搭配的词有：事（乐家人之贱事）、人（婢妾贱人）、民（贫人贱民）、业（卜筮者贱业）。

下

《汉书》中，在使用"下"的"卑贱、卑下"这一义位时，"下"可与其同义词"贱"并列使用，如："倡优下贱得为后饰"，"下贱"指代地位卑贱的人。"下"也可作定语，修饰名词，如：民（下民微细）。

卑、下

《汉书》中，在使用"卑"、"下"的"（地势）低下"这一义位时，"卑"常常与其同义词"下"及其词义相关的词并列使用，如："昌陵卑下"、"城郭所居尤卑下"、"虽常于卑下之地"、"齐地卑下"、"陂障卑下"；"东泰山卑小"。"下"可与其反义词"高"对举，如："地稍下，堤稍高"。"卑"、"下"的词义所指向的用作主语的名词有：昌陵（昌陵卑下）、城郭（城郭所居尤卑下）、齐地（齐地卑下）、陂障（陂障卑下）、泰山（东泰山卑小）、地形（地形下而土疏恶）、地（地稍下）。

5.18 遥(陶)、远、辽、旷、遐、逖、迥(迥)、卓、长¹、悠、疏¹

5.18.1 词义的具体所指不同

《汉书》中，"遥（陶）、远、辽、旷、遐、逖、迥（迥）、卓、长¹、悠、疏¹"这 11 个词有 1 个共同义位，即"遥远"义。

遥（陶）、远、辽、遐、逖、迥（迥）

《方言·卷六》："遥，远也。"① 《说文·二下》："远，辽也。"（42 页）《说文·二下》："辽，远也。"（42 页）《说文新附·辵部》："遐，远也。"（42 页）《说文·二下》："逖，远也。"（42 页）《说文·二下》："迥，远也。"（42 页）"遥、远、辽、遐、逖、迥（迥）"这几个词中"辽、遥、遐、逖、迥（迥）"是同训关系，都训作"远"；"远"与"辽"是互训关系，所以这 6 个词之间构成同义关系，它们的本义都是指遥远。

旷

《说文·七上》："旷，明也。"（137 页）段注："广大之明也，会意兼形声字也。引申为虚空之称。"（303 页）"旷"词义引申指遥远。

卓

《说文·八上》："卓，高也。"词义引申指遥远。表述"遥

---

① 钱绎：《方言笺疏》，李发舜、黄建中点校，中华书局 1991 年版，第 229 页。

远"义，《说文》作"逴"，《说文·二下》："逴，远也。从辵，卓声。"（42页）

长

"长"这个词本指空间距离大，词义引申指遥远。

悠

"悠"，《说文》作"攸"，《说文·三下》"攸，行水也。"（68页）段注："《释诂》永、悠、迥、远，遐也。悠当作攸。"（125页）"攸"（以周切三部）"脩"（息流切三部）同部必同训，"脩"，长也，远也，则"悠（攸）"亦训长又训远也。"悠"与"遥"一声之转。

疏

《说文·十四下》："疏，通也。"（310页）段注："疏之引申为疏阔。"（744页）《说文·十二上》："阔，疏也。"（249页）《一切经音义》引《字林》云："阔，远也。"[1]"疏阔"都指遥远，"疏"引申指遥远。

总之，"遥（遥）、远、辽、旷、遐、逴、迥（迥）、卓、长[1]、悠、疏[1]"这11个词或本义与本义、或本义与引申义、或引申义之间构成了同义关系。但这些词之间在表述"遥远"这一义位上，还存在差异。"远"使用最频繁广泛，是个通用词。"远"和"遐"有时代的不同，"遐"使用得早，"远"比较后起。《汉书》中，在"遥远"这一义位上，"遐"这个词带有古老、庄重的色彩，多用于指遐方异域，如：

---

①　慧琳：《一切经音义》，上海古籍出版社1986年版，第1108页。

夫天兵四临，幽都先加，回戈邪指，南越相夷，靡节西征，羌僰东驰。是以遐方疏俗殊邻绝党之域，自上仁所不化，茂德所不绥，莫不跂足抗手，请献厥珍，使海内淡然，永亡边城之灾，金革之患。（《扬雄传下》，3561）

"遥"依扬雄《方言》，是一个方言词。《汉书》中，"遥"也借作"隃"，如：

上遣问焉，曰："将军度羌虏何如，当用几人？"充国曰："百闻不如一见。兵难隃度，臣愿驰至金城，图上方略。然羌戎小夷，逆天背畔，灭亡不久，愿陛下以属老臣，勿以为忧。"上笑曰："诺。"（《赵充国辛庆忌传》，2975）

郑氏曰："隃，遥也，三辅言也。"师古曰："隃读曰遥。"

郑注"遥（隃）"是三辅这个地方的方言词。

《汉书》中，在"遥远"这一义位上，"辽"这个词侧重表述空间的广阔，如：

臣又闻圣王序天文，定地理，因山川民俗以制州界。汉家地广二帝三王，凡十二州，州名及界多不应经。《尧典》十有二州，后定为九州。汉家廓地辽远，州牧行部，远者三万余里，不可为九。谨以经义正十二州名分界，以应正始。（《王莽传上》，4077）

《汉书》中，在"遥远"这一义位上，"旷"这个词侧重表述空间的空茫，如：

痛入天兮呜呼，冤际绝兮谁语！仰天光兮自列，招上帝兮我察。秋风为我唫，浮云为我阴。嗟若是兮欲何留，抚神龙兮擥其须。游旷迥兮反亡期，雄失据兮世我思。（《蒯伍江息夫传》，2188）

《汉书》中，在"遥远"这一义位上，"迥（逈）"形容僻远、深远，如：

靖潜处以永思兮，经日月而弥远，匪党人之敢拾兮，庶
斯言之不玷。魂茕茕与神交兮，精诚发于宵寐，梦登山而迥
眺兮，觌幽人之仿佛，擥葛藟而授余兮，眷峻谷曰勿隊。
(《叙传上》，4214)

《汉书》中，在"遥远"这一义位上，"悠"这个词侧重表示
空间距离的漫长、悠远，如：

道悠长而世短兮，敻冥默而不周，胥仍物而鬼谋兮，乃
穷宙而达幽。(《叙传上》，4220)

5.18.2 反义词情况

远—近、迩

《汉书》中，"远"的反义词有"近"、"迩"，如：

(1) 明年，南粤反，西羌侵边。天子为山东不澹，赦天
下囚，因南方楼船士二十余万人击粤，发三河以西骑击羌，
又数万人度河筑令居。初置张掖、酒泉郡，而上郡、朔方、
西河、河西开田官，斥塞卒六十万人戍田之。中国缮道馈
粮，远者三千，近者千余里，皆仰给大农。边兵不足，乃发
武库工官兵器以澹之。(《食货志下》，1173)

(2) 《书》载唐虞之际，命羲和四子顺天文，授民时；
咨四岳，以举贤材，扬侧陋；十有二牧，柔远能迩。(《百
官公卿表》，721)

遐—迩 (尔)、近

《汉书》中，"遐"的反义词有"迩 (尔)"、"近"，如：

(3) 日月星辰烛临下土，其有食阴之异，则遐迩幽隐靡
不咸睹。星辰附离于天，犹庶民附离王者也。王者失道，纲

纪废顿，下将叛去，故星叛天而陨，以见其象。（《五行志下之下》，1510）

（4）天子穆穆，是宗是师，四方遐尔，观国之辉。（《韦贤传》，3111）

（5）嗟嗟我王，汉之睦亲，曾不夙夜，以休令闻！穆穆天子，临尔下土，明明群司，执宪靡顾。正遐由近，殆其怙兹，嗟嗟我王，曷不此思！（《韦贤传》，3104）

迥（逈）—迩（尔）

《汉书》中，“迥”的反义词是“迩（尔）”，如：

（6）怀生之类，沾濡浸润，协气横流，武节焱逝，尔陋游原，逈阔泳末，首恶郁没，闇昧昭晰，昆虫闿怿，回首面内。（《司马相如传下》，2601）

师古曰：“尔，近也。原，本也。逈，远也。阔，广也。泳，浮也。恩德比之于水，近者游其源，远者浮其末也。”

从以上材料我们可以看出：《汉书》中，与“远”反义对举的词已基本规范为“近”，与“遐”反义对举的词已基本规范为“迩”。比较春秋时期的典籍如《十三经》，其中“远”这个词有293个用例，“远”与“迩”反义对举的用例有34个，与“近”反义对举的用例有39个；“遐”有20个用例，仅与“迩”反义对举，有1个用例。《汉书》中，“远”这个词有405个用例，“远”与“迩”反义对举的用例仅有2个，而且这2个用例都来自《尚书》，与“近”反义对举的用例有51个；“遐”有18个用例，与“迩”反义对举，有4个用例；与“近”反义对举，仅有1个用例。这种比较说明汉语词汇中“远近”、“遐迩（尔）”这样的固定形式在汉代已经完全成熟。

5.18.3 词的结合能力不同

遥（徭）

《汉书》中，在使用"遥（徭）"的"遥远"这一义位时，"遥（徭）"用在动词前面作状语，表示"远远地"，句子的主语指代的是人，如：（上）徭谓布"何苦而反？"、（仙人）遥兴轻举、（老母寡妇）遥设虚祭、（上）遥望见好女如李夫人之貌。

远

在使用"远"的"遥远"这一义位时，"远"常常与其同义词或词义相关的词并列使用或出现于对当或对应的位置上，如："边塞阔远"、"雍五畤皆旷远"、"道辽路远"、"海濒遐远"、"南海辟远"、"汉家廓地辽远"，"远"还与其反义词出现于对当或对应的位置上，如："远者三千，近者千余里"、"远取诸物，近取诸身"、"柔远能迩"。"远"的词义所指向的用作主语的名词或名词性词组有：边塞（边塞阔远）、五畤（雍五畤皆旷远）、路（道辽路远）、海濒（海濒遐远）、南海（南海辟远）、汉家廓地（汉家廓地辽远），"远"前面可以受副词修饰，如：甚（转漕甚远）、皆（雍五畤皆旷远）；"远"的后面与之搭配的词有：方（远方）；"远"还可以与"者"结合，构成"者"字词组，表示"远的地方"，如："远者三千，近者千余里"。

辽

在使用"辽"的"遥远"这一义位时，"辽"常常与其同义词连用或出现于对当的位置上，如："道辽路远"、"道里辽远"、"汉家廓地辽远"。"辽"的词义所指向的用作主语的名词或名词性词组有：路（道辽路远）、道里（道里辽远）、汉家廓地（汉家廓地辽远），"辽"的后面与之搭配的词，如：异党之域（辽绝异党之域）。

旷

在使用"旷"的"遥远"这一义位时，"旷"常常与其同义词并列使用，如："雍五畤皆旷远"、"游旷迥"。

遐

在使用"遐"的"遥远"这一义位时，"遐"可与其反义词"迩（尔）"、"近"并列使用，如："遐迩幽隐靡不咸睹"、"四方遐尔"、"正遐由近"；还可与其同义词"远"、"疏"及其词义相关的词并列使用，如："遐方疏俗殊邻绝党之域"、"海濒遐远"。

逖

在使用"逖"的"遥远"这一义位时，"逖"或与其反义词"迩"出现于对应的位置上，如："率迩者踵武，听逖者风声"；或与其同义词"疏"及其词义相关的词并列使用，如："将博恩广施，远抚长驾，使疏逖不闭"。

迥（逈）

在使用"迥（逈）"的"遥远"这一义位时，"迥（逈）"或与其反义词"迩（尔）"出现于对应的位置上，如："尔陕游原，逈阔泳末"；或与其同义词"旷"及其词义相关的词并列使用，如："游旷迥兮反亡期"。

卓

在使用"卓"的"遥远"这一义位时，"卓"与其同义词"远"并列使用，如："卓行殊远"。

长

在使用"长¹"的"遥远"这一义位时，"长"可与"悠"同义连用，如："道悠长"，"长"的词义所指向的用作主语的名词有：道（道悠长）；"长"的后面与之搭配的词是：途（长途中宿）。

悠

在使用"悠"的"遥远"这一义位时，"悠"与其同义词"远"、"长"及其词义相关的词并列使用，如："悠远长怀"、"道悠长"。

疏

在使用"疏"的"遥远"这一义位时，"疏"与其同义词"远"、"逖"、"遐"及其词义相关的词并列使用，如："射疏及远"、"疏逖不闭"、"遐方疏俗殊邻绝党之域"。

5.19 久、长¹、永、远、遐、遨、尚、逖

5.19.1 词义的具体所指不同

《汉书》中，"久、长¹、永、远、遐、遨、尚、逖"这 8 个词有 1 个共同义位，即"久远"义；另外，"久、长¹"还有 1 个

共同义位，即"长久"义。

1. 在"长久"这一义位上，"久"和"长¹"的词义的具体所指不同。

久

《说文·五下》："久，从后灸之也。"（依段注本）段注："盖久本义训从后距之，引申之则凡距塞皆曰久。……相距则其候必迟，故又引申为迟久。迟久之义行而本义废矣。"（237页）又，《说文·十上》："灸，灼也。"（依段注本）段注："今以艾灼体曰灸，是其一端也。引申凡柱塞曰灸。……古文作久……按久灸皆取附着相拒之意，凡附着相拒曰久，用火则曰灸。"（483页）又，《说文·二上》："距，止也。"（38页）段注："许无拒字，距即拒也。此与彼相抵为拒，相抵则止矣。"（67页）可见，"久"的本义是从后抵住物体使之止，由停止又引申出迟久义。在"长久"这一义位上，"久"具体表述的是滞留或保持的时间长，略含有迟的意思。如：

> 孝宣王皇后。其先高祖时有功赐爵关内侯，自沛徙长陵，传爵至后父奉光。奉光少时好斗鸡，宣帝在民间数与奉光会，相识。奉光有女年十余岁，每当适人，所当适辄死，故久不行。及宣帝即位，召入后宫，稍进为婕妤。（《外戚传上》，3969）

长

"长¹"的本义是以人头发的长表示长短的长，引申指时间的长久。在"长久"这一义位上，"长¹"具体表述的是时间长久、不短暂。如：

> 居巢人范增年七十，素好奇计，往说梁曰："陈胜败固

当。夫秦灭六国,楚最亡罪,自怀王入秦不反,楚人怜之至今,故南公称曰'楚虽三户,亡秦必楚'。今陈胜首事,不立楚后,其势不长。今君起江东,楚蜂起之将皆争附君者,以君世世楚将,为能复立楚之后也。"于是梁乃求楚怀王孙心,在民间为人牧羊,立以为楚怀王,从民望也。(《陈胜项籍传》,1799)

在"长久"这一义位上,"久"的词义比"长[1]"的词义更多一些人的主观能动因素:"久"具体表述的是滞留或保持的时间长,"滞留或保持"都常与人的意志或行为有关,如"久不行";"长[1]"具体表述的是时间长久、不短暂,常是表述的客观事实,如"其势不长"。

2. 在"久远"这一义位上,"久"、"长[1]"、"永"、"远"、"邈"、"遐"、"尚"、"逖"的词义的具体所指不同。

久

在"久远"这一义位上,"久"具体表述的是时间相隔长、时间距离大。如:

于是制诏丞相御史:"前将军望之傅朕八年,亡它罪过,今事久远,识忘难明。其赦望之罪,收前将军光禄勋印绶,及堪、更生皆免为庶人。"(《萧望之传》,3286—3287)

长

"长[1]"的"长远"义与"久"、"永"、"远"、"邈"、"遐"、"尚"、"逖"的"久远"义相近。在"长远"这一义位上,"长[1]"具体表述的是时间长而所包括的对象范围广大。如:

欲治之主不世出,公卿幸得遭遇其时,未有建万世之长策,举明主于三代之隆者也。其务在于簿书断狱听讼而已,

此非太平之基也。(《礼乐志》，1033)

永

《说文·十一下》："永，水长也。"(依段注本)段注："引申之凡长皆曰永。"(569页)"长"有"长远"义，"永"的词义引申指"久远"。在"久远"这一义位上，"永"具体表述的是时间久远而连续不断。如：

(1)此皆上世之所不及，而孝文皇帝亲行之。德厚侔天地，利泽施四海，靡不获福。明象乎日月，而庙乐不称，朕甚惧焉。其为孝文皇帝庙为《昭德》之舞，以明休德。然后祖宗之功德，施于万世，永永无穷，朕甚嘉之。(《景帝纪》，137—138)

(2)朕惟孝王后深说经义，明镜圣法，惧古人之祸败，近事之咎殃，畏天命，奉圣言，是乃久保一国，长获天禄，而令孝王永享无疆之祀，福祥之大者也。朕甚嘉之。(《外戚传下》，4008)

远

"远"的本义是指空间距离大，词义引申指时间的久远。在"久远"这一义位上，"远"具体表述的是时间距离大，含有与人们疏远的意思。如：

(1)汉兴，去圣帝明王遐远，仲尼之道又绝，法度无所因袭。(《楚元王传》，1968)

(2)自古之治，三王之术各有制度。今君不务循职而已，乃欲以太古久远之事匡拂天子，数进不用难听之语以摩切左右，非所以扬令名全寿命者也。(《盖诸葛刘郑孙毋将何传》，3246)

邈

《说文新附·辵部》:"邈,远也。"(42 页)在"久远"这一义位上,"邈"具体表述的是时间悠久邈茫。如:

(1) 十一月甲子,立后土祠于汾阴脽上。礼毕,行幸荥阳。还至洛阳,诏曰:"祭地冀州,瞻望河洛,巡省豫州,观于周室,邈而无祀。询问耆老,乃得嬴子嘉。其封嘉为周子南君,以奉周祀。"(《武帝纪》,183—184)

师古曰:"邈,远绝之意。"

(2) 轩辕之前,遐哉邈乎,其详不可得闻已。五三《六经》载籍之传,维见可观也。(《司马相如传下》,2601)

师古曰:"遐、邈,皆远也。"

(3) 昒昕寤而仰思兮,心蒙蒙犹未察,黄神邈而靡质兮,仪遗谶以臆对。(《叙传上》,4214)

师古曰:"黄帝善占梦,久远无从得问,犨其谶书,以意求其象也。"

遐

《说文新附·辵部》:"遐,远也。"(42 页)在"久远"这一义位上,"遐"具体表述的是时间去古遥远,含有深远的历史感。如:

(1) 汉兴,去圣帝明王遐远,仲尼之道又绝,法度无所因袭。(《楚元王传》,1968)

(2) 轩辕之前,遐哉邈乎,其详不可得闻已。五三《六经》载籍之传,维见可观也。(《司马相如传下》,2601)

师古曰:"遐、邈,皆远也。"

迖

《说文·二下》："迖，远也。"（42页）在"久远"这一义位上，"迖"同于"遐"。如：

> 伊上古之初肇，自颢穹生民。历选列辟，以迄乎秦。率迩者踵武，听迖者风声。纷轮威蕤，堙灭而不称者，不可胜数也。（《司马相如传下》，2600）

文颖曰："率，循也。迩，近也。踵，蹈也。武，迹也。迖，远也。言循履近者之遗迹，听远者之风声。风谓著于《雅颂》者也。"师古曰："风声，总谓遗风嘉声耳，无系于《雅颂》也。"

尚

《说文·二下》："尚，曾也。"（28页）段注："曾，重也；尚，上也。皆积累加高之意，义亦相通也。"（49页）"尚"与"上"音同义通。"尚"的本义是增多、加重，这些都是在最先的基础上后来累积的，词义含有"早先的"意思，引申指"久远"。在"久远"这一义位上，"尚"具体表述的是时间久远，多用于对过去事情追溯后的感慨。如：

> 自淳维以至头曼千有余岁，时大时小，别散分离，尚矣，其世传不可得而次。然至冒顿，而匈奴最强大，尽服从北夷，而南与诸夏为敌国，其世姓官号可得而记云。（《匈奴传上》，3751）

师古曰："尚，久远。"

5.19.2 反义词情况

远—近

《汉书》中，"远"的反义词是"近"，如：

（1）太后修功录德，远者千载，近者当世，或以文封，或以武爵，深浅大小，靡不毕举。今摄皇帝背依践祚，宜异于宰国之时，制作虽未毕已，宜进二子爵皆为公。（《王莽传上》，4090）

遴—迩

《汉书》中，"遴"的反义词是"迩"，如：

（2）伊上古之初肇，自颢穹生民。历选列辟，以迄乎秦。率迩者踵武，听遴者风声。纷轮威蕤，堙灭而不称者，不可胜数也。（《司马相如传下》，2600）

文颖曰："率，循也。迩，近也。踵，蹑也。武，迹也。遴，远也。言循履近者之遗迹，听远者之风声。风谓著于《雅颂》者也。"

5.19.3　词的结合能力不同

久

《汉书》中，在使用"久"的"长久"这一义位时，"久"可与同义词"长"并列使用，如："飨国长久"、"久长之策"。"久"的词义所指向的用作主语的名词性词组有：其势（其势不可久）、王氏世权日（王氏世权日久）、飨国（飨国长久）。"久"还可与"者"结合，构成"者"字词组，表示"时间长的（情况）"，如："久者三十日乃得衣"；"久"的后面与之搭配的词有：策（久长之策）、之（久之），与"之"结合，"之"起凑足音节的作用。

长

在使用"长[1]"的"长久"这一义位时，"长[1]"可与同义词

"久"并列使用或出现在对应的位置上，如："非久长之策"、"子孙长久安宁数百岁"、"欲与天地长久"、"长堪重任，久享盛宠"。"长[1]"的词义所指向的用作主语的名词有：子孙（子孙长久安宁数百岁）、（将军）（长堪重任，久享盛宠）（主语承前省略）。

久、远

在使用"久"、"远"的"久远"这一义位时，常常是"久"与其同义词"远"或词义相关的词并列使用，《汉书》中"久远"连用的有 15 个用例："朕思念至于久远而功名不著"、"吾易久远，烛明四极"、"事下公卿，以为久远难分明"、"所以从来久远，宜如故"、"今去圣久远"、"方今去圣久远"、"独可以计久远子孙为臣耳"、"臣不敢以久远谕，愿借秦以为谕"、"事久远，请归思念具对"、"陛下为万民安危久远之计"、"推求其嫡，久远不可得"、"乃欲以太古久远之事匡拂天子"、"今事久远，识忘难明"、"功费久远，不可胜计"、"久远，多似类而非是"；"久"也可单用，如："夷狄无义，所从来久"，这一用例与"所以从来久远，宜如故"句式相近，"久"即"久远"义；"远"可与"者"字结合，构成"者"字词组，表示"久远的"，做句子的主语。如："远者千载，近者当世"。

长

在使用"长[1]"的"长远"这一义位时，"长[1]"与其词义相关的词并列使用，如："未有建万世之长策"，"万世"诠释了"长"。

永

在使用"永"的"久远"这一义位时，"永"可与其同义词"久"、"长"或词义相关的词并列使用，如："施于万世，永永无

穷",其中"万世"、"无穷"与"永永"互相说明;"造兹新音永
久长"、"是乃久保一国,长获天禄,而令孝王永享无疆之祀",
其中"永"、"久"、"长"同义连用或出现于同一上下文中,"天
禄""无疆"也加强了"长"、"永"的"久远"义。"永"也可单
用,如:"永以康宁"。"永"后面的内容常是一种美好的愿望,
如:"令孝王永享无疆之祀"、"永以康宁"。

邈

在使用"邈"的"久远"这一义位时,"邈"可与其同义词
"遐"出现在对当的位置上,如:"遐哉邈乎"。《汉书》中,"邈"
在这一义位上有 3 个用例,"邈"所谈及的都是太古的事情,如
"轩辕之前,遐哉邈乎"、"黄神邈";而且为其"久远",今天
"其详不可得闻已"、"靡质兮"。

遐

在使用"遐"的"久远"这一义位时,"遐"或与其同义词
"远"并列使用,如:"汉兴,去圣帝明王遐远";或与其同义词
"邈"出现在对当的位置上,如:"遐哉邈乎";或与其反义词
"迩"并列使用,如"遐迩五三孰知其是非"。《汉书》中,"遐"
在这一义位上有 3 个用例,"遐"所说的"久远"都是与太古作
比,如:"去圣帝明王遐远"、"轩辕之前,遐哉邈乎"、"遐迩五
三(五帝三王)孰知其是非";而且为其久远,今天"无所因
袭"、"其详不可得闻已"、"孰知其是非","遐"后面的内容是否
定的或通过反问而否定。

尚

在使用"尚"的"久远"这一义位时,"尚"后面的内容也

是否定的，如："自淳维以至头曼千有余岁，时大时小，别散分离，尚矣，其世传不可得而次。"

逖

在使用"逖"的"久远"这一义位时，"逖"与其反义词"迩"出现在对应的位置上，如"率迩者踵武，听逖者风声"。

5.20　近、迩(尔)

5.20.1　词义的具体所指不同

《汉书》中，"近"、"迩（尔）"这2个词有1个共同义位，即"距离小（包括空间距离和时间距离）"。

近、迩（尔）

《说文·二下》："近，附也。"（41页）《说文·二下》："迩，近也。"（41页）

1. 在"空间距离小"这一义位上，"近"具体表述的是与中心位置相接壤的旁近。如：

> 天子为伐胡故，盛养马，马之往来食长安者数万匹，卒掌者关中不足，乃调旁近郡。而胡降者数万人皆得厚赏，衣食仰给县官，县官不给，天子乃损膳，解乘舆驷，出御府禁藏以澹之。（《食货志下》，1161—1162）

在"空间距离小"这一义位上，"迩"具体表述的是与中心位置的距离小。这时，"迩"都与其反义词"远"或"遐"出现于同一短语中，表述的是一个相对的概念。如：

（1）《书》载唐虞之际，命羲和四子顺天文，授民时；

咨四岳，以举贤材，扬侧陋；十有二牧，柔远能迩。（《百
官公卿表上》，721）

师古曰："迩，近也。"

（2）日月星辰烛临下上，其有食陨之异，则退迩幽隐靡
不咸睹。星辰附离于天，犹庶民附离王者也。王者失道，纲
纪废顿，下将叛去，故星叛天而陨，以见其象。（《五行志
下之下》，1510）

2. 在"时间距离小"这一义位上，"近"具体表述的是与参
照点相距不远的时间段。《汉书》中，"近"在表述这一义位时，
主要作定语，修饰"世"、"古"等。如：

（1）翁归抱公洁己，为近世表。（《赵尹韩张两王传》，
3240）

（2）盖宽饶为司臣，正色立于朝，虽《诗》所谓"国之
司直"无以加也。若采王生之言以终其身，斯近古之贤臣
矣。（《盖诸葛刘郑孙毋将何传》，3269）

在"时间距离小"这一义位上，"迩"具体表述的是与"远"
相对的一个模糊的时间概念。《汉书》中，"迩"这时都与其反义
词"遐"或"遼"并列使用或出现于对应的位置上，如：

（1）伊上古之初肇，自颢穹生民。历选列辟，以迄乎
秦。率迩者踵武，听遐者风声。纷纶威蕤，埋灭而不称者，
不可胜数也。（《司马相如传下》，2600）

文颖曰："率，循也。迩，近也。踵，蹑也。武，迹也。遐，
远也。言循履近者之遗迹，听远者之风声。风谓著于《雅颂》者
也。"师古曰："风声，总谓遗风嘉声耳，无系于《雅颂》也。"

（2）或称戏农，岂或帝王之弥文哉？论者云否，各亦并
时而得宜，奚必同条而共贯？则泰山之封，乌得七十而有二
仪？是以创业垂统者俱不见其爽，退迩五三孰知其非？遂

作颂曰：丽哉神圣，处于玄宫，富既与地乎侔訾，贵正与天乎比崇。（《扬雄传上》，3542）

5.20.2 反义词情况

近—远、遐

《汉书》中，"近"的反义词有"远"、"遐"。如：

（1）昔者大禹勤求贤士，施及方外，四极之内，舟车所至，人迹所及，靡不闻命，以辅其不逮；近者献其明，远者通厥聪，比善戮力，以翼天子。是以大禹能亡失德，夏以长楙。（《爰盎晁错传》，2290）

（2）由是观之，天子大夫者，下民之所视效，远方之所四面而内望也。近者视而放之，远者望而效之，岂可以居贤人之位而为庶人行哉！（《董仲舒传》，2521）

（3）赞曰：古之制名，必繇象类，远取诸物，近取诸身。故经谓君为元首，臣为股肱，明其一体，相待而成也。是故君臣相配，古今常道，自然之势也。近观汉相，高祖开基，萧、曹为冠，孝宣中兴，丙、魏有声。是时黜陟有序，众职修理，公卿多称其位，海内兴于礼让。览其行事，岂虚乎哉！（《魏相丙吉传》，3150—3151）

（4）嗟嗟我王，汉之睦亲，曾不夙夜，以休令闻！穆穆天子，临尔下土，明明群司，执宪靡顾。正遐由近，殆其怙兹，嗟嗟我王，曷不此思！（《韦贤传》，3104）

迩—远、遐、逖　迩（尔）—迥

《汉书》中，"迩"的反义词有"远"、"遐"、"逖"；"尔"借作"迩"，反义词是"迥"。如：

（5）日月星辰烛临下土，其有食阴之异，则退迟幽隐靡不咸睹。星辰附离于天，犹庶民附离王者也。王者失道，纲纪废顿，下将叛去，故星叛天而陨，以见其象。（《五行志下之下》，1510）

（6）中宗明明，寅用刑名，时举傅纳，听断惟精，柔远能迩，燀耀威灵，龙荒幕朔，莫不来庭。丕显祖烈，尚于有成。述《宣纪》第八。（《叙传下》，4238）

（7）伊上古之初肇，自颢穹生民。历选列辟，以迄乎秦。率迩者踵武，听逖者风声。纷轮威蕤，堙灭而不称者，不可胜数也。（《司马相如传下》，2600）

（8）怀生之类，沾濡浸润，协气横流，武节焱逝，尔陬游原，迥阔泳末，首恶郁没，闇昧昭晰，昆虫阘怿，回首面内。（《司马相如传下》，2601）

5.20.3　词的结合能力不同

近

《汉书》中，在使用"近"的"距离小"这一义位时，"近"表述"空间距离小"，"近"可与其词义相关的词并列使用，如："旁近郡"；也可与其反义词出现于对应的位置上，如："近者献其明，远者通厥聪"、"近者视而放之，远者望而效之"、"近观其所为主，远观其所主"。"近"的词义所指向的用作主语的名词有：道（道便近）；"近"的后面与之搭配的词有：县（近县）、郡（旁近郡）；"近"可与"者"结合，构成"者"字结构，指"近处的人或物"，如："近者视而放之，远者望而效之"；还可作状语，如"远取诸物，近取诸身"。"近"表述"时间距离小"，主要用作定语，"近"的后面与之搭配的词有：世（翁归）（为近世表）、古（近古之贤臣）；也可与"者"结合，构成"者"字结构，表示"距离现在近的"，如"近数月，远一岁"、"远者千载，近者当世"。

迩

《汉书》中，在使用"迩"的"距离小"这一义位时，"迩"表述"空间距离小"，"迩"都与其反义词"远"或"遐"并列使用或出现于对当的位置上，如"柔远能迩"、"遐迩一体"；"迩"表述"时间距离小"，"迩"都与其反义词"遐"或"遐"并列使用或出现于对当的位置上，如"率迩者踵武，听遐者风声"、"遐迩五三孰知其是非"。

通过《汉书》中"近""迩"这 2 个词的使用情况比较，我们可以看出：在表述"距离小"这一义位上，"近"是一个通用词，"迩"是一个带有拟古色彩的非常用词。考察"近""迩"这 2 个词在《十三经》中的使用情况，"近"有 124 个用例，"迩"有 65 个用例。拿《尚书》作比较，"近"有 2 个用例，"迩"有 13 个用例；拿《论语》、《孟子》作比较，"近"各有 10 个用例，"迩"分别有 1 个和 2 个用例。这样，我们可以得出结论："迩"多用于春秋以前的典籍中，"近"多用于春秋战国以后的典籍中，这 2 个词存在使用时代的差异。《汉书》中"近"有 339 个用例，"迩"有 9 个用例。"迩"在表述"距离小"这一义位上仅有 7 个用例，其中"柔远能迩"（2 次），这一短语始出现于《尚书·虞书·舜典第二》：[1]

> 月正元日，舜格于文祖，询于四岳，辟四门，明四目，达四聪。咨十有二牧，曰："食哉，惟时！柔远能迩，惇德

---

① 李学勤：《十三经注疏·尚书正义》，北京大学出版社 1999 年版，第 72 页。

允元，而难任人，蛮夷率服。"

另有1例是对于孔子言语的引用：

"言之不从"，从，顺也。"是谓不乂"，乂，治也。孔子曰："君子居其室，出其言不善，则千里之外违之，况其迩者乎！"《诗》云："如蜩如螗，如沸如羹。"言上号令不顺民心，虚哗愤乱，则不能治海内，失在过差，故其咎僭。僭，差也。刑罚妄加，群阴不附，则阳气胜，故其罚常阳也。（《汉书·五行志中之上》，1376）

其余4例或与古事有关，如：

（1）伊上古之初肇，自颛顼生民。历选列辟，以迄乎秦。率迩者踵武，听迥者风声。纷纶威蕤，埋灭而不称者，不可胜数也。（《司马相如传下》，2600）

（2）或称戏农，岂或帝王之弥文哉？论者云否，各亦并时而得宜，奚必同条而共贯？则泰山之封，乌得七十而有二仪？是以创业垂统者俱不见其爽，遐迩五三孰知其是非？遂作颂曰：丽哉神圣，处于玄宫，富既与地乎侔訾，贵正与天乎比崇。（《扬雄传上》，3542）

第六章 《汉书》显示单音节形容词同义关系的常见格式

　　我们在本书的第三章《上古汉语同义词的确定方法》一文指出，确定上古汉语专书语词同义关系最根本的方法是精研上古专书的原文。因为"同一篇中，乃至全书各篇之中的字词，在意义与用法上是彼此牵连与证明的，就是说，经典文献的原文，已经通过字词的相互关系对每个字词的意义与用法作了准确而显白的注释。"① 上古专书原文蕴藏着语词与语词之间的各种关系。我们通过对《汉书》原文的考察，发现《汉书》中显示单音节形容词的同义关系有 8 种常见格式。

1. 同义连言

　　两个词并列连用表述一个共同意义（和各自单用时的意义没有多少差别），并且这两个词在小学专书或其他训诂材料中有训释与被训释的关系，这两个词构成同义关系。王宁先生称之为

---

　　① 宋永培：《〈说文〉与上古汉语词义研究》，巴蜀书社 2001 年版，第 505 页。

"连言"。

《汉书》中，两个单音节形容词连言以表述一个共同意义，且和各自单用时表述的意义没有多少差别，这时，它们就构成同义关系。这样的两个词一般在句中的语法功能相同，且在现代汉语中很多都已凝结为并列式双音合成词。我们把这种格式称作"同义连言"，《汉书》中单音节形容词的同义词常以这种格式显示。如：

1.1 幼稚：表述"年幼"义

新都侯摄天子位，号令天下，故择宗室幼稚者以为孺子，依托周公辅成王之义，且以观望，必代汉家，其渐可见。（《翟方进传》，3426）

例句中"幼"和"稚"表述一个共同的意义：年纪幼小，与"孺子"语义互见。帝之幼少者称"孺子"，如《王莽传上》："周成王幼少，称孺子，周公居摄。"（4078页）

另外，"幼"和"稚"这两个词在训诂材料中有训释与被训释的关系。《说文·四下》："幼，少也。"《说文·二上》"少，不多也。从小，丿声。"段注："不多则小，故古少、小互训通用。"从今天我们见到的早期的古文字材料看，"小、少"本为一字，既有微小义又包含不多义，后来分化为两个字：表示前者写作"小"，表示后者写作"少"。"少"词义引申指年龄小，即"年幼"，与"幼"同义。《说文·八上》："穉，幼禾也。从禾，屖声。"段注："……引申为凡幼之称。今字作稚。"《说文·八上》"稑"下段注："按稚当作穉，郭景纯注《方言》曰穉，古稚字，是则晋人皆作稚，故穉稚为古今字，写《说文》者用今字因袭之耳。"其实，"稚"与"穉"是异构字关系。"穉（稚）"的本义是指幼禾，其主训词是"幼"，词义引申指幼小，年幼。"幼"和

"稚"是同义词，在《汉书》中"幼稚"连言即并列连用的用例共有 3 个。现代汉语中，"幼稚"已凝结为并列式双音合成词，词义发生了变化，用来表述人头脑简单或缺乏经验。

1.2　细小：表述"小"义

今此鼎细小，又有款识，不宜荐见于宗庙。（《郊祀志下》，1251）

例句中"细"和"小"表述一个共同的意义：物体的形体小；它们的语法功能相同：都用作句子的谓语。现代汉语中，"细小"已凝结为一个并列式双音合成词。

1.3　细微：表述"卑微、低贱"义

（1）五月丙寅，葬长陵。已下，皇太子群臣皆反至太上皇庙。群臣曰："帝起细微，拨乱世反之正，平定天下，为汉太祖，功最高。"上尊号曰高皇帝。（《高帝纪下》，80）

（2）初，宣帝宠姬张婕妤男淮阳宪王好政事，通法律，上奇其才，有意欲以为嗣，然用太子起于细微，又早失母，故不忍也。（《韦贤传》，3112—3113）

细微/微细：表述"细小"义

（1）祸起细微，奸生所易。愿陛下正君臣之义，无复与群小媟黩燕饮；中黄门后庭素骄慢不谨尝以醉酒失臣礼者，悉出勿留。（《谷永杜邺传》，3470）

（2）有司无仲山父将明之材，不能因时广宣主恩，建立明制。为一代之法，而徒钩撅微细，毛举数事，以塞诏而已。是以大议不立，遂以至今。（《刑法志》，1103）

这些例句中"细"和"微"表述一个共同的意义：细小（的

事情);这两个词的次序可以调换,这也说明它们属于两个同义词并列使用,还没有凝结成一个合成词。到现代汉语中,"细微"已凝结为一个并列式双音合成词,表述"细小"义。

1.4 微薄:表述"微小"义

(1)后岁余,丞相王嘉上书荐故廷尉梁相等,尚书劾奏嘉"言事恣意,迷国罔上,不道。"下将军中朝者议,左将军公孙禄、司隶鲍宣、光禄大夫孔光等十四人皆以为嘉应迷国不道法。胜独书议曰:"嘉资性邪僻,所举多贪残吏。位列三公,阴阳不和,诸事并废,谷皆踊贵嘉,迷国不疑,今举相等,过微薄。"(《王贡两龚鲍传》,3081)

微薄:表述"数量少"义

(2)故仲尼孝子,而延陵慈父,舜禹忠臣,周公弟弟,其葬君亲骨肉,皆微薄矣;非苟为俭,诚便于体也。(《楚元王传》,1953)

现代汉语中,"微薄"已凝结为一个并列式双音合成词,主要用来表述"微小单薄"义,一般用于指人的收入、力量等。

1.5 醜恶:表述"醜恶、不好"义

(1)庆素质,见诏报反室,自以为得许,欲上印绶。掾史以为见责甚深,而终以反室者,醜恶之辞也。或劝庆宜引决。庆甚惧,不知所出,遂复起视事。(《万石卫直周张传》,2200)

醜恶:表述"相貌难看"义

(2)一曰,民多被刑,或形貌醜恶,亦是也。(《五行

志中之上》，1353)

现代汉语中，"丑恶"已凝结为一个并列式双音合成词，主要用来表述人的行为丑陋恶劣。

1.6　美丽：表述"漂亮、好看"义

哀帝立，贤随太子官为郎。二岁余，贤传漏在殿下，为人美丽自喜，哀帝望见，说其仪貌，识而问之，曰："是舍人董贤邪？"因引上与语，拜为黄门郎，由是始幸。（《佞幸传》，3733)

现代汉语中，"美丽"已凝结为一个并列式双音合成词，词义扩大到指一切具体物。

1.7　美好：表述"漂亮、好看"义

(1) 成帝时童谣曰："燕燕尾涎涎，张公子，时相见。木门仓琅根，燕飞来，啄皇孙，皇孙死，燕啄矢。"其后帝为微行出游，常与富平侯张放俱称富平侯家人，过阳阿主作乐，见舞者赵飞燕而幸之，故曰"燕燕尾涎涎"，美好貌也。（《五行志中之上》，1395)

(2)《左氏传》鲁襄公时，宋有生女子赤而毛，弃之堤下，宋平公母共姬之御者见而收之，因名曰弃。长而美好，纳之平公，生子曰佐。（《五行志中之下》，1419—1420)

现代汉语中，"美好"已凝结为一个并列式双音合成词，与"丑恶"相对。

1.8　妩媚：表述"漂亮、好看"义

若夫青琴虙妃之徒，绝殊离俗，妖冶闲都，靓庄刻饰，便嬛绰约，柔桡嬚嬚，妩媚纤弱，曳独茧之褕袣，眇阎易以

恤削，便姗嫳屑，与世殊服，芬芳沤郁，酷烈淑郁，皓齿粲烂，宜笑的皪，长眉连娟，微睇绵藐，色授魂予，心愉于侧。（《司马相如传》，2571）

现代汉语中，"妖媚"已凝结为一个并列式双音合成词，表述女子姿态柔媚可爱。

1.9 妖冶：表述"漂亮、好看"义

若夫青琴虑妃之徒，绝殊离俗，妖冶闲都，靓庄刻饰，便嬛绰约，柔桡嫚嫚，妩媚纤弱，曳独茧之褕袣，眇阎易以恤削，便姗嫳屑，与世殊服，芬芳沤郁，酷烈淑郁，皓齿粲烂，宜笑的皪，长眉连娟，微睇绵藐，色授魂予，心愉于侧。（《司马相如传》，2571）

现代汉语中，"妖冶"已凝结为一个并列式双音合成词，表述女子美艳迷人。

1.10 富饶/饶富：表述"富裕"义

（1）始皇之初，郑国穿渠，引泾水溉田，沃野千里，民以富饶。（《地理志下》，1642）

（2）倾府库以遣邑，多赍珍宝猛兽，欲视饶富，用怖山东。邑至雒阳，州郡各选精兵，牧守自将，定会者四十二万人，余在道不绝，车甲士马之盛，自古出师未尝有也。（《王莽传下》，4182）

现代汉语中，"富饶"已凝结为一个并列式双音合成词，表述"富裕"义。

1.11 众多（夥）：表述"众多"义

（1）间者灾变不息，盗贼众多，兵革之征，或颇著见。

未闻将军恻然深以为意，简练戎士，缮修干戈。(《蒯伍江息夫传》，2185)

（2）鱼鳖灌声，万物众夥。明月珠子，的皪江靡，蜀石黄硬，水玉磊砢，磷磷烂烂，采色澔汗，丛积乎其中。(《司马相如传上》，2548)

师古曰："夥，多也。"

现代汉语中，"众多"已凝结成一个双音合成词。

1.12 奢侈（25次）：表述"奢侈、浪费"义

（1）方今世俗奢僭罔极，靡有厌足。公卿列侯亲属近臣，四方所则，未闻修身遵礼，同心忧国者也。或乃奢侈逸豫，务广第宅，治园池，多畜奴婢，被服绮縠，设钟鼓，备女乐，车服嫁娶葬埋过制。(《成帝纪》，324—325)

（2）陛下富于春秋，方积思于《六经》，留神于王事，驰骛于唐虞，折节于三代，偃不遵经劝学，反以靡丽为右，奢侈为务，尽狗马之乐，极耳目之欲，行邪枉之道，径淫辟之路，是乃国家之大贼，人主之大蜮。(《东方朔传》，2856)

现代汉语中，"奢侈"已凝结成一个双音合成词。

1.13 软（耎）弱：表述"怯懦、软弱"义

（1）数岁，卒官，吏民纪之。尊子伯亦为京兆尹，坐耎弱不胜任免。(《赵尹韩张两王传》，3238)

（2）数年卒官。疾病且死，戒其诸子曰："丈夫为吏，正坐残贼免，追思其功效，则复进用矣。一坐软弱不胜任免，终身废弃无有赦时，其羞辱甚于贪污坐臧。慎毋然!"(《酷吏传》，3675)

现代汉语中，"软弱"已凝结成一个双音合成词。

1.14 卑贱（7次）：表述"卑微、低贱"义

（1）夫卑贱者习知尊贵者之一旦吾亦乃可以加此也，非所以习天下也，非尊尊贵贵之化也。夫天子之所尝敬，众庶之所尝宠，死而死耳，贱人安宜得如此而顿辱之哉！（《贾谊传》，2256）

（2）定国乃迎师学《春秋》，身执经，北面备弟子礼。为人谦恭，尤重经术士，虽卑贱徒步往过，定国皆与钧礼，恩敬甚备，学士咸称焉。（《隽疏于薛平彭传》，3042—3043）

现代汉语中，"卑贱"已凝结成一个双音合成词。

1.15 微眇（妙）：表述"卑微、低贱"义

朕微眇时，御史大夫丙吉、中郎将史曾、史玄、长乐卫尉许舜、侍中光禄大夫许延寿皆与朕有旧恩。及故掖庭令张贺辅导朕躬，修文学经术，恩惠卓异，厥功茂焉。（《宣帝纪》，257）

现代汉语中，"微眇（妙）"已凝结成一个双音合成词，表述"深奥玄妙、难以捉摸"义。

1.16 卑下：表述"（地势）低下"义

（1）前将作大匠万年知昌陵卑下，不可为万岁居，奏请营作，建置郭邑，妄为巧作，积土增高，多赋敛徭役，兴卒暴之作。卒徒蒙辜，死者连属，百姓罢极，天下匮竭。（《成帝纪》，322）

（2）郡承河下流，与兖州东郡分水为界，城郭所居尤卑下，土壤轻脆易伤。顷所以阔无大害者，以屯氏河通，两川分流也。（《沟洫志》，1687）

现代汉语中，"卑下"已凝结成一个双音合成词，表述"品格、风格或地位低下"。

1.17　悠远：表述"遥远"义

驰波跳沫，汩㵘漂疾，悠远长怀，寂漻无声，肆乎永归。(《司马相如传上》，2548)

现代汉语中，"悠远"已凝结成为一个并列双音合成词，表述"空间或时间距离遥远"义。

1.18　悠长：表述"遥远"义

道悠长而世短兮，敻冥默而不周，胥仍物而鬼诹兮，乃穷宙而达幽。(《叙传上》，4220)

现代汉语中，"悠长"已凝结成为一个并列双音合成词，表述"时间距离久远"义。

1.19　长久/久长：表述"长久"义

(1) 今吾以天之灵，贤士大夫定有天下，以为一家，欲其长久，世世奉宗庙亡绝也。贤人已与我共平之矣，而不与吾共安利之，可乎？贤士大夫有肯从我游者，吾能尊显之。布告天下，使明知朕意。(《高帝纪下》，71)

(2) 夫神大用则竭，形大劳则敝；神形蚤衰，欲与天地长久，非所闻也。(《司马迁传》，2710)

现代汉语中，"长久"已凝结成为一个并列双音合成词。

1.20　久远：表述"久远"义

(1) 方今去圣久远，道术缺废，无所更索，彼九家者，不犹瘉于野乎？若能修六艺之术，而观此九家之言，舍短取

长，则可以通万方之略矣。(《艺文志》，1746)

(2) 于是制诏丞相御史："前将军望之傅朕八年，亡它罪过，今事久远，识忘难明。其赦望之罪，收前将军光禄勋印绶，及堪、更生皆免为庶人。"(《萧望之传》，3286—3287)

现代汉语中，"久远"已凝结成为一个并列双音合成词。

以上我们对《汉书》中本论文所进行证同和辨异的 20 组单音节形容词同义词中出现同义词并列使用即"同义连言"的情况做了清理，列举的这 20 组连用的同义词在现代汉语中都已凝结成双音合成词了。这说明《汉书》中同义词以这种格式存在是一种很普遍的现象，而且这种格式对后来汉语双音合成词的影响非常大，是汉语双音合成词的基础。

2. 对当同义

指在一个语句中，当两个结构相同的并列词组表述同一现象、同一意义时，处在对当位置的词构成同义关系。这样的两个词处在相同结构的词组中的对当位置，因而，这样的词在词组中的功能相同。对当同义的词，它们所在的结构相当、词组的语义相当、在结构中的位置相当、功能相当、词义也相当。如：

薄、细

(1) 今天下大安，万民熙熙，独朕与单于为之父母。朕追念前事，薄物细故，谋臣计失，皆不足以离昆弟之欢。朕闻天不颇覆，地不偏载。朕与单于皆捐细故，俱蹈大道，堕坏前恶，以图长久，使两国之民若一家子。(《匈奴传上》，

3763)

豐、厚

（2）是故刘氏承尧之祚，氏族之世，著乎《春秋》。唐据火德，而汉绍之，始起沛泽，则神母夜号，以章赤帝之符。由是言之，帝王之祚，必有明圣显懿之德，豐功厚利积累之业，然后精诚通于神明，流泽加于生民，故能鬼神所福飨，天下所归往，未见运世无本，功德不纪，而得屈起在此位者也。（《叙传上》，4208）

稚、少

（3）后卫太子败，而燕王旦、广陵王胥多过失，宠姬王夫人男齐怀王、李夫人男昌邑哀王皆蚤薨，钩弋子年五六岁，壮大多知，上常言"类我"，又感其生与众异，甚奇爱之，心欲立焉，以其年稚母少，恐女主颛恣乱国家，犹与久之。（《外戚传上》，3956）

薄、小

（4）天戒若曰，德薄国小，勿持炕阳，欲长诸侯，与强大争，必受其害。襄公不寤，明年齐威死，伐齐丧，执滕子，围曹，为盂之会，与楚争盟，卒为所执。后得反国，不悔过自责，复会诸侯伐郑，与楚战于泓，军败身伤，为诸侯笑。（《五行志下之下》，1519）

休、嘉

（5）观其文辞，方外百蛮，亡思不服；休徵嘉应，颂声并作。至乎变异见于上，民怨于下，莽亦不能文也。（《平

帝纪》，360—361）

嘉、令

（6）孔容之常，承帝之明。下民之乐，子孙保光。承顺温良，受帝之光。嘉荐令芳，寿考不忘。（《礼乐志》，1051）

令、吉

（7）谨以令月吉日，亲率群公诸侯卿士，奉上皇太后玺绂，以当顺天心，光于四海焉。"（《元后传》，4033）

给、富

（8）古者，设庐井八家，一夫一妇田百亩，什一而税，则国给民富而颂声作。此唐虞之道，三代所遵行也。（《王莽传中》，4110）

实、富

（9）食足货通，然后国实民富，而教化成。（《食货志上》，1117）

给、足

（10）至武帝之初七十年间，国家亡事，非遇水旱，则民人给家足，都鄙廪庾尽满，而府库余财。京师之钱累百钜万，贯朽而不可校。太仓之粟陈陈相因，充溢露积于外，腐败不可食。（《食货志上》，1135）

辽、远

（11）臣闻白日曜光，幽隐皆照；明月曜夜，蚊虻宵见。

然云蒸列布，杳冥昼昏；尘埃拚覆，昧不见泰山。何则？物有蔽之也。今臣雍阏不得闻，谗言之徒蜂生，道辽路远，曾莫为臣闻，臣窃自悲也。（《景十三王传》，2424）

遐、邈

（12）轩辕之前，遐哉邈乎，其详不可得闻已。五三《六经》载籍之传，维见可观也。（《司马相如传下》，2601）

师古曰："遐、邈，皆远也。"

令、休

（13）将军以亲戚辅政，贵重于天下无二，然众庶论议令问休誉不专在将军者何也？彼诚有所闻也。（《匡张孔马传》，3332）

师古曰："令，善；问，名；休，美也。"

3. 对应同义

"对当同义"是指在一个语句中，"对应同义"是指在两个或多个语句中。

"对应同义"是指在两个或多个语义相同或相近、句式相同的并列分句中，处在相同位置的词表述的是相同的现象、相同的意义，这样的词构成同义关系。对应同义的词，在语句中有鲜明的特点：它们所在的分句句式十分整齐，它们处在句式相同的位置上，在分句中的句法功能相同。如：

小、细

(1) 论大功者不录小过，举大美者不疵细瑕。(《傅常郑甘陈段传》，3017)

少、小

(2) 欲天下之治安，莫若众建诸侯而少其力。力少则易使以义，国小则亡邪心。(《贾谊传》，2237)

多、蕃、众

(3) 故婚姻之礼废，则夫妇之道苦，而淫辟之罪多；乡饮之礼废，则长幼之序乱，而争斗之狱蕃；丧祭之礼废，则骨肉之恩薄，而背死忘先者众；朝聘之礼废，则君臣之位失，而侵陵之渐起。(《礼乐志》，1028)

薄、少

(4) 虽性愚鄙，至诚自知，德薄位尊，力少任大，夙夜悼栗，常恐污辱圣朝。今天下治平，风俗齐同，百蛮率服，皆陛下圣德所自躬亲，太师光、太保舜等辅政佐治，群卿大夫莫不忠良，故能以五年之间至致此焉。(《王莽传上》，4071)

寡、少

(5) 平狱缓刑，天下莫不说喜。是以元年膏雨降，五谷登，此天之所以相陛下也。刑轻于它时而犯法者寡，衣食多于前年而盗贼少，此天下之所以顺陛下也。(《贾邹枚路传》，2335—2336)

高、厚

（6）身宠而载高位，家温而食厚禄，因乘富贵之资力，以与民争利于下，民安能如之哉！（《董仲舒传》，2520—2521）

富、足

（7）其十二月羽猎，雄从。以为昔在二帝三王，宫馆台榭沼池苑囿林麓薮泽财足以奉郊庙，御宾客，充庖厨而已，不夺百姓膏腴谷土桑柘之地。女有余布，男有余粟，国家殷富，上下交足，故甘露零其庭，醴泉流其唐，凤皇巢其树，黄龙游其沼，麒麟臻其囿，神爵栖其林。（《扬雄传上》，3540）

吉、灵

（8）惟汉十世，将郊上玄，定泰畤，雍神休，尊明号，同符三皇，录功五帝，卹胤锡羡，拓迹开统。于是乃命群僚，历吉日，协灵辰，星陈而天行。（《扬雄传》，3523）

长、久

（9）将军覆上将之位，食膏腴之都，任周、召之职，拥天下之枢，可谓富贵之极，人臣无二，天下之责四面至矣，将何以居之？宜夙夜孳孳，执伊尹之强德，以守职匡上，诛恶不避亲爱，举善不避仇雠，以章至公，立信四方。笃行三者，乃可以长堪重任，久享盛宠。（《谷永杜邺传》，3456—3457）

（10）朕惟孝王后深说经义，明镜圣法，惧古人之祸败，近事之咎殃，畏天命，奉圣言，是乃久保一国，长获天禄，而令孝王永享无疆之祀，福祥之大者也。朕甚嘉之。（《外戚传下》，4008）

贱、卑

（11）今陛下弃万乘之至贵，乐家人之贱事；厌高美之尊称，好匹夫之卑字；崇聚票轻无谊之人，以为私客；置私田于民间，畜私奴车马于北宫；数去南面之尊，离深宫之固，挺身独与小人晨夜相随，乌集醉饱吏民之家，乱服共坐，溷肴亡别，闵勉遁乐，昼夜在路。典门户奉宿卫之臣执干戈守空宫，公卿百寮不知陛下所在，积数年矣。（《五行志中之上》，1368）

多、众

（12）由此观之，和气致祥，乖气致异；祥多者其国安，异众者其国危，天地之常经，古今之通义也。（《楚元王传》，1941）

4. 异文同义

《汉书》中，由于同一事件与不同的人物有关，所以这同一事件就有可能出现在不同的传或纪里，它们在表述上也就可能出现关键词不一样，这不同的关键词有时构成同义关系。如：

丑、恶

（1）陈馀使张同、夏说说齐王荣，曰："项王为天下宰不平，今尽王故王于醜地，而王群臣诸将善地，逐其故主赵王，乃北居代，馀以为不可。闻大王起兵，且不听不义，愿大王资馀兵，使击常山，以复赵王，请以国为扞蔽。"齐王许之，因遣兵往。（《陈胜项籍传》，1811）

师古曰："醜，恶也。"

（2）及齐王田荣叛楚，馀乃使夏说说田荣曰："项羽为天下宰不平，尽王诸将善地，徙故王王恶地，今赵王乃居代！愿王假臣兵，请以南皮为扞蔽。"（《张耳陈馀传》，1838）

例句中，"今尽王故王于醜地，而王群臣诸将善地"与"尽王诸将善地，徙故王王恶地"意思完全相同，"醜地"对应于"恶地"，"醜"与"恶"构成同义关系。

5. 其他类型的同义

5.1　两个或两个以上大致相同的句子表述相同的语义，其中作了替代的字虽然不同，但它们记录的是同义词。如：

甘、美、旨

（1）于是商贾中家以上大氐破，民媮甘食好衣，不事畜臧之业，而县官以盐铁缗钱之故，用少饶矣。益广关，置左右辅。（《食货志下》，1170）

（2）民心动摇，商贾求利，东西南北各用智巧，好衣美食，岁有十二之利，而不出租税。（《王贡两龚鲍传》，3075）

（3）夫寒之于衣，不待轻煖；饥之于食，不待甘旨；饥寒至身，不顾廉耻。（《食货志上》，1131）

师古曰："旨，美也。"

例（1）中"甘食好衣"与例（2）中"好衣美食"意思相同，只是两个偏正结构构成的并列式前后次序颠倒。"甘食"与"美食"同义。例（3）中"饥之于食，不待甘旨"，"甘旨"也是用来表述食物的，与前两例中"甘食"、"美食"同义。所以，"甘"、"美"、"旨"在"美味、好吃"这一义位上构成同义关系。下面两个例句也证明了这3个词为同义词。如：

（1）凡著书者，为众人之所好也，美味期乎合口，工声调于比耳。（《扬雄传》，3576）

（2）口非恶旨甘，耳非憎丝竹也，所以抑心意，绝耆欲者，将以率二君而全宗祀也。（《赵尹韩张两王传》，3220）

微、薄

（1）黄帝葬于桥山，尧葬济阴，丘垄皆小，葬具甚微。（《楚元王传》，1952）

（2）故仲尼孝子，而延陵慈父，舜禹忠臣，周公弟弟，其葬君亲骨肉，皆微薄矣；非苟为俭，诚便亡体也。（《楚元王传》，1953）

（3）是故德弥厚者葬弥薄，知愈深者葬愈微。无德寡知，其葬愈厚，丘陇弥高，宫庙甚丽，发掘必速。由是观之，明暗之效，葬之吉凶，昭然可见矣。（《楚元王传》，1955）

这3个例句中"微"与"薄"都是表述葬（具）少即安葬死者的用度少，3个例句表述的意思大致相同，但用了不同的词，这不同的词之间有同义关系。

幼、稚、少、孺、冲

（1）新都侯摄天子位，号令天下，故择宗室幼稚者以为孺子，依托周公辅成王之义，且以观望，必代汉家，其渐可见。（《翟方进传》，3426）

（2）平帝崩，无子，莽征宣帝玄孙选最少者广戚侯子刘婴，年二岁，托以卜相为最吉。乃风公卿奏请立婴为孺子，令宰衡安汉公莽践祚居摄，如周公傅成王故事。太后不以为可，力不能禁，于是莽遂为摄皇帝，改元称制焉。（《元后传》，4031）

（3）泉陵侯刘庆上书言："周成王幼少，称孺子，周公居摄。今帝富于春秋，宜令安汉公行天子事，如周公。"郡臣皆曰："宜如庆言。"（《王莽传上》，4078）

（4）太皇太后遭家不造，国统三绝，绝辄复续，恩莫厚焉，信莫立焉。孝平皇帝短命蚤崩，幼嗣孺冲，诏予居摄。予承明诏，奉社稷之任，持大宗之重，养六尺之托，受天下之寄，战战兢兢，不敢安息。（《翟方进传》，3435—3436）

（5）洪惟我幼冲孺子，当承继嗣无疆大历服事，予未遭其明哲能道民于安，况其能往知天命！熙！我念孺子，若涉渊水，予惟往求朕所济度，奔走以傅近奉承高皇帝所受命，予岂敢自比于前人乎！天降威明，用宁帝室，遗我居摄宝龟。（《翟方进传》，3428）

师古曰："冲，稚也。大思幼稚孺子，当承继汉家无竟之历，服行政事。"

（6）盖闻天生众民，不能相治，为之立君以统理之。君年幼稚，必有寄托而居摄焉，然后能奉天施而成地化，群生茂育。（《王莽传》，4079）

这 6 个例句都是记述王莽居摄的事,"幼、稚、少、孺、沖"都是表述平帝之嗣年幼的,在不同的传里或同一传的上下文中,用了不同的词,这些词构成同义关系。

美、好/恶、醜

(1) 故女无美恶,入宫见妒;士无贤不肖,入朝见嫉。(《贾邹枚路传》,2346)

(2) 陛下诚深察愚臣之言,致惧天地之异,长思宗庙之计,改往反过,抗湛溺之意,解偏驳之爱,奋乾刚之威,平天覆之施,使列妾得人人更进,犹尚未足也,急复益纳宜子妇人,毋择好醜,毋避尝字,毋论年齿。推法言之,陛下得继嗣于微贱之间,乃反为福。(《谷永杜邺传》,3452—3453)

例 (1) 中"女无美恶"与例 (2) 中"毋择(妇人)好醜"的"美恶"与"好醜"都是表述女子的,意思相同,只是换用了不同的字,其中"美"与"好"、"恶"与"醜"各自构成同义关系。

寡、少

(1) 三年春正月,诏曰:"农,天下之本也。黄金珠玉,饥不可食,寒不可衣,以为币用,不识其终始。间岁或不登,意为末者众,农民寡也。其令郡国务劝农桑,益种树,可得衣食物。吏发民若取庸采黄金珠玉者,坐臧为盗。二千石听者,与同罪。"(《景帝纪》,152—153)

(2) 四年春正月,诏曰:"夫《洪范》八政,以食为首,斯诚家给刑错之本也。先帝劝农,薄其租税,宠其强力,令与孝弟同科。间者,民弥惰怠,乡本者少,趋末者众,将何以矫之?方东作时,其令二千石勉劝农桑,出入阡陌,致劳来之。《书》不云乎?'服田力啬,乃亦有秋。'其勖之哉!"
(《成帝纪》,314)

5.2 两个并列的分句或句子从不同的角度共同表述同一种意思,这几个并列的分句或句子中的关键词有同义关系。

蕃、多、众

(1) 夫度田非益寡,而计民未加益,以口量地,其于古犹有余,而食之甚不足者,其咎安在?无乃百姓之从事于末以害农者蕃,为酒醪以靡谷者多,六畜之食焉者众与?细大之义,吾未能得其中。(《文帝纪》,128)

(2) 丞相公孙弘奏言:"民不得挟弓弩。十贼彍弩,百吏不敢前,盗贼不辄伏辜,免脱者众,害寡而利多,此盗贼所以蕃也。禁民不得挟弓弩,则盗贼执短兵,短兵接则众者胜。以众吏捕寡贼,其势必得。盗贼有害无利,且莫犯法,刑错之道也。臣愚以为禁民毋得挟弓弩便。"上下其议。(《严朱吾丘主父徐严终王贾上》,2795)

贱、卑

《春秋》之义,用贵治贱,不以卑临尊。刺史位下大夫,而临二千石,轻重不相准,失位次之序。臣请罢刺史,更置州牧,以应古制。(《薛宣朱博传》,3406)

5.3 两个分句或一个句子的前后两部分在语义上有推导关系或相承关系,这两部分之间常有"则"、"而"等字作标志,这两部分中的关键词有同义关系。

久、长、永

(1) 朕惟孝王后深说经义,明镜圣法,惧古人之祸败,近事之咎殃，畏天命，奉圣言，是乃久保一国，长获天禄，而令孝王永享无疆之祀，福祥之大者也。朕甚嘉之。(《外戚传下》，4008)

博、广

(2) 文德者，帝王之利器；威武者，文德之辅助也。夫文之所加者深，则武之所服者大；德之所施者博，则威之所制者广。(《刑法志》，1091)

5.4　正文在对语词的解释或说明中，用作解释或说明的词与被解释或说明的词同义。

信、诚

(1) 信者诚，诚者直，故为绳也。(《律历志上》，971)

齐、平

(2) 礼者齐，齐者平，故为衡也。(《律历志上》，971)

直、正

(3) 项羽救巨鹿，枉矢西流。枉矢所触，天下之所伐射，灭亡象也。物莫直于矢，今蛇行不能直而枉者，执矢者亦不正，以象项羽执政乱也。羽遂合从，坑秦人，屠咸阳。凡枉矢之流，以乱伐乱也。(《天文志》，1301)

泰、通

(4) 君子道长，小人道消，小人道消，则政日治，故为"泰"。泰者，通而治也。(《楚元王传》，1943)

仁、爱

（5）臣闻之，仁者爱也，义者宜也，礼者所履也，智者术之原也。（《公孙弘卜式兒宽传》，2616）

第七章　《汉书》单音节形容词同义词的特点及其对后世汉语的影响

通过对《汉书》中单音节形容词同义词存在状况的清理，我们发现这些同义词有以下几个特点：

1. 与先秦专书相比，《汉书》中具有同义关系的词组数多了；

2. 每一组同义词的成员也多了，即同义词变得更丰富了；

3. 这些同义词很少单个出现在语境中，多数情况下是：

（1）这些单音节形容词同义词与其同义词或反义词并列使用；

（2）与其同义词或反义词出现于对当、对应的位置上。

这些对后世汉语都有一定的影响。

1. 同义词的丰富标志着汉语词汇的日趋成熟

考察《汉书》中单音节形容词同义词，我们发现一个明显的特点是具有同义关系的词组数多了，而且每一组的成员也多了。我们拿《汉书》与先秦诸子文献《荀子》中的单音节形容词同义词作以比较：

《荀子》中的单音节形容词同义词有 48 组[①]，《汉书》中的单音节形容词同义词有 141 组，后者明显增多了。

我们再看这两部文献中单音节形容词同义词的每一组成员的数量，比如：

（1）表述"数量众多"义：

《荀子》中，在这一义位上具有同义关系的词有 6 个：富、多、优、饶、厚、众；

《汉书》中，在这一义位上具有同义关系的词有 14 个：富、庶、厚、众、多、夥、群、丛、盛[2]、豐、猥、穰、绵、蕃。

（2）表述"数量少"义：

《荀子》中，在这一义位上具有同义关系的词有 3 个：寡、少、薄；

《汉书》中，在这一义位上具有同义关系的词有 7 个：少[1]、寡、薄、鲜[2]、稀（希）、罕、微。

（3）表述"相貌好"义：

《荀子》中，在这一义位上具有同义关系的词有 5 个：美、好、丽、姣、善；

《汉书》中，在这一义位上具有同义关系的词有 12 个：美、都[1]、令、好[2]、佳、丽、妋（忺）、媚、妙、姣、冶、妖。

（4）表述"微小"义：

《荀子》中，在这一义位上具有同义关系的词有 3 个：小、微、少；

《汉书》中，在这一义位上具有同义关系的词有 8 个：小、

---

① 黄晓冬：《〈荀子〉单音节形容词同义关系研究》，2002 年，四川大学博士学位论文。

细、幼、幺、少[1]、纤、微、薄。

（5）表述"长久、久远"义：

《荀子》中，在这一义位上具有同义关系的词有 3 个：久、长[1]、远；

《汉书》中，在这一义位上具有同义关系的词有 8 个：久、长[1]、永、远、邈、遐、尚、逖。

从以上对比中，我们可以清楚地看到，词汇词义在不断的运动中日益完善、成熟。

2. "同义连言"是后来汉语双音合成词形成的基础

我们对本论文所进行证同和辨异的《汉书》中 20 组单音节形容词同义词中出现同义词"同义连言"的情况做了清理，发现同义词以这种格式存在于文献中是一种很普遍的现象。在调查的 20 组单音节形容词同义词群中，同义连言即同义词并列使用的有 56 组。这里把它们全部罗列如下：

1. 寿考（7 次）：表述"年老"义

（1）传曰："先王之作乐，所以节百事也。"乐而有节，则和平寿考。（《艺文志》，1779）

（2）王者躬行道德，承顺天地，博爱仁恕，恩及行苇，籍税取民不过常法，官室车服不逾制度，事节财足，黎庶和睦，则卦气理效，五徵时序，百姓寿考，庶卉蕃滋，符瑞并降，以昭保右。（《谷永杜邺传》，3467）

2. 老眊（耄）（6次）：表述"年老"义

宣上书言："三公鼎足承君，一足不任，则覆乱美实。臣资性浅薄，年齿老眊，数伏疾病，昏乱遗忘，愿上大司空、长平侯印绶，乞骸骨归乡里，竢填沟壑。"（《隽疏于薛平彭传》，3052）

师古曰："眊与耄同。"

3. 耆老（18次）：表述"年老"义

诏曰："朕惟耆老之人，发齿堕落，血气衰微，亦亡暴虐之心，今或罹文法，拘执图圄，不终天命，朕甚怜之。"（《宣帝纪》，258）

4. 幼稚（3次）：表述"年幼"义

（1）新都侯摄天子位，号令天下，故择宗室幼稚者以为孺子，依托周公辅成王之义，且以观望，必代汉家，其渐可见。（《翟方进传》，3426）

（2）盖闻天生众民，不能相治，为之立君以统理之。君年幼稚，必有寄托而居摄焉，然后能奉天施而成地化，群生茂育。（《王莽传》，4079）

"幼稚"在现代汉语中已凝结为并列式双音合成词。

5. 幼少（10次）：表述"年幼"义

（1）窃伏听于众庶，察其所言，诸侯宗室在位列者，未有所闻于民间也。而遗诏所养武帝曾孙名病已在掖庭外家者，吉前使居郡邸时见其幼少，至今十八九矣，通经术，有美材，行安而节和。愿将军详大议，参以蓍龟，岂宜褒显，

先使入侍，令天下昭然知之，然后决定大策，天下幸甚！（《魏相丙吉传》，3143）

（2）泉陵侯刘庆上书言："周成王幼少，称孺子，周公居摄。今帝富于春秋，宜令安汉公行天子事，如周公。"群臣皆曰："宜如庆言。"（《王莽传上》，4078）

6. 细小（1次）：表述"小"义

今此鼎细小，又有款识，不宜荐见于宗庙。（《郊祀志下》，1251）

现代汉语中，"细小"已凝结为一个并列式双音合成词。

7. 细微（3次）/微细（2次）：表述"细小"义

（1）臣窃伏思其一端，殆吏多苛政，政教烦碎，大率咎在部刺史，或不循守条职，举错各以其意，多与郡县事，至开私门，听谗佞，以求吏民过失，谴呵及细微，责义不量力。郡县相迫促，亦内相刻，流至众庶。（《薛宣朱博传》，3386）

（2）有司无仲山父将明之材，不能因时广宣主恩，建立明制。为一代之法，而徒钩摭微细，毛举数事，以塞诏而已。是以大议不立，遂以至今。（《刑法志》，1103）

现代汉语中，"细微"已凝结为一个并列式双音合成词。

8. 寡少（1次）：表述"数量少"义

汉兴之初，海内新定，同姓寡少，惩戒亡秦孤立之败，于是剖裂疆土，立二等之爵。功臣侯者百有余邑，尊王子弟，大启九国。（《诸侯王表》，393）

9. 微薄（2次）：表述"微小"义

后岁余，丞相王嘉上书荐故廷尉梁相等，尚书劾奏嘉"言事恣意，迷国罔上，不道。"下将军中朝者议，左将军公孙禄、司隶鲍宣、光禄大夫孔光等十四人皆以为嘉应迷国不道法。胜独书议曰："嘉资性邪僻，所举多贪残吏。位列三公，阴阳不和，诸事并废，咎皆繇嘉，迷国不疑，今举相等，过微薄。"（《王贡两龚鲍传》，3081）

10. 微薄（1次）：表述"数量少"义

故仲尼孝子，而延陵慈父，舜禹忠臣，周公弟弟，其葬君亲骨肉，皆微薄矣；非苟为俭，诚便于体也。（《楚元王传》，1953）

现代汉语中，"微薄"已凝结为一个并列式双音合成词。

11. 醜恶（1次）：表述"醜恶、不好"义

庆素质，见诏报反室，自以为得许，欲上印绶。掾史以为见责甚深，而终以反室者，醜恶之辞也。或劝庆宜引决。庆甚惧，不知所出，遂复起视事。（《万石卫直周张传》，2200）

12. 醜恶（1次）：表述"相貌难看"义

一曰，民多被刑，或形貌醜恶，亦是也。（《五行志中之上》，1353）

现代汉语中，"醜恶"已凝结为一个并列式双音合成词。

13. 肥饶（11 次）：表述"（土地）肥沃"义

（1）于是韩生说羽曰："关中阻山带河，四塞之地，肥饶，可都以伯。"（《陈胜项籍传》，1808）

（2）躬又言："秦开郑国渠以富国强兵，今为京师，土地肥饶，可度地势水泉，广溉灌之利。"（《蒯伍江息夫传》，2182）

14. 肥美（7 次）：表述"（土地）肥沃"义

（1）巴、蜀、广汉本南夷，秦并以为郡，土地肥美，有江水沃野，山林竹木疏食果实之饶。（《地理志下》，1645）

（2）初，汝南旧有鸿隙大陂，郡以为饶，成帝时，关东数水，陂溢为害。方进为相，与御史大夫孔光共遣掾行视，以为决去陂水，其地肥美，省堤防费而无水忧，遂奏罢之。及翟氏灭，乡里归恶，言方进请陂下良田不得而奏罢陂云。（《翟方进传》，3440）

现代汉语中，"肥美"已凝结为一个并列式双音合成词。

15. 甘旨（1 次）/旨甘（1 次）：表述"美味、可口"义

（1）夫寒之于衣，不待轻暖；饥之于食，不待甘旨；饥寒至身，不顾廉耻。（《食货志上》，1131）

（2）口非恶旨甘，耳非憎丝竹也，所以抑心意，绝耆欲者，将以率二君而全宗祀也。（《赵尹韩张两王传》，3220）

16. 美丽（1 次）：表述"漂亮、好看"义

哀帝立，贤随太子官为郎。二岁余，贤传漏在殿下，为人美丽自喜，哀帝望见，说其仪貌，识而问之，曰："是舍人董贤邪？"因引上与语，拜为黄门郎，由是始幸。（《佞幸

传》，3733）

现代汉语中，"美丽"已凝结为一个并列式双音合成词。

17. 美好（2次）：表述"漂亮、好看"义

（1）成帝时童谣曰："燕燕尾涎涎，张公子，时相见。木门仓琅根，燕飞来，啄皇孙，皇孙死，燕啄矢。"其后帝为微行出游，常与富平侯张放俱称富平侯家人，过阳阿主作乐，见舞者赵飞燕而幸之，故曰"燕燕尾涎涎"，美好貌也。（《五行志中之上》，1395）

（2）《左氏传》鲁襄公时，宋有生女子赤而毛，弃之堤下，宋平公母共姬之御者见而收之，因名曰弃。长而美好，纳之平公，生子曰佐。（《五行志中之下》，1419—1420）

现代汉语中，"美好"已凝结为一个并列式双音合成词。

18. 姣好（1次）：表述"漂亮、好看"义

午死，主寡居，年五十余矣，近幸董偃。始偃与母以卖珠为事，偃年十三，随母出入主家。左右言其姣好，主召见，曰："吾为母养之。"因留第中，教书计相马御射，颇读传记。（《东方朔传》，2853）

现代汉语中，"姣好"已凝结为一个并列式双音合成词。

19. 佳丽（1次）/丽佳（1次）：表述"漂亮、好看"义

（1）夫佳丽珍怪固顺于耳目，故养失而泰，乐失而淫，礼失而采，教失而伪。伪、采、淫、泰，非所以范民之道也。（《严朱吾丘主父徐》，2809）

（2）闺中容竞淖约兮，相态以丽佳，知众嬬之嫉妒兮，何必扬累之蛾眉？（《扬雄传上》，3518）

现代汉语中，"佳丽"已凝结为一个并列式双音合成词，指代美女。

20. 妖丽（1次）：表述"漂亮、好看"义

臣愚以为王少，而父同产长，年齿不伦；梁国之富，足以厚聘美女，招致妖丽；父同产亦有耻辱之心。（《文三王传》，2216）

21. 妙丽（1次）：表述"漂亮、好看"义

平阳主因言延年有女弟，上乃召见之，实妙丽善舞。由是得幸，生一男，是为昌邑哀王。（《外戚传》，3951）

22. 妩媚（1次）：表述"漂亮、好看"义

若夫青琴虙妃之徒，绝殊离俗，妖冶闲都，靓庄刻饰，便嬛绰约，柔桡嫚嫚，妩媚纤弱，曳独茧之褕袘，眇阎易以恤削，便姗嫳屑，与世殊服，芬芳沤郁，酷烈淑郁，皓齿粲烂，宜笑的皪，长眉连娟，微睇绵藐，色授魂予，心愉于侧。（《司马相如传》，2571）

现代汉语中，"妩媚"已凝结为一个并列式双音合成词。

23. 妖冶（1次）：表述"漂亮、好看"义

若夫青琴虙妃之徒，绝殊离俗，妖冶闲都，靓庄刻饰，便嬛绰约，柔桡嫚嫚，妩媚纤弱，曳独茧之褕袘，眇阎易以恤削，便姗嫳屑，与世殊服，芬芳沤郁，酷烈淑郁，皓齿粲烂，宜笑的皪，长眉连娟，微睇绵藐，色授魂予，心愉于侧。（《司马相如传》，2571）

现代汉语中，"妖冶"已凝结为一个并列式双音合成词。

24. 富厚（4次）/厚富（1次）：表述"富裕"义

（1）故逮文、景四五世间，流民既归，户口亦息，列侯大者至三四万户，小国自倍，富厚如之。子孙骄逸，忘其先祖之艰难，多陷法禁，陨命亡国，或亡子孙。讫于孝武后元之年，靡有孑遗，耗矣。（《高惠高后文功臣表》，528）

（2）汉兴以来，股肱在位，身行俭约，轻财重义，未有若公孙弘者也。位在宰相封侯，而为布被脱粟之饭，奉禄以给故人宾客，无有所余，可谓减于制度，而率下笃俗者也，与内厚富而外为诡服以钓虚誉者殊科。（《公孙弘卜式兒宽传》，2624）

25. 富饶（2次）/饶富（1次）：表述"富裕"义

（1）始皇之初，郑国穿渠，引泾水溉田，沃野千里，民以富饶。（《地理志下》，1642）

（2）倾府库以遣邑，多赍珍宝猛兽，欲视饶富，用怖山东。邑至雒阳，州郡各选精兵，牧守自将，定会者四十二万人，余在道不绝，车甲士马之盛，自古出师未尝有也。（《王莽传下》，4182）

现代汉语中，"富饶"已凝结为一个并列式双音合成词。

26. 富赡（1次）：表述"富裕"义

太子之亡也，东至湖，臧匿泉鸠里。主人家贫，常卖屦以给太子。太子有故人在湖，闻其富赡，使人呼之而发觉。吏围捕太子，太子自度不得脱，即入室距户自经。（《武五子传》，2746）

27. 殷富（11次）：表述"富裕"义

（1）其十二月羽猎，雄从。以为昔在二帝三王，宫馆台榭沼池苑囿林麓薮泽财足以奉郊庙，御宾客，充庖厨而已，不夺百姓膏腴谷土桑柘之地。女有余布，男有余粟，国家殷富，上下交足，故甘露零其庭，醴泉流其唐，凤皇巢其树，黄龙游其沼，麒麟臻其囿，神爵栖其林。（《扬雄传上》，3540）

（2）遭值文、景玄默，养民五世，天下殷富，财力有余，士马强盛。（《西域传》），3928）

28. 富实（4次）：表述"富裕"义

孝景时，吴、楚七国反，景帝往来东宫间，天下寒心数月。吴、楚已破，竟景帝不言兵，天下富实。（《张汤传》，2641—2642）

29. 饶给（2次）：表述"富裕"义

及孝武时，国用饶给，而民不益赋，其次也。至于王莽，制度失中，奸轨弄权，官民俱竭，亡次矣。（《食货志下》，1186）

30. 饶足（1次）：表述"富裕"义

会孝惠、高后时天下初定，郡国诸侯各务自拊循其民。吴有豫章郡铜山，即招致天下亡命者盗铸钱，东煮海水为盐，以故无赋，国用饶足。（《荆燕吴传》，1904）

31. 众多（夥）（13次）：表述"众多"义

（1）间者灾变不息，盗贼众多，兵革之征，或颇著见。未闻将军恻然深以为意，简练戎士，缮修干戈。（《蒯伍江息夫传》，2185）

（2）鱼鳖讙声，万物众夥。明月珠子，的皪江靡，蜀石黄硬，水玉磊砢，磷磷烂烂，采色澔汗，丛积乎其中。（《司马相如传上》，2548）

师古曰："夥，多也。"

现代汉语中，"众多"已凝结成一个双音合成词。

32. 奢侈（25次）：表述"奢侈、浪费"义

（1）方今世俗奢僭罔极，靡有厌足。公卿列侯亲属近臣，四方所则，未闻修身遵礼，同心忧国者也。或乃奢侈逸豫，务广第宅，治园池，多畜奴婢，被服绮縠，设钟鼓，备女乐，车服嫁娶葬埋过制。（《成帝纪》，324—325）

（2）富者奢侈羡溢，贫者穷急愁苦；穷急愁苦而上不救，则民不乐生；民不乐生，尚不避死，安能避罪！此刑罚之所以蕃而奸邪不可胜者也。（《董仲舒传》，2521）

现代汉语中，"奢侈"已凝结成一个双音合成词。

33. 奢泰（9次）：表述"奢侈、浪费"义

（1）先是文惠王初都咸阳，广大宫室，南临渭，北临泾，思心失，逆土气。足者止也，戒秦建止奢泰，将致危亡。秦遂不改，至于离宫三百，复起阿房，未成而亡。（《五行志》，1447）

（2）窃见孝成皇帝时，外亲持权，人人牵引所私以充塞

朝廷，妨贤人路，浊乱天下，奢泰亡度，穷困百姓，是以日蚀且十，彗星四起。(《王贡两龚鲍传》，3087)

34. 侈靡 (12 次)：表述"奢侈、浪费"义

(1) 又郡国辐凑，浮食者多，民去本就末，列侯贵人车服僭上，众庶放效，羞不相及，嫁娶尤崇侈靡，送死过度。(《地理志下》，1642—1643)

(2) 今天下俗贪财贱义，好声色，上侈靡，廉耻之节薄，淫辟之意纵，纲纪失序，疏者逾内，亲戚之恩薄，婚姻之党隆，苟合侥幸，以身设利。不改其原，虽岁赦之，刑犹难使错而不用也。(《匡张孔马传》，3333)

35. 奢靡 (3 次)：表述"奢侈、浪费"义

(1) 太原、上党又多晋公族子孙，以诈力相倾，矜夸功名，报仇过直，嫁取送死奢靡。(《地理志下》，1656)

(2) 禁止嫁娶送终奢靡，务出于俭约。(《循吏传》，3642)

36. 羸瘦 (2 次)：表述"瘦弱"义

(1) 今虏朝夕为寇，土地寒苦，汉马不能冬，屯兵在武威、张掖、酒泉万骑以上，皆多羸瘦。(《赵充国辛庆忌传》，2977)

(2) 从今尽三月，虏马羸瘦，必不敢捐其妻子于他种中，远涉河山而来为寇。(《赵充国辛庆忌传》，2990)

37. 怯弱 (2 次)：表述"怯懦、软弱"义

(1) 天下被饥馑，士马羸耗，守战之备久废不简，夷狄

皆有轻边吏之心，而羌首难。今以万人分屯数处，虏见兵少，必不畏惧，战则挫兵病师，守则百姓不救。如此，怯弱之形见，羌人乘利，诸种并和，相扇而起，臣恐中国之役不得止于四万，非财币所能解也。（《冯奉世传》，3296）

（2）元贵靡子星靡代为大昆弥，弱，冯夫人上书，愿使乌孙镇抚星靡。汉遣之，卒百人送焉。都护韩宣奏，乌孙大吏、大禄、大监皆可以赐金印紫绶，以尊辅大昆弥，汉许之。后都护韩宣复奏，星靡怯弱，可免，更以季父左大将乐代为昆弥，汉许之。（《西域传》，3908）

38. 怯软（耎）（1次）：表述"怯懦、软弱"义

仆虽怯耎欲苟活，亦颇识去就之分矣，何至自湛溺累绁之辱哉！且夫臧获婢妾犹能引决，况若仆之不得已乎！所以隐忍苟活，函粪土之中而不辞者，恨私心有所不尽，鄙没世而文采不表于后也。（《司马迁传》，2735）

39. 软（耎）弱（3次）：表述"怯懦、软弱"义

（1）数岁，卒官，吏民纪之。尊子伯亦为京兆尹，坐耎弱不胜任免。（《赵尹韩张两王传》，3238）

（2）数年卒官。疾病且死，戒其诸子曰："丈夫为吏，正坐残贼免，追思其功效，则复进用矣。一坐软弱不胜任免，终身废弃无有赦时，其羞辱甚于贪污坐臧。慎毋然！"（《酷吏传》，3675）

现代汉语中，"软弱"已凝结成一个双音合成词。

40. 卑贱（7次）：表述"卑微、低贱"义

（1）夫卑贱者习知尊贵者之一旦吾亦乃可以加此也，非

所以习天下也，非尊尊贵贵之化也。夫天子之所尝敬，众庶之所尝宠，死而死耳，贱人安宜得如此而顿辱之哉！（《贾谊传》，2256）

（2）定国乃迎师学《春秋》，身执经，北面备弟子礼。为人谦恭，尤重经术士，虽卑贱徒步往过，定国皆与钧礼，恩敬甚备，学士咸称焉。（《隽疏于薛平彭传》，3042—3043）

现代汉语中，"卑贱"已凝结成一个双音合成词。

41. 细微（3次）/微细（2次）：表述"卑微、低贱"义

（1）诸侯王皆曰："大王起于细微，灭乱秦，威动海内。又以辟陋之地，自汉中行威德，诛不义，立有功，平定海内，功臣皆受地食邑，非私之也。大王德施四海，诸侯王不足以道之，居帝位甚实宜，愿大王以幸天下。"（《高帝纪下》，52）

（2）臣闻动民以行不以言，应天以实不以文。下民微细，犹不可诈，况于上天神明而可欺哉！天之见异，所以敕戒人君，欲令觉悟反正，推诚行善。（《蒯伍江息夫传》，2184）

现代汉语中，"细微"已凝结成一个双音合成词，但不表述这一意义。

42. 微贱（14次）：表述"卑微、低贱"义

（1）戾后，卫太子妾，遭巫蛊之祸，宣帝既立，追加尊号，于礼不正。又戾后起于微贱，与赵氏同应。天戒若曰，微贱亡德之人不可以奉宗庙，将绝祭祀，有凶恶之祸至。（《五行志上》，1337）

（2）翟方进字子威，汝南上蔡人也。家世微贱，至方进

父翟公，好学，为郡文学。（《翟方进传》，3411）

43. 微眇（妙）（5次）：表述"卑微、低贱"义

朕微眇时，御史大夫丙吉、中郎将史曾、史玄、长乐卫尉许舜、侍中光禄大夫许延寿皆与朕有旧恩。及故掖庭令张贺辅导朕躬，修文学经术，恩惠卓异，厥功茂焉。（《宣帝纪》，257）

现代汉语中，"微眇（妙）"已凝结成一个双音合成词，但不表述这一意义。

44. 卑下（5次）：表述"（地势）低下"义

（1）前将作大匠万年知昌陵卑下，不可为万岁居，奏请营作，建置郭邑，妄为巧作，积土增高，多赋敛徭役，兴卒暴之作。卒徒蒙辜，死者连属，百姓罢极，天下匮竭。（《成帝纪》，322）

（2）盖堤防之作，近起战国，壅防百川，各以自利。齐与赵、魏，以河为竟。赵、魏濒山，齐地卑下，作堤去河二十五里。河水东抵齐堤，则西泛赵、魏，赵、魏亦为堤去河二十五里。虽非其正，水尚有所游荡。时至而去，则填淤肥美，民耕田之。或久无害，稍筑室宅，遂成聚落。大水时至漂没，则更起堤防以自救，稍去其城郭，排水泽而居之，湛溺自其宜也。（《沟洫志》，1692）

现代汉语中，"卑下"已凝结成一个双音合成词，但不表述这一意义，表述这一意义用"低下"。

45. 遐远（1次）：表述"遥远"义

宣帝即位，久之，渤海左右郡岁饥，盗贼并起，二千石

不能禽制。上选能治者，丞相御史举遂可用，上以为渤海太守。时遂年七十余，召见，形貌短小，宣帝望见，不副所闻，心内轻焉，谓遂曰："渤海废乱，朕甚忧之。君欲何以息其盗贼，以称朕意？"遂对曰："海濒遐远，不沾圣化，其民困于饥寒而吏不恤，故使陛下赤子盗弄陛下之兵于潢池中耳。今欲使臣胜之邪，将安之也？"上闻遂对，甚说，答曰："选用贤良，固欲安之也。"（《循吏传》，3639）

46. 遐远（1次）：表述"久远"义

汉兴，去圣帝明王遐远，仲尼之道又绝，法度无所因袭。时独有一叔孙通略定礼仪，天下唯有《易》卜，未有它书。（《楚元王传》，1968）

47. 辽远（3次）：表述"遥远"义

皇帝谨问南粤王，甚苦心劳意。朕，高皇帝侧室之子，弃外奉北藩于代，道里辽远，壅蔽朴愚，未尝致书。（《西南夷两粤朝鲜传》，3849）

现代汉语中，"辽远"已凝结成为一个并列双音合成词。

48. 旷远（1次）：表述"遥远"义

古者坛场有常处，燎禋有常用，赞见有常礼；牺牲玉帛虽备而财不匮，车舆臣役虽动而用不劳。是故每举其礼，助者欢说，大路所历，黎元不知。今甘泉、河东天地郊祀，咸失方位，违阴阳之宜。及雍五畤皆旷远，奉尊之役休而复起，缮治共张无解已时，皇天著象殆可略知。（《郊祀志下》，1262）

49. 旷迥（1次）：表述"遥远"义

痛入天兮鸣呼，冤际绝兮谁语！仰天光兮自列，招上帝兮我察。秋风为我唫，浮云为我阴。嗟若是兮欲何留，抚神龙兮擥其须。游旷迥兮反亡期，雄失据兮世我思。（《蒯伍江息夫传》，2188）

50. 悠远（1次）：表述"遥远"义

驰波跳沫，汨漂疾，悠远长怀，寂漻无声，肆乎永归。（《司马相如传上》，2548）
现代汉语中，"悠远"已凝结成为一个并列双音合成词。

51. 悠长（1次）：表述"遥远"义

道悠长而世短兮，敻冥默而不周，胥仍物而鬼谋兮，乃穷宙而达幽。（《叙传上》，4220）
现代汉语中，"悠长"已凝结成为一个并列双音合成词。

52. 疏逖（1次）：表述"遥远"义

故乃关沫、若，徼牂牁，镂灵山，梁孙原，创道德之涂，垂仁义之统，将博恩广施，远抚长驾，使疏逖不闭，智爽暗昧得耀乎光明，以偃甲兵于此，而息讨伐于彼。遐迩一体，中外褆福，不亦康乎？（《司马相如传下》，2586）

53. 长久（11次）/久长（6次）：表述"长久"义

（1）夫神大用则竭，形大劳则散；神形蚤衰，欲与天地长久，非所闻也。（《司马迁传》，2710）

（2）安土重迁，黎民之性；骨肉相附，人情所愿也。项者有司缘臣子之义，奏徙郡国民以奉园陵，令百姓远弃先祖坟墓，破业失产，亲戚别离，人怀思慕之心，家有不安之意。是以东垂被虚耗之害，关中有无聊之民，非久长之策也。（《元帝纪》，292）

现代汉语中，"长久"已凝结成为一个并列双音合成词。

54. 久远（15次）：表述"久远"义

（1）自古之治，三王之术各有制度。今君不务循职而已，乃欲以太古久远之事匡拂天子，数进不用难听之语以摩切左右，非所以扬令名全寿命者也。（《盖诸葛刘郑孙毋将何传》，3246）

（2）于是制诏丞相御史："前将军望之傅朕八年，亡它罪过，今事久远，识忘难明。其赦望之罪，收前将军光禄勋印绶，及堪、更生皆免为庶人。"（《萧望之传》，3286—3287）

现代汉语中，"久远"已凝结成为一个并列双音合成词。

55. 永久（1次）：表述"久远"义

展诗应律鋗玉鸣，函宫吐角激徵清。发梁扬羽申以商，造兹新音永久长。声气远條凤鸟翔，神夕奄虞盖孔享。（《礼乐志》，1058）

现代汉语中，"永久"已凝结成为一个并列双音合成词。

56. 膏腴（12次）：表述"土地肥沃"义

其山出玉石，金、银、铜、铁、豫章、檀、柘，异类之物，不可胜原，此百工所取给，万民所卬足也。又有秔稻梨栗桑麻竹箭之饶，土宜姜芋，水多蛙鱼，贫者得以人给家足，无饥寒之忧。故酆镐之间号为土膏，其贾亩一金。今规以为苑，绝陂池水泽之利，而取民膏腴之地，上乏国家之用，下夺农桑之业，弃成功，就败事，损耗五谷，是其不可一也。（《东方朔传》，2849）

现代汉语中，"膏腴"已凝结成为一个并列双音合成词。

以上56组同义连言的同义词中有27组在现代汉语中已凝结为并列双音合成词。我们可以看到同义词存在的这一特点对后来汉语双音合成词的影响是非常大的，它们是汉语并列式同素双音合成词的基础。

3. 反义连用或对举对汉语语词的影响

《汉书》中，单音节形容词同义词常常与其反义词并列使用或出现于对当、对应的位置上，我们对本论文所进行证同和辨异的《汉书》中20组同义词做了清理，发现了约20组在现代汉语中已形成固定搭配的词语，现列举如下：

1. 老小

（1）斩大豪有罪者一人，赐钱四十万，中豪十五万，下豪二万，大男三千，女子及老小千钱，又以其所捕妻子财物尽与之。（《赵充国辛庆忌传》，2977）

（2）吏民数千人送至渭城，老小扶持车毂，争奏酒炙。（《赵尹韩张两王传》，3216）

2. 老少

（1）愿寝兵休士养马，除前事，复故约，以安边民，以应古始，使少者得成其长，老者得安其处，世世乐平。

（《匈奴传上》，3757）

（2）濒洙泗之水，其民涉度，幼者扶老而代其任。俗既益薄，长老不自安，与幼少相让。（《地理志下》，1662）

3. 老幼

陛下若欲来内，处之中国，使重臣临存，施德垂赏以招致之，此必携幼扶老以归圣德。（《严朱吾丘主父徐严终王贾传上》，2782）

4. 长幼

被窃观朝廷，君臣、父子、夫妇、长幼之序皆得其理，上之举错遵古之道，风俗纪纲未有所缺。（《蒯伍江息夫传》，2168）

5. 大小

（1）令十厉精乡进，不以小疵妨大材。（《平帝纪》，348）

（2）其行罚也，非以忿怒妄诛而从暴心也，以禁天下不忠不孝而害国者也。故罪大者罚重，罪小者罚轻。（《爰盎晁错传》，2294）

6. 巨细

项羽遂烧夷齐城郭，所过尽屠破。齐人相聚畔之。荣弟横收齐散兵，得数万人，反击项羽于城阳。而汉王帅诸侯败楚，入彭城。项羽闻之，乃释齐而归击汉于彭城，因连与汉战，相距荥阳。以故横复收齐城邑，立荣子广为王，而横相之，政事无巨细皆断于横。（《魏豹田儋韩王信传》，1849）

7. 多少

（1）生之者甚少而靡之者甚多，天下财产何得不蹶！（《食货志上》，1128）

（2）古之学者耕且养，三年而通一艺，存其大体，玩经文而已，是故用日少而畜德多，三十而五经立也。后世经传既已乖离，博学者又不思多闻阙疑之义，而务碎义逃难，便辞巧说，破坏形体；说五字之文，至于二三万言。后进弥以驰逐，故幼童而守一艺，白首而后能言；安其所习，毁所不见，终以自蔽。此学者之大患也。（《艺文志》，1723）

8. 寡众

（1）农，天下之本也。黄金、珠玉，饥不可食，寒不可衣，以为币用，不识其终始。间岁或不登，意为末者众，农民寡也。其令郡国务劝农桑，益种树，可得衣食物。（《景帝纪》，152—153）

（2）禁民不得挟弓弩，则盗贼执短兵，短兵接则众者胜。以众吏捕寡贼，其势必得。（《严朱吾丘主父徐严终王贾上》，2795）

9. 厚薄

其行赏也，非虚取民财妄予人也，以劝天下之忠孝而明其功也。故功多者赏厚，功少者赏薄。（《爰盎晁错传》，2294）

10. 美恶：表"长相的好坏"义

故女无美恶，入宫见妒；士无贤不肖，入朝见嫉。

（《贾邹枚路传》，2346）

11. 美恶：表"年成的好坏"义

武为刺史，二千石有罪，应时举奏，其余贤与不肖敬之如一，是以郡国各重其守相，州中清平。行部必先即学官见诸生，试其诵论，问以得失，然后入传舍，出记问垦田顷亩，五谷美恶，已乃见二千石，以为常。（《何武王嘉师丹传》，3483）

12. 好丑

陛下诚深察愚臣之言，致惧天地之异，长思宗庙之计，改往反过，抗湛溺之意，解偏驳之爱，奋乾刚之威，平天覆之施，使列妾得人人更进，犹尚未足也，急复益纳宜子妇人，毋择好丑，毋避尝字，毋论年齿。推法言之，陛下得继嗣于微贱之间，乃反为福。（《谷永杜邺传》，3452—3453）

13. 善恶

（1）及齐王田荣叛楚，徐乃使夏说说田荣曰："项羽为天下宰不平，尽王诸将善地，徙故王王恶地，今赵王乃居代！愿王假臣兵，请以南皮为扞蔽。"（《张耳陈馀传》，1838）

（2）千秋材知未必能过人也，以其销恶运，遏乱原，因衰激极，道迎善气，传得天人之祐助云。（《武五子传》，2771）

14. 吉凶

（1）星者，金之散气，其本曰人。星众，国吉，少则

凶。汉者,亦金散气,其本曰水。星多,多水,少则旱,其大经也。(《天文志》,1292—1293)

(2)古者三代命祀,祭不越望,吉凶祸福,不是过也。国主山川,山崩川竭,亡之征也,美恶周必复。(《五行志下之上》,1456)

15. 贫富

(1)今欲令民量粟以赎罪,如此则富者得生,贫者独死,是贫富异刑而法不一也。(《萧望之传》,3275)

(2)富者木土被文锦,犬马余肉粟,而贫者裋褐不完,啥菽饮水。(《货殖传》,3682)

16. 尊卑

(1)臣闻制度文采玄黄之饰,所以明尊卑,异贵贱,而劝有德也。故《春秋》受命所先制者,改正朔,易服色,所以应天也。然则宫室旌旗之制,有法而然者也。(《董仲舒传》,2510)

(2)明年,玄成复言:“古者制礼,别尊卑贵贱,国君之母非適不得配食,则荐于寝,身没而已。陛下躬至孝,承天心,建祖宗,定迭毁,序昭穆,大礼既定,孝文太后、孝昭太后寝祠园宜如礼勿复修。”奏可。(《韦贤传》,3120—3121)

17. 贵贱

武叩头啼曰:“不杀儿,自知当死;杀之,亦死!”即因客奏封事,曰:“陛下未有继嗣,子无贵贱,唯留意!”(《外戚传下》,3991)

18. 高下

臣窃按视遮害亭西十八里，至淇水口，乃有金堤，高一丈。自是东，地稍下，堤稍高，至遮害亭，高四五丈。往六七岁，河水大盛，增丈七尺，坏黎阳南郭门，入至堤下。（《沟洫志》，1695）

19. 远近（空间、时间距离）

（1）明年，南粤反，西羌侵边。天子为山东不澹，赦天下囚，因南方楼船士二十余万人击粤，发三河以西骑击羌，又数万人度河筑令居。初置张掖、酒泉郡、而上郡朔方、西河、河西开田官，斥塞卒六十万人戍田之。中国缮道馈粮，远者三千，近者千余里，皆仰给大农。边兵不足，乃发武库、工官兵器以澹之。（《食货志下》，1173）

（2）太后修功录德，远者千载，近者当世，或以文封，或以武爵，深浅大小，靡不毕举。今摄皇帝背依践祚，宜异于宰国之时，制作虽未毕已，宜进二子爵皆为公。（《王莽传上》，4090）

20. 遐迩（尔）

（1）日月星辰烛临下土，其有食陷之异，则遐迩幽隐靡不咸睹。星辰附离于天，犹庶民附离王者也。王者失道，纲纪废顿，下将叛去，故星叛天而陨，以见其象。（《五行志下之下》，1510）

（2）天子穆穆，是宗是师，四方遐尔，观国之辉。（《韦贤传》，3111）

这20组词在现代汉语中已形成固定搭配，可见同义词与其反义词连用或出现于对当或对应的位置上，对后世汉语语词形成固定的搭配是有一定影响的。

　　《汉书》的词汇状况反映了上古汉语末期的语言面貌，同义词的丰富标志着汉语词汇在不断的运动过程中日益成熟。同义连言为汉语并列式双音合成词的形成打好了基础；而同义词与其反义词连用或出现于对当、对应的位置上，对后世汉语语词形成固定的搭配也做好了铺垫。这一切都显示出复音化将成为汉语发展的必然趋势。

主要参考文献

一、著作

〔汉〕司马迁撰，裴骃集解，司马贞索隐，张守节正义：《史记》，中华书局1959年版，繁体直排本。

〔汉〕班固撰，〔唐〕颜师古注：《汉书》，中华书局1962年版，繁体直排本。

〔汉〕许慎撰：《说文解字》，中华书局1963年第1版。

〔清〕王念孙著：《读书杂志》，江苏古籍出版社1985年版。

〔清〕王先谦撰：《汉书补注》，中华书局1983年版。

〔清〕方世举：《汉书辩注》，原刊巾箱本。

〔清〕沈钦韩：《汉书疏证》，光绪二十六年浙江官书局刊本。

〔清〕钱大昭：《汉书辨疑》，商务丛书集成初稿，1937年版。

〔清〕刘台拱：《汉书拾遗》，刘瑞林先生遗书。

〔清〕周寿昌：《汉书注校补》，周陈二氏《汉书》补证合刊，鼎文，1977年版。

〔清〕王肇钊、徐鸿筠、朱锦绶：《读汉书日记》，学古堂日记，清光绪二十二年刊本。

〔清〕段玉裁著：《说文解字注》，上海古籍书店1988年版。

〔清〕桂馥著：《说文解字义证》，中华书局1987年版。

［清］朱骏声著：《说文通训定声》，中华书局 1984 年版。

［清］丁福保编：《说文解字诂林》，中华书局 1988 年版。

［清］王念孙著：《广雅疏证》，中华书局 1983 年版。

［清］郝懿行撰：《尔雅义疏》，北京中国书店 1982 年版。

［清］钱绎撰，李发舜、黄建中点校：《方言笺疏》，中华书局 1991 年版。

［清］阮元等校刻：《十三经注疏》，中华书局 1980 年版。

杨树达：《汉书窥管》，上海古籍出版社 1984 年版。

陈直：《汉书新证》，天津人民出版社 1979 年版。

吴恂：《汉书注商》，上海古籍出版社 1983 年版。

仓修良：《汉书辞典》，山东教育出版社 1996 年版。

王锦贵：《中国纪传体文献研究》，北京大学出版社 1996 年版。

（以下按著者姓氏拼音为序）

池昌海著：《〈史记〉同义词研究》，上海古籍出版社 2002 年版。

程湘清主编：《先秦汉语研究》，山东教育出版社 1982 年版。

段德森著：《简明古汉语同义词词典》，山西教育出版社 1992 年版。

符淮青著：《词义的分析和描写》，语文出版社 1996 年版。

符淮青著：《现代汉语词汇》，北京大学出版社 1985 年版。

符淮青著：《汉语词汇学史》，安徽教育出版社 1996 年版。

冯蒸著：《说文同义词研究》，首都师范大学出版社 1995 版。

高守纲著：《古代汉语词义通论》，语文出版社 1994 年版。

葛本仪著：《汉语词汇研究》，山东教育出版社 1985 年版。

葛本仪著：《现代汉语词汇学》，山东人民出版社 2001 年版。

郭良夫著：《词汇》，商务印书馆 1985 年版。

管锡华：《〈史记〉单音词研究》，巴蜀书社 2000 年版。

黄侃：《文字声韵训诂笔记》，上海古籍出版社 1983 年版。

洪成玉著：《古代汉语词义分析》，天津人民出版社 1985
年版。

洪诚玉、方桂珍著：《古汉语同义词辨析》，浙江教育出版社
1987 年版。

何九盈、蒋绍愚著：《古汉语词汇讲话》，北京出版社 1980
年版。

何九盈著：《中国古代语言学史》，广东教育出版社 2000
年版。

黄金贵著：《古汉语同义词辨释论》，上海古籍出版社 2002
年版。

黄金贵著：《古代文化词义集类辨考》，教育出版社 1995
年版。

胡和平著：《同义词说略》，上海古籍出版社 2005 年版。

蒋绍愚著：《古汉语词汇纲要》，北京大学出版社 1989 年版。

蒋绍愚著：《汉语词汇语法论文集》，商务印书馆 2000 年版。

贾彦德编著：《汉语语义学》，北京大学出版社 1999 年版。

陆宗达、王宁著：《训诂方法论》，中国社会科学出版社
1983 年版。

陆宗达、王宁著：《训诂与训诂学》，山西教育出版社 1994
年版。

刘叔新编：《现代汉语同义词词典》，天津人民出版社 1987
年版。

刘叔新、周荐著：《同义词语和反义词语》，商务印书馆
1992 年版。

刘叔新著：《汉语描写词汇学》，商务印书馆 2000 年版。

陆善采著：《实用汉语语义学》，学林出版社 1993 年版。

毛远明著：《左传词汇研究》，西南师范大学出版社 1999 年版。

马景仑著：《段注训诂研究》，江苏教育出版社 1997 年版。

朴宰雨著：《〈史记〉〈汉书〉比较研究》，中国文学出版社 1994 年版。

任继昉著：《汉语语源学》，重庆出版社 1992 年版。

孙常叙著：《汉语词汇》，吉林人民出版社 1956 年版。

宋永培著：《〈说文〉汉字体系与中国上古史》，广西教育出版社 1996 年版。

宋永培著：《〈说文〉汉字体系研究法》，广西教育出版社 1999 年版。

宋永培著：《古汉语词义系统研究》，内蒙古教育出版社 2000 年版。

宋永培著：《当代中国训诂学》，广东教育出版社 2000 年版。

苏宝荣、宋永培著：《古汉语词义简论》，河北教育出版社 1987 年版。

苏新春著：《汉语词义学》，广东教育出版社 1992 年版。

石安石著：《语义研究》，语文出版社 1994 年版。

王力著：《中国语言学史》，山西人民出版社 1981 年版。

王力著：《汉语史稿》，中华书局 1980 年修订本。

王宁著：《训诂学原理》，中国国际广播出版社 1996 年版。

王艾录、司富珍著：《汉语的语词理据》，商务印书馆 2001 年版。

王政白著：《古汉语同义词辨析》，黄山书社 1992 年版。

王凤阳著：《古辞辨》，吉林文史出版社 1993 年版。

武占坤著：《词汇》，上海教育出版社 1983 年版。

向熹著：《诗经语言研究》，四川人民出版社 1999 年版。

向熹著：《简明汉语史》，高等教育出版社 1993 年版。

向熹著：《诗经词典》（修订本），四川人民出版社 1997 年版。

徐超：《中国传统语言文字学》，山东大学出版社 2000 年版。

许威汉著：《汉语词汇学引论》，商务印书馆 1992 年版。

徐通锵著：《语言论——语义型语言的结构原理和研究方法》，东北师范大学出版社 1998 年版。

徐烈炯著：《语义学》，语文出版社 1990 年第 1 版，1995 年第 2 版。

杨宝忠著：《古代汉语词语考证》，河北大学出版社 1997 年版。

章太炎：《章太炎全集》（七）上海人民出版社 1999 年版。

张永言著：《词汇学简论》，华中工学院出版社 1982 年版。

张永言著：《语文学论集》（增补本），语文出版社 1999 年版。

赵振铎著：《训诂学纲要》，陕西人民出版社 1987 年版。

赵振铎著：《中国语言学史》，河北教育出版社 2000 年版。

周祖谟著：《汉语词汇讲话》，人民教育出版社 1959 年版。

张双棣著：《吕氏春秋词汇研究》，山东教育出版社 1989 年版。

张联荣著，蒋绍愚审定：《汉语词汇的流变》，大象出版社 1997 年版。

詹人凤著：《现代汉语语义学》，商务印书馆 1997 年版。

赵克勤著：《古汉语词汇概要》，浙江教育出版社 1987 年版。

赵克勤著：《古代汉语词汇学》，商务印书馆 1994 年版。

周荐著：《汉语词汇研究史纲》，语文出版社 1995 年版。

张志毅、张庆云著：《词汇语义学》，商务印书馆 2001 年版。

张联荣著：《古汉语词义论》，北京大学出版社 2000 年版。

二、论文（以按著者姓氏拼音为序）

班吉庆：《古汉语同义词的形成及其辨析》，《扬州师院学报》1990 年第 3 期。

池昌海：《五十年汉语同义词研究焦点概述》，《杭州大学学报》1989 年第 1 期。

池昌海：《对汉语同义词研究重要分歧的再认识》，《浙江大学学报》1999 年第 1 期。

池昌海：《古代汉语同义词研究的现状和存在的主要问题》，《杭州师范学院学报》2000 年第 1 期。

符淮青：《同义词研究的几个问题》，《中国语文》2000 年第 3 期。

黄金贵：《论同义词之"同"》，《浙江大学学报》2000 年第 8 期。

黄金贵：《论古汉语同义词的识同》，《浙江大学学报》2002 年第 1 期。

华旭：《反义词判定标准研究述评》，《山东师大学报》1992 年第 1 期。

韩陈其：《论古汉语同义词的源类辨证》，《徐州师范学院学报》1988 年第 1 期。

黄晓冬：《〈荀子〉单音节形容词同义关系研究》，2002 年博士学位论文。

林玉山：《反义词和反义词词典的收词问题》，《辞书研究》1988 年第 3 期。

刘叔新：《同义词和近义词的划分》，《语言研究论丛》，天津人民出版社 1980 年版。

刘叔新：《论反义辞典的编纂原则》，《辞书研究》1991 年第 2 期。

钱倚云：《反义词定义的刍议》，《语文学习》1982 年第 11 期。

饶尚宽：《先秦单音反义词简论》，《新疆师范大学学报》1994 年第 3 期。

宋永培：《说文对反义同义同源关系的表述与探讨》，《河北大学学报》1992 年第 4 期。

王宁：《论词义训释》，《辞书研究》1988 年第 1 期。

王宁：《先秦汉语实词的词汇意义与语法分类——训诂学与语法学之二》，《训诂学原理》，中国国际广播出版社 1996 年版。

吴金华：《古文中的同义词连用》，《语文学习》1982 年第 9 期。

王立廷：《反义词的特点和定义——兼答钱倚云同志》，《山东师大学报》1986 年第 4 期。

徐正考：《〈论衡〉"征兆"类同义词研究》，《古籍整理研究学刊》2001 年第 4 期。

应雨田：《反义词词典编写的几个理论问题》，《辞书研究》1988 年第 3 期。

张志毅、张庆云：《反义词词典收的应是词的最佳反义类聚》，《中国语文》1989 年第 4 期。

张志毅、张庆云：《反义词词典的编排》，《辞书研究》1988 年第 3 期。

钟明立：《段注辨析同义词的方法》，《华南师大学报》2000 年第 2 期。

钟明立：《〈说文段注〉"义同"字类型论考》，《浙江大学学报》1999 年第 2 期。

朱文献：《反义对举的灵活性》，《语文学习》1980 年第 5 期。

后　记

　　本书是根据我的博士论文补充、修正而完成的。从 2004 年毕业到现在，已经 5 年了，这篇论文一直没有拿出来，甚至连单篇的论文也几乎没有发表过。不是不想，而是不能从当初写作的那种情境中走出来。

　　当初在四川大学宋永培先生门下学习，上上下下几届博士生都在做专书词汇研究，或同义词、或反义词或同源词研究，俨然形成先生门下一大研究特色，而且到我们作论文时，这些研究已经收获了一批成果，比如同义词的研究中关于同义词的界定、辨析的方法等理论问题，已经达成共识；师兄师姐中对《左传》、《孟子》、《荀子》、《老子》、《韩非子》、《论衡》、《国语》等等专书词汇的研究已经完成，这批论文现在基本上都已经公开出版。对我来说重要的是选择一部在上古汉语中有价值的而且自己比较喜欢的文献进行研究而已。当时我就想到了《汉书》，一则它处于上古汉语末期，语料丰富，语言渐变的轨迹明显，比如双音化的状态和趋势问题；二则文献极其丰富，充分反映词汇的丰富和表达的细致缜密，这对同义词的比较和辨析很有帮助，自然通过大量语料比较分析得出的结论会更可靠；第三就是《汉书》文章古朴典雅、深奥难读，这些吸引着我。难做的、有挑战性的事情总是鼓舞人！

　　但最后选择这一课题下了很大的决心。文献丰富意味着要花极大的精力去读书和比较研究，比如一个词在《荀子》中有50个用例，在《汉书》中可能就是1000个甚至更多个用例，这么多的句子都必须一个一个去分析比较并归纳其意义。古奥难读如《律历志》、《天文志》、《五行志》等，没有专门的知识要真正理解实属不易，还有就是司马相如、扬雄等的传里全文录下他们所写的赋，都不是仓促之间就能贯通的。但我知道，如果没有文献方面的优势，我的毕业论文在选题上就很难有优势。于是，博士第二学期我就确定了做《汉书》词汇研究。

　　事实上后来研究的艰辛远远超过我的预计。一开始，我的论文题目是"《汉书》同义词研究"，做了几个月，计算了一下时间，最后根本完不成；又改做对《汉书》谓词具有同义关系的词进行研究，一个月后证明还是不行，就又把题目缩小为对《汉书》单音节形容词同义关系研究。一开始我想扎扎实实通读文献，没有直接用电脑统计、做卡片，而是做笔记，等完成了一大半材料工作，也就到了2003年4月，当时准备随导师参加山东大学的训诂学会议，中途回家看看孩子，不料"非典"把我搁在老家，焦急中只能重新在电脑上从头做起，又浪费了三个月的时间，后来只能争分夺秒地赶。记得最后那一年，每天除了吃饭，大部分时间在电脑前。论文历经两年最后完成。

　　但是最终只是完成了毕业的任务。作为《汉书》同义词研究，远远没有完成，即使是毕业论文的单音节形容词同义关系，也只辨析了20组，还有论文构组出的121组没有辨析。这些工作很有必要继续下去，我们才能对《汉书》形容词同义词有全面的把握。这就是我前面说的"当初的写作情境"，一种意犹未尽的感觉和沉沉的背负。很多东西要时间沉积，然后才可能找到突破。关于《汉书》，我想是我学术生涯很重要的内容，今后我还会继续研究的。

现在有团中央对我们这些博士论文的资助，我想先把这些成果发表出来。其中一定不少纰漏和谬误，如果幸蒙前贤后学的指教，我相信一定会更有助于我日后的研究。

学术的成长除了个人的勤奋和努力，一定离不开老师的栽培和同行的切磋以及亲朋的鼓励。事实上，在我的这篇论文中，凝结了太多前辈和师友的关心和帮助。最近反复修改论文，每每拿起它，导师的音容笑貌犹在眼前。恩师离去已三载有余。去年在他三周年的忌日，同门齐聚四川雅安，缅怀先生，悲痛之情山川可鉴！当时我写了一篇纪念小文，附在此书最后以飨先生。

在将近两年的论文准备与写作中，由于宋老师已调到中国人民大学任教，每遇到具体的问题与困难，川大俞理明老师总会给我最好最及时的指导与帮助。如果没有俞老师细致的指导与无私的帮助，我恐怕难以按时完成。感谢我心中的"副导师"俞老师！

师兄钟如雄在教学与学习的百忙之中就我的论文写作提出了中肯的意见并给予我极大的鼓励与支持，师兄赖积船在文献与电脑技术方面给了我很多无私的帮助，师姐郭迎春、师妹伍晓蔓在生活上都给予我细致的照顾，手足之情，难以忘怀！

四川大学向熹老师、彭裕商老师以及中国社会科学院历史所的杨升南老师、北京师范大学的王宁老师、邹晓丽老师、李运富老师、郑州大学王蕴智老师、华东师范大学的詹鄞鑫老师、香港中文大学沈培老师等都给了我热情的鼓励与中肯的意见，这里一并感谢！

我还要郑重地感谢中国社会科学出版社的黄燕生编审，在这个利益化的时代，她以一个学者和编辑的责任和胸怀给予我无私的支持和帮助！没有她的支持，这种专业性极强的论文恐怕很难跟大家见面。感谢团中央和中国青年政治学院对学术著作的资助和对老师的切实帮助！我想一介书生，只能以更大的热情和努力搞好教学和科研来回报社会！

感谢我的硕士指导老师李运富教授，当年没有他的细心指导和全力帮助，我根本不能完成学业。现在，我的博士论文将要出版，业师宋永培教授却驾鹤西去，李老师百忙中欣然应允赐序，又一次给予我支持和帮助，心中的感激无以言表！

最后，感谢我的先生杨亮从我读硕士到博士六年来为我所付出的一切辛劳！中国文化让坚守的女人变成望夫的石头，我的先生六年的坚守没有变成石头却在我俩的"园子"树起了另一块"石头"！感谢我可爱的孩子杨南以自己的独立强大给予我精神上的慰藉！孩子上小学一年级我出来读书，于是小学一年级的他语文课老师让用"望"造句，大部分孩子想到的是"望子成龙"，他却造出了"望穿秋水"的句子；六七岁的心灵看到"相濡以沫"就说出"他和妈妈相濡以沫"的话语。那几年，每到开学我要走的那几天，可怜的孩子那种焦灼、无助即使今天想起来我的心都是痛的。所以我后来常常说，对于一个女人抛家舍子出来读书，她经历的不仅是学术的磨砺，还有一个就是坚强心灵的历练！

现在书就要出版了，我也正好在香港中文大学访问学习。美丽的香港中文大学依山傍海，到处鸟语花香。每天早上爬山去新亚书院的钱穆图书馆看书，我都要顺路去新亚著名的景点——合一亭前看海天一色，徜徉在中国文化天人合一之境界中；去拜访图书馆前半坡上孔子的塑像，在先师面前的小溪旁感受"逝者如斯、不舍昼夜"之惶恐，反思夫子"学而不厌"之精深。傍晚下山的时候，看到香港人依然挖山不停填海不止，我总在问：具有这种开拓精神与艺术生存追求的族类的生活会怎样呢？以此作为这篇后记的结尾吧。

李艳红

2009 年 3 月 1 日于香港中文大学

附：文墨涵濡，草木秀异

——纪念恩师宋永培先生

书案上是先师的《〈说文〉与上古汉语词义研究》和《当代训诂学》，推开屋门，斜阳下，满院风絮。阶下的书带草，翠绿鲜润，蓬蓬四垂！恩师却长眠于千里之外的青山翠柏之中……

认识恩师宋老师约在八年前，当时我在北京师范大学读硕士学位。六月份刚刚通过论文答辩，一天早晨师兄郑振峰让我去师大的男生食堂拿他送我的博士毕业论文，在那里我见到了仰慕已久的宋老师。宋老师是北师大汉字所的客座教授，主讲古代文献阅读课，这一次他是作为评委来对师大的基地进行评估的。在此之前，我跟邹晓丽老师谈过想继续读书的想法，邹老师给我推荐过宋老师，说宋老师《说文》和文献功底深厚，跟他学习对你的学业会大有帮助。因此，见到宋老师我非常高兴，向宋老师表达了我的想法。宋老师也很高兴，给我提出了具体的建议和指导。印象最深的是他针对本专业所搭建的学术框架以及在此框架下的具体方案，比如哪些书要精读并做笔记哪些书泛读即可；哪些书近期读哪些书终生细读等。从他身上我已经粗略感受到日后他所教导我们的建立学术格局做博大精深、堂堂正正的学问的理念，也深信学术根基深厚的他一直在身体力行做着这样的学问。这次交谈坚定了我的思想，那就是用一年的时间努力学习，争取到四川大学师从他继续深造！

2001 年 9 月，我幸运地成为宋老师的博士生。三年时间，宋老师给我们讲授了《说文研究》、《左传研究》等专业课程，他对《说文》的精熟和经典文献的功底让我敬佩不已，但更令我敬佩的是他的勤奋和惜时。他常常告诫我们，读书为文"最得力处只有数年"，做学问"其要在一日无间断"。他说真正有成就的人都是惜时如金，董仲舒"三年不窥园"闭门谢客；清人能一年半载不下楼，规定自己"不得擅出行走，速出速归"。他讲朴学家的"学隐"，即学术上要有节守，耐不得寂寞在官为学均无大成。所谓"凡学者贵攻苦食淡，然后能任艰难之事而德操亦固"。他用《颜氏家训》勉励我们："学问之正误与深浅，视乎功夫之有无与厚薄，凡是浅尝浮慕，终难期于有成。"数年来，老师就是这样孜孜以求地进行着他的研究和教学，而生活非常简单朴素。记得他过生日，我们想一起在外面给他庆祝一下，他说花钱花时，拒绝了。2004 年我毕业到北京工作以后，教师节想请他和师母聚聚，第一年他想看看我工作的地方和环境，和师母一起过来了。之后两年里，每次给他打电话问候，他总是叮嘱我到新环境要努力工作站稳脚跟，不要花时间过来看我们。这就是先生的为人为学！

王宁先生在为宋老师的《〈说文〉与上古汉语词义研究》一书写的序言中说："我认为，在陆宗达先生八十年代的学生里，永培的《说文》功底是最好的。"在北师大古汉语教研室，文献阅读课除了王宁老师，宋老师是最受欢迎的。尽管如此，2003 年在川大师兄师姐的答辩会上，当时已调到中国人民大学的宋老师竟然讲了这样几句话。他说："现在我已经在北京安定下来，我最近发了一个宏愿，那就是要把十三经及注疏再细细地通读一遍！"这些话给我极大的震撼！我明白了他的《当代训诂学》为什么能够被美国的国家图书馆收藏!他的《说文》为什么能熟到每一个字的页码都背得出来!同时,这些话也让我知道,在学术这条路上,我应该怎样去耕耘,做一个有良知的学者。这是生命的圣泉,我相信有了它世界会清凉芬芳!

记得2000年读过作家申力雯的散文集《京城闲妇》,其中一篇《木制的明信片》写一个人做了个梦,他梦见自己和上帝沿着海滨在散步,在天空中闪现出他生命中的一幕幕场景,每个画面和每一个人生的场景,他都看见了。……在沙滩上有两行脚印,一行是自己的,另一行是上帝的。当生命的最后一幕闪现在眼前时,他转过头去,注视着沙滩上的脚印。他发现有许多次,沿着他人生的路上,只有一行脚印,那是他最不快乐的时候,也是他生命最低谷的时候和最悲哀的时候,却只有一行脚印!他问上帝:在我生命中最困苦的时候,只有一行脚印,我不明白,当我需要你的时候,你却离我而去!上帝说:"我的宝贝,我最亲爱的孩子,我爱你,我从来没有离开过你,当你在崎岖的山间小道上艰难行走的时候,当你只有一行脚印的时候,那是我在托着你走。"故事被这个人的朋友刻在一张木制的明信片上,作为遗物寄给他,是想留给他一种信念支撑。借这个故事,我想说的是,如果把我人生博士阶段的学习比作在崎岖山间小道上的艰难行走,宋老师给了我太多的搀扶……

博士三年,我们在先生的影响和指导下,惜时如金、攻苦食淡,钻仰经典文献,培植着自己的学术根基。三年涵泳,受益匪浅!毕业论文写作中,宋老师倾注了大量的心血和宝贵的时间,给予我悉心的指导和帮助。当时宋老师在中国人民大学的工作是超负荷的,而他的身体已经不太好了。可是宋老师没有向任何人透露过,坚强地承担着病痛的折磨,两个学校的教学和研究工作都完成得非常好。师恩洪深,此生无以为报!

　　朦胧的泪光中，我又看到了庭下茂盛的书带草，想起了那个传说故事。相传经学大师郑玄在他的康成书院讲学时，经常到书院附近的野外采集一些草叶来编竹简。这种草比较特别，叶子细长，十分坚韧，四季常青，俗名沿街草，郑玄就是用这种草编成草绳用以捆书。由于这种草对郑玄帮助很大，后来人们称这种草为"康成书带"，又称"书带草"。相传崂山不其山一带因郑玄在康成书院的讲学，"文墨涵濡，草木为之秀异"！如今又是一年春暖花开，小小的书带草秀劲如兰，却再也没有先生的恩泽涵濡了！我们这些弟子也只有在春风中追忆昔日先生门下受业时那种"如沐春风"的温暖了！

　　"书带留青草，琴堂幕素尘"！倏忽恩师已去三载，岁月不居！想起老师的"读书为文最得力处只有数年"，不禁头涔涔而汗湿颊背！唯有勤苦可以告慰吾师在天之灵！

　　安息吧，恩师！

中国青年政治学院中文系

李艳红

2008.3.31